TRANSLATIO
sous la direction de Florence Lautel-Ribstein
et Marc-André Buhot de Launay
2

Série *Penseurs de la traduction*
1

Paul Valéry
et l'acte de traduire

Ouvrage publié avec le soutien du laboratoire d'excellence TransferS
(programme Investissements d'avenir
ANR-10-IDEX-0001-02 PSL* et ANR-10-LABX-0099)
et de la Société française de traductologie (SoFT)

David Elder

Paul Valéry et l'acte de traduire

Préface de William Marx

PARIS
CLASSIQUES GARNIER
2019

David Elder est spécialiste de Paul Valéry et participe à l'ITEM/CNRS de Paris. Après avoir enseigné à l'université de Nice, il a dirigé les langues vivantes à l'université Edith Cowan en Australie. Grâce à l'influence de J. Robinson-Valéry et de J. Lawler, il travaille très tôt sur les manuscrits de Valéry. Il contribue toujours à l'établissement des *Cahiers* et à la réflexion valéryenne.

ISBN 978-2-406-08417-4 (livre broché)
ISBN 978-2-406-08418-1 (livre relié)
ISSN 2648-6768

Pour Florence Lautel-Ribstein,
qui a su motiver ces premiers pas vers la traductologie
après moultes digressions dans les coulisses des textes littéraires.

Mes amis traductologues et valéryens
sauraient sans mal se reconnaître dans ce travail,
et ma dette à leur égard reste entière.

Ce livre est aussi la réalisation de la promesse
que j'ai faite à Agathe Rouart-Valéry
lors de mes nombreuses visites au 40 rue Paul-Valéry
pour y consulter les manuscrits de son père.

La vie intellectuelle est un travail de traductions.
VALÉRY, 1957-1961, IX, p. 125.

Mon caractère intellectuel le plus constant, le plus marqué est celui-ci : Tout ce qui m'est dit – tout ce que je lis m'apparaît comme devant être traduit
VALÉRY, 1957-1961, XI, p. 849.

Mon « Système »… ?

Ambition jeune de me faire une manière de voir, et finalement un ensemble de définitions *miennes* qui me permissent de traduire quoi que ce soit dans le langage de *mes* pouvoirs *vrais.* […]
VALÉRY, 1957-1961, XVIII, p. 723.

PRÉFACE

Traduire, penser

Il ne faut pas s'y tromper : *Paul Valéry et l'acte de traduire* n'est pas un livre de plus dans l'immense bibliographie valéryenne. C'est le livre qui manquait. Un livre qui fait sens de l'œuvre de toute une vie.

Cette vie, c'est d'abord celle de David Elder : une vie consacrée à ses divers cours de littérature, de traduction et de pédagogie, d'abord en France, à l'université de Nice et à l'École normale d'instituteurs, puis en Australie, où il coordonna jusqu'à sa retraite les programmes de langues vivantes à l'université Edith Cowan. Il fut aussi vice-président de l'Alliance française de Perth pendant de nombreuses années. Son engagement et ses mérites lui valurent d'être distingué par le gouvernement australien ainsi que par la République française, qui le fit chevalier de l'Ordre des Palmes académiques. Un chevalier au milieu des kangourous et des koalas !

Mais David Elder est aussi et surtout depuis toujours un éminent spécialiste de l'œuvre de Valéry, à qui il a dédié sa vie de chercheur. Dans ses « Mémoires des Cahiers » parus dans le tome XIII et dernier de la monumentale édition des *Cahiers 1894-1914* dont elle fut l'instigatrice et le moteur principal, Nicole Celeyrette-Pietri raconte comment, alors qu'elle se rendait au début des années 1970 rue Paul-Valéry, anciennement rue de Villejust, pour consulter les manuscrits de l'écrivain et qu'elle était accueillie par la fille de ce dernier, Agathe, elle rencontrait dans l'appartement encore plein des souvenirs du poète un jeune chercheur venu des antipodes pour étudier ces mêmes papiers et débrouiller les mystères de cette œuvre et de cette pensée elles-mêmes situées aux antipodes de tout commun et de toute banalité. On l'aura compris : ce jeune chercheur n'était autre, déjà, que David Elder.

Il faudra un jour expliquer pourquoi l'Australie, qui héberge tant d'espèces rares et sans équivalent ailleurs, les dingos, les ornithorynques et tous les genres de marsupiaux, a produit certains des plus éminents exemplaires d'une espèce plus rare encore : les valéryens. Car ce continent de l'autre bout du monde a offert aux lettres françaises quelques-uns des plus admirables lecteurs du poète de *La Jeune Parque*, parmi lesquels Judith Robinson, James Lawler et Robert Pickering. David Elder apparaît aujourd'hui comme le D'Artagnan de ce trio de valeureux mousquetaires, lui qui vécut toute sa vie dans une intimité avec Valéry dont les fruits longtemps furent aussi rares que précieux.

Heureusement, de telles lumières ne peuvent rester éternellement sous le boisseau. J'eus le bonheur de rencontrer David Elder lorsqu'à partir des années 2010 il vint de plus en plus régulièrement participer aux séminaires de l'équipe Valéry de l'Institut des textes et manuscrits modernes et contribuer activement à l'édition des *Cahiers 1894-1914*, que j'avais l'honneur de diriger aux côtés de Nicole Celeyrette-Pietri. Ce que cachait ou plutôt annonçait la venue de cet homme aussi souriant que savant, c'était la production du grand œuvre que vous avez, lecteur, lectrice, désormais entre les mains, un travail où se distille la quintessence d'une existence passée parmi les pages de Valéry et augmentée d'une compétence remarquable dans les sciences du langage. Car David Elder, en plus d'être un valéryen, est aussi et d'abord un linguiste et un traductologue, maniant avec aisance les grandes langues européennes, comme en témoigne le livre, et doté, chose plus rare encore, du *sentiment* de la langue. Comment écrire sans cela sur la question de la traduction ?

Paul Valéry et l'acte de traduire : le *et* n'introduit pas ici une coordination accidentelle. Si ce livre manquait, s'il est important, c'est parce qu'il fait sens de la vie de Valéry lui-même. Le problème de la traduction ménage l'une des meilleures entrées possibles dans la théorie littéraire valéryenne : analyser précisément, d'une part, comme le fait Elder, les traductions données par Valéry, qu'il s'agisse de Virgile, de Thomas Hardy ou de Bertrand Russell, mettre ensemble, d'autre part, tous les morceaux de théorie de la traduction éparpillés dans les Cahiers et dans les essais, c'est faire apparaître les invariants du passage d'une langue à une autre et mettre en évidence ce qui pour l'écrivain vaut la peine d'être sauvé et préservé dans un texte littéraire ou poétique, c'est-à-dire ce qui compte dans la littérature. Quel est, demande Elder, le principe d'équivalence entre deux textes ? Ses analyses sont irremplaçables en ce qu'elles touchent aux fondements mêmes de toute esthétique :

> « Rien de beau ne se peut résumer », disait [Valéry]. Tout résumé est impossible, et tout délayage verbal (par le récit, etc.) les altère irrévocablement.

Mais il y a plus. La littérature ni le langage ne sont pas les seuls concernés par la question de la traduction. C'est la pensée même, la pensée tout entière qui, selon Valéry, est placée sous le régime d'un *traduire* perpétuel : « La pensée est une série de traductions », écrit-il dans les Cahiers. Elle est aussi « *self*-traduction », selon la belle formule de David Elder inspirée de la « *self*-conscience » valéryenne. Voilà ce qui caractérise le moi « pensant-sentant », toujours en train de jongler entre les données émanant du corps, du monde et de l'esprit lui-même, pour élaborer une sorte de *koinê* mentale ou langage commun – par opposition à ce fameux « Moi pur » valéryen qui n'est, quant à lui, que le moyeu vide et silencieux autour duquel tournent les vicissitudes de la roue psychique.

Et David Elder de montrer comment un tel paradigme de la traduction est appliqué par Valéry à tous les domaines de la vie de l'esprit, y compris au rêve. Au rêve même, en effet, au rêve en soi, nous n'avons jamais accès directement, quelque effort que nous fassions, quelque créance qu'en prétendent nous donner les souvenirs. Nous n'en connaissons que des traductions. On retrouve là l'une des critiques fondamentales adressées à Freud par Valéry. Citons encore ici Elder :

> En travaillant sur le « dire » et le rêve, Valéry est tenté aussi par le terme « ouï-dire », qui lui permet de reléguer le connu (déjà fort imparfait) au niveau de l'ouï-dire à cause de la distance qui « me » sépare de « mon » rêve – comme je suis séparé des autres. Il en va de même pour toute histoire ou aventure racontée.

À tout prendre, c'est la veille elle-même, c'est-à-dire la vie consciente de l'esprit, qui est encore plus mystérieuse que le rêve :

> La situation de la veille et du rêve reste infiniment plus complexe – et indécodable pour Valéry : « L'esprit aussi a ses raisons que la raison ne connaît pas. »

Relire les Cahiers, comme le fait David Elder, en s'aidant de la clé fournie par le concept de traduction lui permet sinon de reconstituer ce fameux « Système » que Valéry désespéra de produire en ses jeunes années, du moins d'en proposer l'une des plus convaincantes réalisations possibles, ainsi qu'un modèle extrêmement stimulant de compréhension des mécanismes de la pensée. Car ce livre ne parle pas seulement de Valéry. Il ne parle pas seulement de la traduction. Il fait aussi penser, et penser la pensée. Je n'en conçois pas de plus bel éloge.

William Marx
Université Paris Nanterre
Collège de France

INTRODUCTION

Préliminaires sur le cadre du « traduire » chez Valéry

Si j'ai, dans ce titre, opté pour le verbe « traduire », c'est pour me placer résolument devant la traduction en tant qu'acte, comme Paul Valéry, et après lui les traductologues Henri Meschonnic, Jean-René Ladmiral, Marc de Launay, Jean-Yves Masson ou François Ost, pour ne citer que ces derniers. N'oublions pas, bien entendu, George Steiner et sa *poétique du dire* (1978) qui, malgré son titre moins alléchant en anglais, *Aspects of Language* (1975), garde à sa manière le verbe pour sujet. Plus récemment, en traductologie, on assiste au passage fort heureux vers le verbe substantivé en français, à savoir, « le traduire » ou *das Übersetzen* (traduction-action) plutôt que *die Übersetzung* (la traduction : le résultat ou le texte). Le gérondif ou le nom verbal, *translating* en anglais, favorise également les actions ou l'acte de traduire et son résultat. La force de ce gérondif me rappelle les multiples tentatives de traduction en français d'un poème de Yeats, "Sailing to Byzantium", dont je ne citerai que quelques exemples ici : la tentative bonnefidienne « Byzance – l'autre rive » (dépourvue d'énergie et un brin trop lamartinienne à mon avis) ; « Départ pour Byzance » (rimbaldien) ou « Voyage à Byzance » (baudelairien) : solutions engluées dans une sorte de solidité substantive ; et celle de Jean-Yves Masson : « La traversée vers Byzance » qui rattrape avec brio, grâce au mot *vers*, son écho vibrant dans celui de « traversée » – le mouvement essentiel à la compréhension du texte. Dans ce dernier exemple, l'acte de traduire intègre, comme il se doit, une connaissance profonde de l'art de traduire. Valéry évoque souvent différents aspects de ce genre de mouvement (vers un but). C'est une des caractéristiques fondamentales de sa démarche intellectuelle. Pour cette raison, et pour mieux suivre ce penchant valéryen, je me camperai solidement du côté de l'infinitif (traduire) et du gérondif en anglais (*translating*).

Depuis la création de la revue de traductologie, *Des mots aux actes* par Florence Lautel-Ribstein, phénoménologue et gestaltiste dans l'âme (Cadiot, Lautel-Ribstein, 2011), cette tendance ne cesse de se préciser – comme dans *L'Expérience du traduire* (2015). Récemment, dans son article « Expérience du traducteur, expérience de la traduction » (*ibid.*, 2015, p. 29-45), Jean-Yves Masson met en évidence trois domaines : d'abord, le vécu du traducteur durant son travail avec sa dimension subjective, deuxièmement, le savoir-faire accumulé pendant un apprentissage plus ou moins long, et en dernier, une partie innovante ou créatrice. Dans le cas des deux premiers domaines, j'ajouterai, en toute modestie, une distinction nette formulée souvent, lors de ses conférences sur l'évaluation, par Jean-Jacques Bonniol à l'université d'Aix-Marseille, entre le processus et les procédures. Pour lui, *le processus c'est le vivant* (dans toute sa subjectivité) et la boîte noire du cerveau à laquelle on a accès indirectement dans une démarche pédagogique. C'est surtout le cas des sciences humaines, dites douces (ou molles !) par rapport aux sciences dures (où l'on a davantage de chances d'observer un processus du type chimique, etc.). En revanche, les procédures mises en place pour réussir une tâche pédagogique, littéraire, traductive, etc., restent pour la plupart au niveau de ce que l'on peut objectiver dans sa forme technique ou mécanique (ou le savoir-faire évoqué par Jean-Yves Masson). Un poème (ou une traduction) n'est pas composé uniquement à partir de procédures ou d'« une "écriture de précision", par analogie à la "mécanique" de précision des horlogers » ou même d'« une précision "millimétrique" », entièrement contrôlée et astreinte à n'exprimer que ce que me « "dicte" le texte original » (Ladmiral, 2015, p. 9-10). Le poème ne se réduit pas à quelques recettes de cuisine, même si certains professeurs (d'une autre époque) demandaient à nous autres, étudiants anglo-saxons, d'écrire, par exemple, une élégie selon les procédés des auteurs suivants : John Donne, Thomas Gray, Walt Whitman, etc., pour tester notre maîtrise des techniques et des thèmes utilisés par tel ou tel poète. *Idem* pour le pastiche. Mais ne faisons pas de l'écrivain et du traducteur de simples fabricants d'horloges coucou en tentant de « millimétrer » leur travail. Autrement dit, les mots sont une matière inlassablement imprécise, aux pièges innombrables qui nous guettent sans cesse. En résumé, ce n'est pas simplement le poème qui intéresse Valéry en tant que tel, mais les conditions de la combinabilité des mots. Et malgré toute sa fascination pour l'art de traduire, c'est toujours l'acte de traduire qui prime chez Valéry. C'est même une manière de dire (comme c'est le cas de ses travaux sur la conscience de soi) que le résultat importe peu, par rapport aux moyens que l'on peaufine indéfiniment pour traduire un texte. Après tout, le résultat n'est qu'un compromis avec le temps, et souvent, les exigences d'un éditeur.

L'esprit mathématique cohabite avec l'esprit littéraire chez Valéry – et il fut certainement flatté quand Léon Brunschvicg, lors d'un dîner philosophique, « [le] qualifie de Poincaré artistique » (Valéry, 1957-1961, XII, p. 611). Voilà une appellation redoutable pour tout écrivain ! Ajoutons que ce sont Poincaré, le mathématicien, et le poète Verlaine que Valéry observait à des moments différents dans la journée quand il habitait, en 1892, au 12, rue Gay-Lussac à Paris. Le lyrique et l'analytique sont deux tendances que Valéry ne cesse de traduire.

Revenons aux premier et troisième volets de cette « expérience » traductive, élaborée par Jean-Yves Masson, pour souligner leur part de *hasard* (accidents, rencontres, contacts, lectures, etc.) et de *n*écessité (contraintes internes et externes). Et parmi ces contraintes, chez le traducteur des poèmes de Valéry, figure le souci de suivre, aussi fidèlement que possible, les effets de l'acte de la contemplation se repliant sur elle-même.

Valéry n'a pas substantivé (ou substantifié – transformé en substance) le verbe « traduire » – comme c'est le cas, chez lui, de nombreux verbes-clés tels que « le pouvoir » ou « le faire ». Rappelons en passant les multiples écarts entre *substance* et *essence.* « Mais moi, Narcisse aimé, je ne suis curieux / Que de ma seule essence », disait son Narcisse dans les « Fragments » du poème de ce nom. Dans les *Cahiers*, Valéry développe les pièges des attributs ou de toute traduction, nomination, ou qualification d'un phénomène. Tout se joue entre l'apparence et la substance. « [...] L'affaire du poète est de construire une sorte de corps verbal qui ait la solidité mais l'ambiguïté d'un objet. [...] » (Valéry, 1957-1961, VI, p. 118) – bref, une synthèse de substance (une essence). Ceci me mène au matérialisme d'un Valéry qui souhaite « [...] penser *Fonctionnement du vivant sentant-mouvant-pensant* – » (*ibid.*, XXVI, p. 759) – et ce, par le truchement du fonctionnement même de la phrase ou du vers. La fonction des participes présents dans la citation ci-dessus n'échappera pas au lecteur, et il en va de même pour l'infinitif dans l'expression « écrire nerfs et muscles » qui se trouve sur un manuscrit à la BnF des « Fragments du *Narcisse* » (ms. 158 16/80, cote de l'inventaire de Denise Rousseau). Valéry veut faire en sorte que « La poésie remue les nerfs de l'esprit » (Valéry, 1957-1961, X, p. 612), car pour lui « La poésie n'est en vérité que le sensuel du langage » (*ibid.*, XIII, p. 345) dont l'idéal est cette « énergie nerveuse incomparable » (*ibid.*, XXIV, p. 175) d'un Wagner qui « fait jouer l'organisme nerveux tout entier » (*ibid.*, XXIV, p. 175) avant d'ajouter : « C'est là son véritable orchestre ». Ces objectifs sont incontournables lors de toute traduction d'un poème de Valéry, et exigent la maîtrise d'une immense combinatoire au niveau des formes et de la syntaxe et ce, au service de l'organisation d'une sorte de partition. Mais une lecture (ou traduction) purement instrumentaliste des poèmes de Valéry pourrait les figer dans le formol ! Utilisons surtout nos *papilles* intellectuelles afin de mieux *goûter* à ces textes et au miroitement interne de son projet matinal qui y est éminemment visible – projet toujours recommencé et inachevable – projet qui vise également à « tout traduire en termes de fonctionnement » (*ibid.*, XX, p. 306) et à faire une « Traduction dans un système de signes – » (*ibid.*, XX, p. 401) du fonctionnement mental et de la sensibilité intellectuelle organisée et organisante.

Insistons, dans le cadre de ce travail, sur l'importance capitale de deux verbes, substantivés (ou substantifiés) par Valéry : « le pouvoir » et « le faire ». Nous restons toujours chez lui au niveau du concret – à condition de préciser que le concret c'est ce que l'on crée – grâce à sa maîtrise technique et mécanique des mots, et en particulier des verbes. « Écrire – 1. traduire – 2. modifier. / L'idée de *pouvoir* est mon idée constante et centrale » (Valéry, 1957-1961, XI, 528-529). Notons aussi que « Nous interprétons tout par les verbes : *faire, servir à, tendre vers, POUVOIR et vouloir, transformer* tous *dirigés* et par conséquent incapables d'exprimer un *tout absolu*, un *"Univers"* » (*ibid.*, XV, p. 333). « *POUVOIR* », comme nous le rappelle Valéry, est une action (substantivée ou non) qui gagne en puissance lorsqu'elle est collée à un autre verbe : à savoir, « pouvoir faire » ou « pouvoir transformer », et à condition qu'elle reste fortement ancrée dans le domaine du possible. Lors d'une séance à la Sorbonne avec Paul Langevin (physicien), Jacques Hadamard (mathématicien) et Henri Delacroix (psychologue et philosophe), le samedi 28 janvier 1928, Valéry fait la confession suivante : « Plus me chaut le faire que son objet. C'est le faire qui est l'ouvrage, l'objet à mes yeux, capital, puisque la chose faite n'est plus que l'acte de l'autrui – » (Valéry, 1957-1961, XII, p. 657). Et même s'il considère de tels propos comme « du Narcisse tout pur » (*ibid.*), c'est sans doute ce qu'il y a de « plus profitable aux autres » (*ibid.*). Son idéal esthétique est ancré dans « l'œuvre toute *déduite* » (*ibid.*) où « [o]n arrive enfin à placer l'acte de l'ouvrier comme son objet plus important que l'ouvrage » (*ibid.*). « *Chasser le hasard* – c'est-à-dire l'*instantané* (de l'esprit) », disait-il (1957-1961, XIX, p. 57). Et, ce qui compte pour lui, c'est ce travail *en train de se faire*, plutôt que le résultat.

Valéry préfère alors le verbe « faire » à toute *dénomination* ou *détermination*, car il met constamment en question la solidité (substantive) – ou la légitimité de nombreux concepts et notions. Sa devise est fondée également sur deux verbes : l'un positif, l'autre au négatif : « *Faire sans croire* – » (Valéry, 1957-1961, XV, p. 812) ; ou encore, deux verbes avec un concept-clé : « *Faire sans croire* ou Analyse d'abord ! » (Lettre à André Lebey, *Valéry*, 1952, p. 133).

En extrapolant à partir de la piste des actes et des actions, on pourra même imaginer un Valéry (mais disons-le à voix basse !) comme précurseur de l'existentialisme – avec, toutefois, une précision capitale : « Si on juge un homme non par ses paroles – mais par ses actes et surtout peut-être, ses non-actes (ce qui est <le> plus délicat) » (1957-1961, IV, p. 873 ; 1987-2016, XI, p. 224). Les actes ou paroles de tout homme (ou traducteur, dans le cas de ce livre) ont toujours un fond de *subjectivité*. Valéry disait aussi qu'il ne croyait « ni au "*sub*" » – « ni à l'*ob*-jectif » (1957-1961, XV, p. 812). L'objectivité (toujours transitoire avec fond illusionniste) est l'affaire des sciences. « Remarquez que la connaissance se déplace du plus *subjectif* au moins *subjectif.* » disait-il (Valéry, 2016, 2, p. 198). Et si « Le subjectif est ce qui ne se rapporte qu'à 1 *un seul* point de vue » (Valéry, 1957-1961, X, p. 108), « La physique a obligé de tenir "compte" de la pluralité des points des observateurs » (*ibid.*).

Mais, en face de l'objectif et du subjectif réside le *dire* « terrorisant » de la question sartrienne.

> N'a-t-on pas coutume de poser à tous les jeunes gens qui proposent d'écrire cette question de principe : « Avez-vous quelque chose à dire ? » Par quoi il faut entendre : quelque chose qui vaille la peine d'être communiqué (Sartre, 1948, p. 69).

Question non sans rapport avec le *traduire* (pour certains traducteurs)... et le *faire* de Valéry, mis habilement aussi en question par Claude Simon :

> Que « faire » donc pour reprendre le mot de Valéry qui, immédiatement, amène à la question suivante : faire avec quoi ? (Simon, 2006, p. 898).

Que faire de ce laboratoire mental valéryen où même la science ne produit que des vérités temporaires ou provisoires ? « Science est provisoire », disait-il. (1957-1961, IX, p. 304). D'ailleurs, pour lui, « Tout ce qui est verbal est provisoire » (*ibid.*, XII, p. 673). Il insiste sur le fait qu'on oublie

> le rôle uniquement transitif des mots. On suppose qu'un mot a un sens, et que ce sens représente un être, c'est-à-dire que le sens du mot est indépendant de tout et de mon fonctionnement instantané, en particulier (Valéry, 1957-1961, IV, p. 926 ; 1987-2016, XII, p. 59-60).

« Tout langage est moyen » au service d'une sorte de gymnastique intellectuelle même si « [l]a poésie essaye d'en faire une fin » (Valéry, 1957-1961, XII, p. 673). Mais, rappelons d'abord que la « fin » n'est qu'un travail interrompu par les exigences d'un éditeur, etc. Deuxièmement, « *Il n'y a point de* dernière pensée en soi et par soi » (Valéry 2016, 1, p. 846) – comme il n'y a point de dernier état d'une traduction en soi et par soi.

Et c'est ainsi que Valéry se passe aisément de la *Critique de la Raison Pure* (Kant) « en observant que les mots sont des mots et que tous les résultats des raisonnements sont sans exception *provisoires* – c[est]-à-d[ire] impuissants, inopérants si on ne les retrouve pas dans l'expérience » (Valéry, 1957-1961, X, p. 853). Kant ne nous mène qu'à un savoir purement « *verbal* », « un savoir verbal illusoire » (*ibid.*, XVII, p. 576) et ce, en dépit de l'immense rigueur du travail de ce philosophe sur les concepts. Pour Valéry, « un raisonnement ne mène jamais à un être mais à un acte ou expérience ou modification de point de vue (qui, lui peut faire apercevoir un être), mais il faut qu'on l'aperçoive – » (*ibid.*, X, p. 853).

C'est du Sisyphe tout pur, que l'on peut appliquer au *faire* des traductologues – inlassablement en train de peaufiner une théorie et une pratique.

Idem pour le travail génétique sur les manuscrits de Valéry. Travail indispensable avant toute tentative de traduction qui ressemble, chez certains, à celui d'un commissaire au quai des Orfèvres ! mais à condition de respecter cette différence entre le réel et le vrai qu'évoque Valéry, et d'éviter les pièges des (faisceaux de) témoignages (papiers, personnes, etc.). Et comment témoigner ? La fonction et les difficultés du témoignage ont fait l'objet d'une étude antérieure (Elder, 2011, p. 211-258). Ajoutons que le traducteur est un témoin et que son témoignage repose sur une étude des différentes versions ou variantes d'un texte littéraire à traduire, et valide, certainement dans le cas de Valéry, un nécessaire travail génétique préalable des manuscrits de l'auteur pour mieux saisir l'importance des choix « définitifs ». Et parallèlement, il faut observer les glissements ou les précisions autour de certains mots qui évoluent lors d'un demi-siècle de rédaction des *Cahiers*. On peut prendre, à titre d'exemple, l'évolution du mot *formel* vers le *fonctionnel*. Et je constate aussi que, depuis un demi-siècle, de nombreux ajouts et variantes au crayon chez Valéry pâlissent avec l'âge – mais les problèmes sont infiniment plus difficiles à résoudre chez les écrivains contemporains qui ne nous laissent que quelques versions tapuscrites, ou brouillons sur clé USB ou disque dur externe. Notons, entre parenthèses, que les ratures chez Mallarmé se rapprochent de véritables effacements de « toute » trace visible – même si le chercheur « scientifique » saurait en dégager quelque chose ! La litté*rature* vit de ses *ratures*, mais elle se cristallise (de façon toujours provisoire) chez Valéry, lors de son achèvement. La rature, visible dans les *Cahiers* et les manuscrits des textes publiés de Valéry, est à la fois une mise à l'écart, ou un renvoi aux coulisses (qui est la véritable fonction des notes marginales), et un visible/« invisible » qui attire notre attention sur ce qui est en train de se faire et de se défaire dans le texte – d'ou son importance pour le traducteur-exégète. Supprimer les ratures dans une édition ou traduction des *Cahiers* serait mécomprendre le fonctionnement de ces réflexions (et traductions) matinales de l'auteur – et même la fonction de l'« erreur ». Gardons toujours la trace d'une mise à l'écart, toujours visible, d'un « vide » ou d'un « blanc » porteur de sens.

> Rien de plus beau qu'un beau brouillon. Dire ceci quand je reparlerai poésie. Mythification de la Rature. (ratisser – rater – radere, rasum) (Valéry, 1957-1961, XV, p. 480-481).

Le verbe *radere* a plusieurs sens en latin, – dont « égratigner », « ratisser », « râcler », « raser », « rayer », « raboter » et « polir ». Autant de façons de renvoyer un mot ou un passage aux « marges » du texte !

Aux limites de tout travail minutieux auprès d'un corpus composé de textes et de contextes (manuscrits, etc.), il reste une sorte de boutade lancée par Valéry (2016, 2, 293) : « Mes vers ont le sens qu'on leur prête. Celui que je leur donne ne s'ajuste qu'à moi, et n'est opposable à personne », pour signaler que le poème, une fois dans le domaine public, échappe à tout « sens véritable, unique » (*ibid.*). Ceci et rien de plus ! C'est le sort de tout texte à cause de l'immense malléabilité et imprécision des mots. Toutefois une étude génétique du texte a son rôle de *révélateur* des signes ou indications (techniques et mécaniques) de l'auteur – ce qui nous permet de traduire d'abord une esquisse d'un projet littéraire avant d'en entamer la traduction proprement dite – toujours à refaire.

Reprenons, enfin, le mot « traduire » chez Valéry : « Il ne suffit pas de comprendre, il me faut éperdument *traduire*. / Mon malheur vient de ma rigueur – de ma… vertu » (Valéry, 1957-1961, III, p. 728 ; 1987-2016, VIII, p. 65). Il s'agit là d'un aveu capital, et d'un acte qui imprègne la totalité des *Cahiers* de façon résolument trans-disciplinaire plutôt que multi-disciplinaire. Nos traductologues contemporains visent, souvent avec désespoir, cette traversée de l'essentiel des disciplines scientifiques et littéraires. Et c'est le rôle capital du mot de traduction qui ne peut que fasciner tout valéryen, spécialiste du pouvoir du langage : « Il faut chercher, chercher indéfiniment ce de quoi tout ce que n[ou]s disons n'est qu'une traduction » (Valéry, 1957-1961, VI, p. 762) – principe que Valéry applique à tous les domaines. Ailleurs, et du côté de l'écrivain qui vise toujours un lectorat, Valéry note que : « Pour écrire p[ou]r le public je suis obligé de traduire et cette traduction est souvent impossible » (*ibid.*, XII, p. 269). Traduire, c'est un acte (toujours orienté vers soi ou un autre) non sans ses concessions, compromissions et limites imposées par le dicible.

Les nombreuses pensées de Valéry sur de telles limites peuvent avoir un effet stérilisant sur le lecteur/traducteur mal armé lorsqu'il s'arrête, par exemple, sur la critique valéryenne d'une notion illégitime, au lieu de regarder de plus près la richesse des moyens mis en œuvre lors de sa *tabula rasa* des « mauvais instruments ». En effet, après sa crise en 1892, Valéry est resté adossé au mur du connaissable, du faisable et du possible.

Ses *Cahiers* sont un monument de la pensée en train de se concrétiser sans cesse, mais aussi un monumental instrument en préparation de la pensée centré sur le moi. L'éclairage d'une lecture génétique des manuscrits de Valéry nous permet de peaufiner nos outils de travail, de mieux cibler l'acte de traduire (pour renforcer l'art de traduire) autour des moyens à mettre en place, et non sur les résultats (toujours provisoires et subjectifs). Le verbe *traduire*, déjà cité (voir page précédente, Valéry, 1987-2016, VIII, p. 65), souligné par Valéry dans la version manuscrite des *Cahiers*, a un statut particulier qui dépasse de loin et qui renforce le sens que l'on attribue normalement à ce terme. Bref, le travail de Valéry, centré sur le moi et la traduction, englobe (tout en faisant rêver le traducteur) toute une gamme de mots en « trans »/« tion » qui foisonnent dans les *Cahiers*, tels que transformation, transition, et même translation, sans oublier d'autres termes en « a/i/tion »/« (s)sion »/« xion » qui renforcent non seulement l'idée d'un résultat, mais d'un processus, d'un acte, et surtout, du « faire » chez Valéry : accommodation, accumulation, adéquation, altération, appropriation, approximation, association, attention, attribution, civilisation, classification, (comparaison), compensation, composition, (nature de la) connexion, conservation, convention, coordination, création, définition, dissociation, distribution, (d)énonciation, équation, exécution, expression, extension, fabrication, fluctuation, fonction, hésitation, illusion, imitation, implication, indétermination, induction, inspiration, intégration, introspection, invention, locution, maturation, méditation, modification, modulation, négation, notation, observation, opération, organisation, partition, perception, précision, prévision, production, projection, proposition, ramification, réception, réflexion, relation, répétition, représentation, résignation, résolution, (in) satisfaction, sensation, séparation, signification, simulation, solution, spécialisation, spéculation, substitution, succession chronologique, ordre de succession, suggestion, superposition, transposition, tradition, variation, vérification, etc. Et tous ces termes, et tant d'autres encore, sont placés sous les signes de l'imminence (Valéry, 1957-1961, III, p. 680 ; 1987-2016, VII, p. 514) et de l'écart (Valéry, 1957-1961, XXV, p. 587) – si essentiels à son Système perpétuellement en cours de fabrication. Voilà déjà une petite esquisse de l'immense tissu de liens que le lecteur des *Cahiers* et des Œuvres de Valéry est amené à faire, inévitablement tout en abordant le mot de traduction. C'est aussi le début de maintes rêveries sur ce mot pour nous stimuler – et parfois nous effrayer. Un échantillon des termes cités ci-dessus fut repris dans ses *Variations sur les Bucoliques* de Virgile. Et notre (anti-)philosophe cherchait inlassablement à mieux *traduire* tant de termes et de notions-clés. La « traduction » est mise au cœur du « Système » valéryen de la façon suivante :

> Trouver « l'univers » de notions et de symboles (que j'appelais « absolu ») entièrement ou *sensible* ou faisable auquel je puisse tout rapporter –
> et trouver la traduction dans ce système de toute question –, avec suppression – négation de toutes celles qui ne pouvaient être ainsi traduites[1] en « absolu ».
> « Absolu » – parce qu'on ne peut échapper à retomber toujours dans ce système – qui n'est pas celui des « catégories » lesquelles sont fondées sur l'expression ou déduites d'icelle et ne peuvent servir de rien, que de moyen critique – d'ailleurs, une fois admise (inconsciemment) une terminologie traditionnelle commune (Valéry, 1957-1961, XIX, p. 691).

Son système fondé sur le moi et le « faire » – système toujours ouvert, inachevé, inachevable repose sur la mise en question de tout « contenu » particulier par rapport aux principes généraux du fonctionnement de l'esprit, et tend vers une formulation mathématique. Son travail commence par une sorte de table rase (« négation » et « suppression ») de multiples fausses questions (philosophiques et métaphysiques en l'occurrence). Disons-le d'emblée, tout le travail de Valéry que je viens de mentionner se situe au niveau de la recherche d'énoncés – et non de solutions (ou d'explications).

> Quant à moi, j'ai passé ma vie à chercher des énoncés et non des *solutions*. Les problèmes classiques de la philosophie me paraissent d'origine naïve. Ils ne peuvent se présenter que si l'on parle dans sa pensée le langage de la rue et de la maison (Valéry, 1957-1961, XIII, p. 663).

Autrement dit, la notion de traduction reste fondamentalement liée au *poïein*, au faire, au pouvoir faire (au sens le plus large et concret du terme) et, en même temps, à un état potentiel beaucoup plus qu'actuel. Traduire est une fonction-clé de l'activité mentale chez Valéry qui vise surtout un pouvoir *sur* et *par* le langage, loin de toute métaphysique. Il faut noter d'emblée que le savoir pour lui est pouvoir. L'objectif de ce livre sera d'élargir le débat sur la notion de traduction en poursuivant ce terme, chez Valéry, au cœur même de ses réflexions sur le *langage* et le *possible*.

La traduction est surtout une composante-clé de ses réflexions sur le fonctionnement du corps, de l'esprit et du monde : cette trilogie

1 Mon soulignement.

inséparable se trouve régulièrement dans les *Cahiers* sous le sigle suivant : C E M (souvent sans points « séparateurs » pour mieux faire saisir l'unité). C'est la raison pour laquelle nous consacrons la première partie de ce travail au vivant, à la vie mentale et au rêve avant de passer aux réflexions liées aux problèmes de langage et de poïétique proprement dits, centrés ou ancrés sur le moi : « *Ego* / Je ne fais pas de "Système" – mon système – c'est moi » (Valéry, 1957-1961, XXVI, p. 438). Bref, toute connaissance passe inévitablement par le filtre du moi et de ses rapports avec un *tout* ou le « C E M » – « Corps Esprit Monde » de Valéry. (Ceci est capital et fut souvent oublié en médecine à son époque). Cette trilogie évoque des rapports spécifiques avec sa mise en langage – voire mathématique (souvent algébrique ou géométrique). Et pourtant, dans le cas des mathématiques : « C'est la limitation étroite – "rigoureuse" – de leur langage qui fait la vertu des mathématiques. Leurs limites – La contrainte de précision – » (*ibid.*, XXIX, p. 80) (Et pourtant, il part en guerre contre l'emploi du mot d'« infini » qui est, à son avis (*ibid.*, 1957-1961, XX, p. 528), « un abus de l'addition ». Il avait, sans doute, plus raison (ou moins tort) qu'il ne le croyait, car les mathématiciens aujourd'hui diraient que, dans l'hôtel infini, on peut toujours ajouter « 1 » : il y aura donc toujours une chambre de libre ! Mais Valéry n'a jamais fait la paix avec la notion d'infini. (*Idem* pour sa critique de beaucoup de notions philosophiques.) Dans son *acte de traduire* Valéry reste solidement campé du côté du fini – loin de la métaphysique.

Revenons au cartésianisme valéryen dont l'objectif est de « Tout considérer dans *l'espace du langage*, comme D[escartes] toute figure de l'espace euclidien dans ses projections sur les axes » (*ibid.*, XXII, p. 869). Valéry essaie toutefois de centrer le *Je* et le *cogito* sur son contexte – ou sur ce qu'il appelle son système C E M (« C[orps] E[sprit] M[onde] »), tentant ainsi de tout traduire en formules mathématiques (métaphoriques). (Cette extension métaphorique de l'acte de traduire chez lui est fondamentale.) Cependant, au fond du cadre cartésien, philosophique, culturel et sociolinguistique reste toujours le moi – ou, comme le dit Denis Kambouchner (1995, III, p. 511) : « Ce qui se cultive, c'est toujours le moi ». Ainsi, pour le traducteur, tout se passe sous forme langagière par une grille ou un filtre d'analyses ou de perceptions personnelles. Valéry met en garde les passeurs (et par inférence, les traducteurs) de la culture et de la civilisation contre l'arbitraire des mots qu'ils emploient dans leurs analyses, sans jamais oublier les pièges de la *fiducia* qu'elles recèlent.

> Culture, civilisation, ce sont des noms assez vagues que l'on peut s'amuser à différencier, à opposer ou à conjuguer. Je ne m'y attarderai pas. Pour moi, je vous l'ai dit, il s'agit d'un capital qui se forme, qui s'emploie, qui se conserve, qui s'accroît, qui périclite comme tous les capitaux imaginables – dont le plus connu est, sans doute, ce que nous appelons *notre corps*… (Valéry, 2016, 1, p. 1583).

Ajoutons (à la Freud), comme dans Ricœur (1965, p. 262), qu'« il n'y a pas lieu d'opposer civilisation et culture ». (Mais loin de moi de réduire ces deux termes aux éléments-clés du fonctionnement d'un surmoi.) Rappelons aussi que la culture d'un moi insulaire, à la Valéry, tend vers un système qui se limite au possible et au faisable. La culture des mots et des signes nécessite la création (pour soi, d'abord) d'une sorte de dictionnaire (« Mon système est un dictionnaire » (Valéry, 1957-1961, XIII, p. 823), mais du *possible*.) Il s'agit d'évacuer du langage (qu'emploient nos cultures/civilisations) les mots perroquets dont le mot d'« univers » est « le perroquet des perroquets… *Psittaccus Psittacorem* » (Valéry, 2016, 2, p. 164). Sa théorie (toujours ouverte) se réduit à un dictionnaire de mots (relativement peu, d'ailleurs) qui ont fait la preuve d'une critique lucide.

Le traducteur, comme tout écrivain, reste alors solidement campé face aux possibilités et surtout aux limites des mots dans un contexte donné. Dans le cas de Valéry :

> J'ai fait à 21 ans l'immense découverte : que les mots sont des mots ; les images, des images ; que l'on n'en sort pas ; que c'est un Système fermé ; que tout le monde humain roule cependant sur *l'oubli* de ces évidences, que la *confusion* de nos mots avec les choses, celle des choses avec nos propriétés, etc. est ce qui rend la connaissance, la science, la pratique – *possibles*, – la pensée en liaison possible avec les sensations – Connaître c'est confondre. L'état normal est cette confusion *absolue* – comme la non-perception du mouv[emen]t de la terre est une propriété nécessaire des hommes. Leur organisation leur masque leur état – (Valéry, 1957-1961, X, p. 557).

Et pour lui, le sens des mots est toujours situé dans un contexte (phrastique, etc.), donc non isolé ou isolable – disons une *partition en mots* créée par des lois combinatoires et des formes syntaxiques où se jouent l'adéquation et l'inadéquation du langage. Cette idée de contexte est capitale – « Les mots n'ont de sens que dans leurs emplois – » (Valéry, 1957-1961, XIV, p. 376). En 1903, Valéry écrit, bien avant la parution du *Tractatus logico-philosophicus* de Wittgenstein (qu'il n'a pas lu), que « [...] nul mot isolé n'a de sens. Il a une image *mais quelconque* – et le mot ne prend SON sens que dans une organisation – par élimination entre SES sens. [...] » (Valéry, 1957-1961, II, 855-856 ; 1987-2016, V, p. 356). Et encore :

> Ô philosophe – ô philosophes ! Ce qu'il faut élucider ce ne sont pas les *Mots* – Ce n'est pas « dieu, cause, matière, monde, volonté » – ce sont les *phrases* (Valéry, 1957-1961, IV, p. 376 ; 1987-2016, X, p. 21).

Ce principe est d'autant plus vrai dans le cas d'un poème car son secret réside d'abord dans l'*attelage* de *x* fonctions poétisantes (son, sens, perceptions, formes, etc.) Et, comme disait Florence Lautel-Ribstein, « [...] on ne comprend le rapport entre perception et poéticité que si on revisite la notion même de perception » (Cadiot, Lautel-Ribstein, 2011, p. 266). Idée fort valéryenne, qui reste adossée à l'opacité du langage, aux prises avec notre perception (toujours incomplète et relative) des choses lors de la constitution du couple fond-forme. La forme serait l'empreinte *dans* la pensée – ou en d'autres termes : « le langage est l'organe formateur de la pensée » pour reprendre la traduction par Marc de Launay[2] de « Die Sprache ist das bildende Organ des Gedanken » (Wilhelm von Humboldt).

À ceci, il faut ajouter que Valéry s'intéresse aux mots en tant que moyens et non en tant que résultats. « En somme, je regarde bien plus amoureusement aux méthodes qu'aux résultats, et la fin ne me justifie pas les moyens, car – *il n'y a pas de fin* » (Valéry, 2016, 3, p. 787). Donc, « ne jamais oublier que les mots et les propositions ne sont jamais que des moyens d'emprunt – de transition » (Valéry, 1957-1961, XVIII, p. 401).

J'ai opté pour le titre *Paul Valéry et l'acte de traduire* car, en tirant sur la copule « *et* », il est possible de lier l'essentiel du travail du poète-penseur, par une *addition* et un *choix*, aux immenses liens, ramifications et écarts dans ses *Cahiers* et *Œuvres* autour de la notion (toujours ouverte) de traduction. Le mot « et » me rappelle que, pour Valéry, il signifie aussi « en tout circonstance » (Valéry, 1957-1961, XX, p. 336), tandis que le mot « ou » dans le titre aurait indiqué « selon la circonstance – avec exclusion » (*ibid.*). L'objectif de ce livre est aussi de proposer très

2 Correspondance entre David Elder et Marc de Launay.

modestement quelques pistes (avec exemplification) pour les futurs traducteurs de textes littéraires et, en l'occurrence, ceux de Paul Valéry, pour que l'acte de traduire puisse continuer à développer ses titres de noblesse – et ce, dans un cadre traductologique où l'on se doit d'être théoricien et praticien. Le traducteur de Valéry ne saurait ignorer aujourd'hui l'importance dans les *Cahiers* du déblayage du terrain sur lequel reposent ses soubassements théoriques. Car l'immense rigueur de sa recherche (toujours en construction) constitue la base même de ses avancées dans le domaine de la traduction jusqu'à la fin de sa vie.

Quelle fut la position de Valéry devant les traductologues des temps modernes ? Valéry ne cesse de fasciner les traducteurs et les traductologues. Selon George Steiner (1975, p. 269), il fait partie de ces rares auteurs qui ont dit quelque chose de « fondamental » ou de « nouveau » sur la traduction. Il va sans dire qu'il avait accès aux Œuvres de Valéry dans l'édition de la Pléiade, ainsi qu'aux *Cahiers* en deux volumes publiés par Judith Robinson au moins trente ans après la mort de Walter Benjamin. Ces *Cahiers* (qui datent de 1894 à 1945, et publiés entre 1957 et 1961, où foisonnent tant de notes liées à l'acte de traduire) ne peuvent que fasciner les traductologues – source de recherche qui se concentre (entre mille autres thèmes) sur les limites du langage et de la logique (ou sur un nécessaire nettoyage du système verbal), les questions de point(s) de vue toutefois centré(s) sur le moi, le (con)texte, la *vox in actu*, le fonctionnement mental, etc. Moment-clé également, pour moi, de tenter de passer ses théories et pratiques interprétatives et traductives à la loupe, en m'appuyant sur sa notion de *représentation* (aux antipodes de toute prétention d'une explication) et de me méfier du *vouloir* dire en me confinant, comme Valéry, dans les chapitres suivants, au *pouvoir* dire, au *pouvoir* faire et à sa recherche, dans ses traductions de ce que j'appellerai, une symétrie équivalente.

TRADUIRE LA VIE, TRADUIRE LA CONSCIENCE

TRADUIRE LA VIE

Si le Système valéryen tend vers une expression mathématique du fonctionnement des phénomènes vitaux, sa traduction et mise en équation sont surtout métaphoriques, et ce, dès les premiers *Cahiers*. Rappelons que, pour Valéry, la vie est une série indéfinie de transformations et de conservations. (Voilà deux termes qui ne peuvent que fasciner pleinement les traducteurs !) :

> Bios. Il y a dans la vie et dans les êtres vivants une puissance de transformation de soi et du milieu combinée à une puissance de conservation et de recommencement.
>
> Cette combinaison est le secret – majeur.
>
> Si on dissocie la 1re de l'autre – on a *l'esprit*, puissance de transformation des « idées ».
>
> Les idées sont donc les entités obtenues par cette *dissociation.* L'idée est formule d'acte (proprement psychique ou fantôme d'acte physique).
>
> L'esprit est *l'idée* (qui tend à se former) de la puissance de transformation des *idées* (Valéry, 1957-1961, XV, p. 495).

Chez Valéry, les mots de *transformation*, de *conservation* et de *recommencement* sont également applicables à toute l'activité mentale et, en l'occurrence, à toute tentative traductive au sens strict du terme.

> Bios
>
> La vie est inséparable de son milieu, et d'une infinité de conditions dont la plupart, sans doute, nous sont insensibles et inimaginables –
>
> L'esprit est puissance séparative – et développante de ce qu'elle a séparé. Variables distinctes.

> On ne comprend quoi que ce soit qu'en *mutilant*
> On ne prévoit, on ne rétro-voit que dans les cas où le nombre des variables est petit (*ibid.*, 1957-1961, XVI, p. 139).

Extrapolons, pour le traducteur. Si « La vie est inséparable de son milieu » (Valéry 1957-1961, XVI, p. 139) il en va de même pour le texte. Et pourtant, l'esprit est « puissance séparative » (*ibid.*). Il est donc capital de pouvoir faire germer le texte dans son nouveau milieu de façon *adéquate*. Évitons de le *mutiler*, et utilisons les techniques traductives qui lui permettront de proliférer dans son nouveau contexte vital. Transformons alors le texte pour mieux le conserver.

Revenons à la « vie ». « La vie est la conservation d'un certain genre de transformation » (*ibid.*, XVIII, p. 316). Pour Valéry, ces trois « notions de conservation, d'accumulation, – de prévision – choquent notre sentiment de continuité, d'identité – » (*ibid.*, XIII, p. 89). À de multiples reprises dans les *Cahiers*, il joue avec les paradoxes d'un moi indéfiniment identique et modulable, confiné au possible.

> Esprit Ô puissance de transformation – et de conservation *ou* reproduction
> « Dans mon esprit » Ô en présence de / sous l'action de / mes puissances de transformation et de reproduction (*ibid.*, XVI, p. 119).

Il en va de même pour la traduction. Mais ce que Valéry cherche d'abord à *traduire* a le corps pour matière principale ou, plus précisément, deux termes truffés de paradoxes : « *mon* » et « *corps* ».

> Qui saura traduire ces mots : *mon corps*, tiendra la clef –
> Ce corps est la clef – Il est l'objet essentiel.
> Ce mobile – qui contient un immobile.
> Cadre gyrostatique (Valéry, 1957-1961, V, 324 ; 1987-2016, XIII, p. 139).

Valéry note, à maintes reprises avec de multiples variantes et changements d'optique, que la pensée, comme la vie, est transformation et conservation : « [...] Pas de pensée sans quelque variation, et pas de pensée intelligible sans quelque conservation. [...] » (Valéry, 1987-2016, IX, p. 210). Bref, la vie, comme l'esprit, ne cesse de *traduire* ou de *transformer* son milieu – et ils sont également transformés par lui. Ce principe fondamental – et *fonctionnel*, chez Valéry, serait une base de toute définition du sens qu'il accorde au mot de traduction – avec pour limite indépassable : « *L'homme est un système indiciblement compliqué*, lequel d'ailleurs est inséparable du reste du monde, et du passé de ce monde » (Valéry, 1957-1961, VIII, p. 158). Recherche donc de l'algébrisable dans la vie. Et pourtant, l'esprit est aussi le lieu même du *brisable* et de l'instabilité (tout en étant à la recherche d'équilibres et de symétries).

TRADUIRE LA VIE MENTALE

> Le langage intérieur en tant qu'il est conscience est une sorte de mesure commune – ou plutôt de condition identique imposée à ∞ sujets
> « L'indicible » (Valéry, 1957-1961, XIII, p. 304).

Si la vie se caractérise par une série de phases ou d'états, les traductions sont alors ses transitions, transpositions ou transformations. Il en est de même pour la vie mentale :

> Vie mentale
> Série infinie
> de traductions (Valéry, 1957-1961, I, p. 288 ; 1987-2016, II, p. 156).

Bref, pour Valéry (1987-2016, II, p. 160), « La pensée est une série de traductions. » – ce qui le mène dans les *Cahiers* jusqu'au processus même de la pensée. La traduction envahit tout ; elle est au cœur même du langage. Et « L'intelligence est de se servir de tout. / Le plus g[ran]d nombre de types de transformation » (Valéry, 1957-1961, XX, p. 471) pour aboutir à un véritable foisonnement de changements de point de vue. « Traduction / manières de voir » (Valéry, 1987-2016, III, p. 374). Ce lien est incontournable.

Ou plus précisément : « Mon problème essentiel, fut, demeure, d'instituer une science des *manières de voir* » (Valéry, 1957-1961, XII, p. 563-564), sans cesse modulée, fondée sur le pouvoir, « contre le langage commun, *contre ses formes*, et *contre ses mots* » (*ibid.*). Ce qui est en jeu ici sont les accommodations, connexions, liaisons, instabilités ainsi que son monde particulier, arbitraire, etc. – loin de toute *explication.* C'est aussi le lien entre la « traduction » et les « manières de voir » *(ibid.)* qu'il souhaite transformer en « science ». Il s'agit de

> Se décoller du point de vue ordinaire – Le meilleur moyen consiste dans la volonté de traduire une espèce quelconque en un système de notations élémentaires limité (Valéry, 1957-1961, XIII, p. 231).

Mais comme toujours pour Valéry « Ce qui est réel se prête à une infinité d'interprétations. [...] » (Valéry, 2016, 2, p. 703) car, reformulée autrement, « [...] » la « réalité » est « ce qui est capable d'une infinité de rôles, d'interprétations, de points de vue » (*ibid.*, 1957-1961, V, p. 260 ; 1987-2016, XIII, p. 76). Dans ses *Cahiers*, Valéry donne peu d'importance au mot d'interprétation – il se situe fermement du côté du connaissable. La traduction d'un état mental est, avant tout, une affaire de représentation (en tant que série d'opérations, de transformations, de transitions et de transmutations). Et l'enjeu pour lui est de réduire le « vrai » au connaissable ou, à la rigueur, au vérifiable. La compréhension reste toujours chez lui dans le royaume de l'impossible. Toute connaissance est une affaire de traduction, de transformation, de transmutation... et tout cela adossé, chez Valéry, à ses réflexions sur la perception et sur l'action du hasard et de la nécessité.

Paul Ricœur (2004, p. 22), nous rappelle que selon George Steiner : « comprendre, c'est traduire ». Pour Valéry : « Comprendre c'est traduire – transformation – » (Valéry, 1957-1961, XI, p. 281). Ou, en termes fonctionnalistes, « Comprendre une chose c'est ressentir la possibilité » (Valéry, 1957-1961, X, p. 335). Et pour ce faire, il faut d'abord passer à la découverte de son *mécanisme*.

Dans une formulation fort pertinente, Marc de Launay situe l'acte de traduire ainsi que la compréhension de l'original dans le cercle vicieux de l'herméneutique :

> on ne peut traduire que ce que l'on comprend de l'original, or ce que l'on comprend de l'original résulte d'une sorte de prétraduction : déterminer ce qui doit être traduit, c'est-à-dire déterminer ce que Jean-René Ladmiral appelle la « *quoddité* traductive » [Ladmiral, 1994] implique nécessairement une pré-compréhension du texte-source, et, plus encore, la reconstruction de sa cohérence (Launay, 2006, p. 10).

Dans tous les cas, « Comprendre est opérer une substitution-traduction » (*ibid.*, VI, p. 274). Mais chez notre poète-penseur, comprendre se réduit avant tout à transformer : « [...] comprendre c'est transformer » (*ibid.*, IX, p. 523). « Comprendre c'est → *pouvoir* ← *reproduire volontairement* » (*ibid.*, XVII, p. 24) – ce qui limite déjà les prétentions de la compréhension. Dès que l'on aborde l'acte de traduire chez Valéry c'est le verbe transformer qui vient le plus souvent à l'esprit du lecteur des *Cahiers* ; transformer en soi, pour soi, tout en restant campé solidement du côté d'une action en cours, limitée toutefois par le connaissable, le faisable, et le pouvoir faire car : « Tout ce qui me parvient, se dessine, s'impose, peut recevoir une pluralité d'interprétations – de traductions ou valeurs » (Valéry, 1957-1961, V, 688).

En revanche, le non-comprendre a valeur d'aiguillon chez lui. « Le non-comprendre fut mon aiguillon. » (*ibid.*, XVIII, p. 908), avec ce point limite : « Ma véritable *valeur* – elle gît dans mes refus » (*ibid.*, XIX, 108), et ce, devant cet « état bien dangereux : Croire comprendre » (Valéry, 2016, 3, 205).

Pour Valéry, toute représentation d'un *concretum* est, de prime abord, une recréation en fonction de ce que l'on peut transformer, et qui, au fond, restera toujours l'acte de « faire sans croire ». (C'est sans doute cette apparence d'extrême scepticisme qui empêcha Valéry d'obtenir un prix Nobel, contrairement à T.S. Eliot). Le transformable pour Valéry serait aussi dans les parages de ce que Jean-René Ladmiral appelle « quoddité traductive ». Et même notre connaissance d'un *concretum* peut rester fort incomplète et, par inférence, *intraduisible* – comme nous le rappelle Marc de Launay (2006, p. 11) dans un exemple tiré du film *Les dieux sont tombés sur la tête*, où une bouteille de coca-cola est jetée d'un avion et récupérée par un *bushman* qui ne voit pas la fonction culturelle, etc. de cet objet. Valéry analyse un cas similaire.

> L'examen « anatomique » le plus minutieux d'un appareil électrodynamique (à l'état de non-fonctionnement) ne peut révéler à l'esprit le plus puissant et subtil – le rôle du « courant ». On a beau dévider les fils, les analyser, etc. – Rien de visible ne peut faire imaginer l'usage de la dynamo, de la lampe à incandescence (Valéry, 1957-1961, XVII, p. 187).

La traduction est un travail, par rapport à *un contexte* dont on ne saisit pas toujours le fonctionnement ou l'utilisation – travail aussi *dans* les plis du texte-objet car il faut savoir déplier, plier et replier le sens des mots. Bref, travailler dans les multiples plis de l'organisation phrastique contextuelle et fonctionnelle ainsi que sur ses écarts s'étend chez Valéry à toute l'activité mentale. Dans les *Cahiers*, nous dépassons le simple cadre des *traductions intralinguales* et *intersémiotiques* à la Jacobson, pour entrer dans une pensée *de la* traduction mentale et une méthode intellectuelle au cœur même de l'acte de traduire. C'est, en effet, une notion centrale – celle de *traduction mentale* – qui constitue la base du classement établi par Judith Robinson-Valéry dans l'index de son édition de la Pléiade des *Cahiers* de Valéry. L'index des treize *Cahiers (1894-1914)* dans la Collection blanche chez Gallimard est plus complet quant à la notion de traduction pour cette période, et couvre (avec reclassement d'un certain nombre de pages venues d'ailleurs) presque la totalité des cinq premiers tomes tirés des vingt-neuf *Cahiers* dans l'édition du CNRS.

TRADUIRE LE *COGITO*

Pour Valéry « Qu'est-ce que le Cogito ? Sinon, tout au plus la traduction d'un intraduisible état ? » (Valéry, 1957-1961, IV, p. 393 ; Valéry, 2016, 3, p. 280) ou « la traduction d'une chose intraduisible » (Valéry, 1957-1961, IV, p. 111 ; 1987-2016, VIII, p. 399), voire une « *traduction mauvaise* et incomplète d'un état de l'individu » (Valéry, 1957-1961, II, p. 739 ; 1987-2016, V, p. 258).

> [...] En réalité ce ne sont que de mauvaises et ambitieuses traductions d'un état d'apparence lucide, obtenu un matin, et que leurs contemplateurs ont cru pouvoir épuiser en six mots. Ces mots sont pour eux une formule magique, qui ressuscite leur meilleur *jour* ; pour nous, ils ne disent rien. Tel le cogito insignifiant (à la lettre, philologiquement ce cogito veut dire : je vois des choses *non extérieures*, donc je fais partie des choses *extérieures*) (Valéry, 1987-2016, VIII, p. 264).

Le *cogito*, chez lui, fait partie aussi d'un phénomène d'accélération et de distanciation. « Plus je pense, plus je pense [...] » (Valéry, 1957-1961, I, p. 182 et p. 515, citation de 1897). Le mécanisme de cette sorte de tropisme de l'esprit et de la sensibilité se traduit par « Plus je..., plus je... ». C'est un « cycle d'excitation régénérescente – caractéristique de l'*Amour* ≡ (Plus je... Plus je...) – » (*ibid.*, XVIII, p. 272) qui ne cesse de le hanter. On trouve la même expression dans le conte inachevé intitulé *Agathe* : « Plus je pense, plus je pense » (Valéry 2016, 1, p. 350). Il y a dans ces textes, une sorte de tropisme de l'attention – parfois en spirale négative : « Les papillons de nuit – leur danse effrénée au-dessus de la coupe éblouissante / Puis ils se jettent comme avec désespoir et il s'élève une poussière de cendres, éliminée » (*ibid.*, XV, p. 797). Ailleurs, on trouve une combinaison d'accélération et de décroissance : « Ô VIE, / Plus je pense à toi, VIE, / Moins tu te rends à la pensée… » (*ibid.*, 2, p. 910). Michel Serres joue aussi avec ce même phénomène.

> Je n'ai jamais su dire le moi ni décrire la conscience. Plus je pense, moins je suis ; plus je suis, moins je pense et moins j'agis. Je ne me cherche pas comme sujet, sot projet ; seuls se rencontrent les choses et les autres. Parmi eux, un peu moins chose et beaucoup moins autre, voici mon corps (Serres, 1999, p. 12).

Rappelons également le « *Je pense* – donc, je M'ÉCARTE » (Valéry, 1957-1961, XXV, p. 605). En d'autres termes, c'est l'action de s'écarter qui fait partie intégrale de l'acte de penser, ou le *je* s'oppose aussi à ses « *produits d'écarts* » (*ibid.*). « Je m'oppose tantôt à ce dont je me suis écarté – tantôt à cet écart même » (*ibid.*) comme dans le cas suivant : « Je fais attention – et puis, je m'avise que j'ai fait attention » (*ibid.*). L'acte du *Je* devient aussi écart et non-écart dans son système fait de D[emandes]-R[éponses]. Retour non au *même* – mais à son principe immuable de *self-variance*. Et en termes de pouvoir de la conscience cela signifie : « *Je puis être infiniment autre* » (Valéry, 1957-1961, III, p. 740).

En revanche, les célèbres phrases de Valéry : « *Tantôt je pense et tantôt je suis.* » (Valéry, 2016, 3, p. 759), « Parfois je pense ; et parfois je *suis.* » (2016, 3, p. 208) et, « Parfois *je pense* et parfois *je suis.* » (1957-1961, XVII, p. 728) seront reprises et délayées (inutilement) par Jacques Lacan : « Je pense où je ne suis pas, donc je suis où je ne pense pas » (Lacan, 1966, p. 517). Revenons à la citation précédente de Valéry qui mérite d'être étudiée dans son entier. Le *cogito* est un exemple de l'inadéquation des équivalences et aussi des mots de liaison (« donc »). Soulignons que Valéry fait aussi une sorte d'idole de l'esprit – faute de mieux – qu'il limite de façon singulière, grâce à sa devise : « faire sans croire » ou, à sa variante du *cogito* : « Je pense que je pense… (que je pense…) » (Valéry, 1957-1961, XXVI, p. 196). Il nous rappelle que ce « Je pense que je pense – – – s'arrête, ou se perd en lui-même dès après la seconde application du signe : *je pense que* – – ψ(ψ(ψ…) […] [Monsieur Teste seul s'élevait parfois pendant un instant au 3e degré – – etc.] » (*ibid.*, XVIII, p. 248).

Valéry entame aussi une réflexion, sous forme de boutade (intraduisible ?) autour du mot « Ergodonk » (avec toute sa prétention majusculaire, substantivée et emboîtement du célèbre « *ergo* », et d'un « *donk* » germanisé, babélisant !) – mot inventé par lui pour créer un semblant ironique d'accompagnement philosophique (« à l'allemande »), avec pour titre :

> φ Argo ou le Philosophe ou Ergodonk (Valéry, 1957-1961, XVI, p. 147).

Et tout cela transporté par le « physique » (φ), ou le navire grec : « Argo » !

Revenons au cogito. Pour Valéry (1957-1961, XIV, p. 292), « La conscience de soi tend à la limitation de la valeur de n'importe quelle "pensée" » et de sa traduction. Mais toute théorie pour lui ne pourrait être que « l'usage du possible » (Valéry, 2016, 1, p. 1099) et du faisable. Sa méthode est en fait une série d'approches, de convergences et de visées langagières centrées sur le moi, le « faire » et le fonctionnement mental. Valéry souhaite agir en « physicien de l'intellect », et « traduire chaque chose en formule fonctionnelle » (Valéry, 1957-1961, XXIV, p. 72). Autrement dit, son « SYSTÈME » serait

> une sorte de traduction systématique de la diversité des objets et des transformations de la conscience ou esprit en éléments et modes de *fonctionnement réel* (observable ou probable) de cet esprit. [...] (Valéry, 1957-1961, XXI, p. 70-72).

Mais voici la limite et la nécessité de la traduction :

> [...] Bien des choses doivent faire admettre que parmi les phénomènes mentaux il y en a de favorisés – de tels, que tout ce qui n'est pas *traduit* ou *traductible* en eux n'est pas *compris* ou *compréhensible* – (Valéry, 1987, I, p. 332).

En fait, la compréhension se limite au *traductible.* Mais c'est l'inadéquation du langage qui se dresse devant lui comme une sorte de mur – et qui empêche toute vision claire et sans ambiguïté de la réalité. Le système visé par Valéry serait un « dictionnaire » (1957-1961, XIII, p. 823), un système qui « consiste à tout traduire en langage "homogène" – fini "réel" » (*ibid.*, XII, p. 186). Mais comme nous le rappelle Nicole Celeyrette, les limites du système voulu par Valéry résident dans sa quantification. Et comment le « traduire en mesures non communes non homogènes, en torses ou arpentes » (*ibid.*, XIII, p. 724) ? Après tout, les mathématiciens restent attachés à « des problèmes *circonscrits* et évoluent dans un univers de problèmes – fermé – » (*ibid.*, XVI, p. 114). Valéry nous rappelle à maintes reprises sa tentation de tout réduire en mathématiques : « 1° p[our] avantage d'image. 2° p[our] avantage de logique et sentir les variations et ordres de quantités » (Valéry, 1957-1961, 1, p. 101 ; 1987-2016, I, p. 185).

Et, toujours dans l'ombre de Descartes (et de Pascal) :

> (Descartes) ?
> Idée fondamentale issue de [A] la pratique de l'algèbre : écrire le problème comme résolu, usage des « inconnues »/variables : la forme de la [B] phrase réduisant ou déterminant les sujet ou les attributs ; le verbe comparé à la forme algébrique ? Puis les opérations *ultérieures.*
> 2° Écrire les figures ? traduire les définitions directes en coordonnée de point
> ANALOGIE Le langage tel quel comparé à la géométrie des anciens.
> [C] Je cherche un langage fait des « projections » des mots ou propositions intrinsèques sur un réseau ou un système de constituants psychiques bien choisi.
> Dans l'usage ordinaire (surtout philosophique) il y a inconstance des rôles de connues et inconnues qui suffit dans tel cas ne suffit dans l'autre. « Temps » est clair dans telle phrase et problème dans l'autre. « Réel » dD°
> [A] Ceci possible par la séparation en x. y. z – ; [B] *cf.* théorie du symbolisme ; [C] c-à-d. *définitions* (Valéry, 1957-1961, XX, p. 223).

Il s'agit surtout de procéder à partir de l'algèbre pour aboutir à la mise en équation des relations formelles de l'esprit qui sont avant tout « non numérables mais combinables » (Valéry, 1957-1961, X, p. 353). C'est là le sens de ses « nombres plus subtils » (N+S) depuis 1892-1893.

> J'entendais sous ce sigle (« nombres plus subtils ») – une idée de l'équivalence des événements psychesthésiques ou réactions affectivo-mentales – *Tout événement de ce domaine* peut être également *signe* et *signification*, et demander ou répondre, – et figurer dans la suite de substitutions.
> D'où possibilités de modulations.
>))[1] J'entendais l'idée hardie d'une *commensurabilité cachée* entre les éléments hétéroclites de l'être sentant-pensant-agissant – ; ou les moments ((hétérogènes. (Parfois *je pense* et parfois *je suis*) – ; ou d'une transformation comme d'énergie, comme de *translation en vibration*, – – – [...] (Valéry, 1957-1961, XVII, p. 728).

1 Les parenthèses [])...(([que nous ajoutons ici indiquent un double soulignement marginal dans les *Cahiers* de Valéry. Elles existent aussi sous forme simple, triple, quadruple que nous respecterons dans notre reproduction des citations de Valéry.

Les « Nombres plus subtils » (cette « *mathématique cachée des propriétés de l'esprit* » (Valéry, 1957-1961, XX, p. 894) qu'il faut poursuivre jusque dans sa subjectivité même) reposent sur l'existence de relations pour « approprier » « noter » et « apprivoiser le total physico-mental » (Valéry, 1957-1961, XIV, p. 461). Et tout cela a pour but de noter des « "degrés de symétrie" » « *n + s* » (*ibid.*, XV, p. 570) car pour lui « les assemblages » « *ne sont pas* dûs *au hasard* » (*ibid.*). C'est ainsi qu'il souhaite traduire en un langage (sous forme algébrique) les mécanismes d'un nombre complexe de variables, de combinaisons et de possibles loin de la pénombre du langage ordinaire – qui est surtout une « *approximation* », et non une traduction de la réalité. Et plus le langage se rapproche de la pensée, plus la proximité se transforme en écart et distance.

Valéry rejette « la *confusion* de nos mots avec les choses, celle des choses avec nos propriétés, etc. » (Valéry, 1957-1961, X, p. 557). En philosophie, selon Valéry, trop de mots, « [d]es mots comme *esprit, pensée, raison, intelligence*, etc. sont autant de vases fissurés, de mauvais instruments, de conducteurs mal isolés. [...] » (Valéry, 1957-1961, VIII, p. 591). Et c'est au cœur même de cette notion de « conducteur » que l'on trouve une des clés les plus importantes de tout système, verbal ou autre, en action : « Système Ô ensemble de relations ou liaisons » (Valéry, 1957-1961, III, p. 709).

Il existe également dans son système, une faculté d'étonnement. Dans le monde de la conscience :

> *– Tu m'étonnes, donc tu es.*
>
> *Le réel est mon équivalent.* Nous sommes vous et moi de même puissance quels que nous soyons et quels que soient les effets que nous nous produisons – Tu as beau me surprendre, j'ai beau te contenir, nous n'avons jamais que la même réalité, le même besoin l'un de l'autre (Valéry, 1957-1961, VII, p. 31).

L'étonnement fait partie de ces moments où l'être se surprend et se détache de ce qui est. Valéry veut faire de cette « sensib[ilité] d'étonnement », « cette création de lacunes dans la veille » (Valéry, 1957-1961, XX, p. 726), une faculté « exquise » (loin des « étonnements ordinaires naïfs ») (*ibid.*, XVII, p. 436) pour mieux utiliser les pouvoirs séparateurs de l'esprit. Il jette souvent un *regard étonné* sur les phénomènes vitaux et leur impossible traduction.

« SELF-CONSCIENCE » ET *SELF*-TRADUCTION

Ego scriptor, « autodiscussion infinie »
Valéry, 1957-1961, I, p. 229)

L'*Ego scriptor* valéryen est au cœur de l'*acte de traduire*. Rappelons qu'il constitue déjà une traduction. Brian Stimpson évoque dans son introduction à la traduction anglaise des *Cahiers* de Judith Robinson-Valéry, « *The Writing "I"* ». Quelle trouvaille ! Je regrette de ne pas avoir inventé en anglais ce « je-écrivant » qui représente admirablement le *Je* en train de se replier sur lui-même pendant l'acte d'écrire. Les traductologues sauraient apprécier les différentes saveurs valéryennes de cette forme active en « *ing* » qui met en valeur le projet de l'auteur, et indirectement le *writerly text* (le scriptible) par rapport au *readerly text* (le lisible) – même si Valéry a toujours en tête pour ses publications une sorte d'archi-lecteur. Il y a un *Ego scriptor* au cœur même des racines du langage. « Conscience est self » (Valéry, 1957-1961, XV, p. 33), disait Valéry, mais aussi, en suivant de près les pistes lancées par Nicole Celeyrette (1979, p. 369), un *Ego scriptor* (*poeta*) *in actu*.

On ne pourrait faire l'impasse sur les célèbres intraduisibles dans certaines langues : le « moi », le « je » et l'« esprit » – sans oublier les multiples références valéryennes à ce qu'il appelle la « self-conscience », « physicien de la self-conscience pure et appliquée » (M. Teste) (Valéry, 1957-1961, XI, p. 643), « self-consciousness exaspérée » (*ibid.*, XXII, p. 444-445), la « self-consciousness, héritage de Poe » (*ibid.*, XXIX, p. 536-537), la « self-variance », la « self-variation » (*ibid.*, II, p. 135-136), la « self-compréhension » (*ibid.*, II, p. 5), la « self-réactivité » (*ibid.*, XIX, p. 126), la « *self-impression* » (*ibid.*, XII, p. 565-566), la « self-éducabilité – et par les choses – » (*ibid.*, IX, p. 761), « l'observation self-intérieure » (*ibid.*, I, p. 44), son « Self-book » (1896-1897) (*ibid.*, I, p. 84), son « self-government intellectuel – [18]92 » (*ibid.*, XXVIII, p. 150), « self-induction » (*ibid.*, XIII, p. 63), et un poème « *traduit du langage Self* » (Valéry, 2016, 1, p. 1048)… Ces mots – mélange d'anglais et de français – qui foisonnent dans les *Cahiers* sont fabriqués de toutes pièces par Valéry pour décrire un aspect capital et central de la perception chez lui. Grâce au mot « self », il évite de relier deux termes par un « de » – ce qui créerait un sentiment de dépendance ou d'appartenance, là où il ne voit qu'un état intégré et intégral. Dans son travail sur le langage, il souligne souvent les « lacunes du français » (Valéry, 1957-1961), XII, p. 566), par exemple, son « Inaptitude à former des mots – *cf.* répétible ou répétable » (*ibid.*) et, ce qui nous intéresse particulièrement ici, le « manque d'un mot équivalent à Self » (*ibid.*).

Je vais donc prendre le risque d'inventer à la Valéry, et à mes risques et périls, la « *self*-traduction » – à ne pas confondre avec la traduction *de soi* où le soi est séparé/détaché de l'acte même de traduire au lieu d'être collé au cœur même du processus, soit par un trait d'union (*self-*) ou complètement intégré, comme c'est le cas avec le mot allemand *selbst*. Je veux surtout éviter toute confusion avec l'auto-traduction (*die Sebstübersetzung*) qui est déjà réservée à une branche spéciale de la traductologie où le traducteur est également l'auteur du texte original. Mon néologisme (la « *self*-traduction ») est lié à ce que Valéry appelle la « self-conscience », comme c'est le cas des autres termes qu'il utilise avec le mot « self » pour souligner que l'analyse et, par inférence, la compréhension d'un texte à traduire passent premièrement par le prisme du moi. Par le truchement de ces deux langues, la *self*-traduction (comme la self-conscience) nous permet de *traduire* symboliquement un écart ainsi qu'une unité entre l'action et l'acteur. Mais gardons toujours en tête la limite : « Ne jamais donner valeur ou puissance d'idole à ce qui n'est pas la partie inconnaissable de soi-même » (Valéry, 1957-1961, XV, p. 315).

Il ne s'agit point, pour Valéry, de pratiquer l'auto-fiction des romanciers. La « *self*-traduction » que je propose est centrée sur le moi et peut se préciser en regardant de près la citation suivante :

> Ma philosophie – Traduire toute connaissance dans un système fonctionnel et en termes fonctionnels d'un *individu* déterminé ainsi :
>
> Cet individu ou moi – supposé comme équidistant de tout objet sensible ou événement (extérieur ou intérieur)
>
> [A] Son existence seule, sans autres données – est supposée résulter du Reste. *(Page suivante)*
>
> Ceci est la limite des états observables ou ressentis quand on essaie de les assimiler à la sensation pure –

On écrirait [*A*(tout) – Ego] comme on écrit – en langage analytique *A* = *0*.
Il en résulte une relation de tous les éléments du premier membre.
Ceci suppose une possibilité d'*objectivité* absolue et un arrêt possible.
On ne peut rien attribuer à l'Ego que l'Ego ne s'en défasse aussitôt et ne le remette au 1er membre.
La propriété capitale de substitution de choses quelconques, les unes aux autres dans la conscience, est ici impliquée.
– Cette philosophie ne serait qu'une Écriture et ne prétendrait à autre chose – car celui-ci est tout.

A *Aj. marg.* : *A* = *0*
analogie
A ≡ Ego pur (Valéry, 1957-1961, XVI, p. 277-278).

Valéry traduit ce « Moi pur » par l'équation : Moi pur = 0 ; – c'est-à-dire par ce qu'il appelle dans les *Cahiers*, un état mental qui se trouve « équidistant » ou détaché de tout. Il décrit dans la citation ci-dessus ce qui sera reformulé à de multiples reprises comme une sorte de refus radical. Ce Moi pur est une sorte de socle composé d'un « Moi sans attribut » (Valéry, 1957-1961, XXVI, p. 811) ou d'« un zéro d'attributs » (*ibid.*, XXVII, p. 549). C'est un état de séparatisme et de détachement extrême que nous avons évoqué dans une publication antérieure où

« Tout se dire, c'est enfin rejeter tous les attributs, – tendre vers le MOI PUR. » (Valéry, 2016, 3, 400) Pour Valéry, le *Je sans attributs* ou le *Moi pur*, c'est le *Ni*, la *Négation*, le *Moi réactif*, *fonctionnel*… C'est le *Moi n° 1* à l'abri de la personnalité et du *moi significatif.* C'est aussi l'*Innommable.* Il est *indétermination*, la négation de toute détermination, écart négatif de tout, le « centre de l'anneau » (Valéry, 1957-1961, XVI, p. 680), virtualité pure, présence pure au carrefour des *moi*, le pur sans mélange… Il s'oppose à tout – au langage, au temps, etc. et ne ressemble à rien (Elder, Conférence à l'ITEM, Groupe Paul Valéry, ENS, Paris, 2016).

« Mon être est de n'être rien de ce qui est. / Le *Je* refuse Tout. » disait Valéry (Valéry, 1957-1961, XVIII, p. 278).

Disons que le *Moi pur* se trouve ainsi en amont du *moi* « pensant-sentant » de la « *self*-traduction », loin du moi de la personnalité, et aux antipodes du contenu d'une simple autobiographie. Mon néologisme, la « *self*-traduction », trouve toutefois quelques racines essentielles dans le texte tiré de Monsieur Teste intitulé « POÈME (*traduit du langage Self*) » (Valéry, 2016, 1, p. 1048) que j'ai déjà évoqué. Et dans une autre

« scène », Monsieur Teste « transcende [...] transmute » (*ibid.*, p. 1074) les idées qui ne sont que des « moyens de transformation – et par conséquent, des parties ou moments de quelque changement. » (*ibid.*, p. 1082) et « un moyen de transformer une question » (*ibid.*, p. 1082). Ce fut une sorte de *Selbstverständlichkeit* (évidence) pour Valéry, qui visait à créer ses propres outils – et à « entrer en soi-même armé jusqu'aux dents » (Valéry, 1957-1961, XI, p. 253 ; Valéry, 2016, 1, p. 1078). Il va sans dire que de telles armes risquent de se révéler inefficaces – situation analogue à celle de *L'Ange* de Valéry : « *Et pendant une éternité, il ne cessa de connaître et de ne pas comprendre* » (Valéry, 2016, 3, p. 1301).

J'ajouterai que cette « *self*-traduction », expression que nous créons de toutes pièces, s'applique à deux tendances, en apparence opposées, comme je l'ai indiqué ailleurs : à savoir, Verlaine, symbole de la créativité poétique (auto-réfléchissante chez Valéry) d'un côté, et Poincaré, celui de la rigueur mathématique et scientifique de l'autre. Mais il faut apporter ici un petit bémol : Valéry ne se lance pas dans les séparations artificielles entre esprit de géométrie et esprit de finesse à la Pascal. En effet, la « self-conscience » valéryenne (tout comme la « *self*-traduction » que je lui confère) contient, dès le premier *Cahier*,

> Le César de Soi-même
> El César de sí mismo
> Il Cesare di se Stesso
> The Cesar of himself
> (Valéry, 1957-1961, I, p. 274 ; Valéry, 1973, I, p. 323).

En un sens, cette « théorie de soi-même » qu'il évoque quelques pages plus loin (Valéry, 1957-1961, I, p. 276) englobe un prolongement indispensable de toute tendance traductive de soi – car il s'agit toujours de ramener à soi le texte en cours d'élaboration et son contexte (socioculturel etc.) pour les faire passer par la grille d'une lecture personnelle aussi rigoureuse que faire se peut... *en soi* – et ce, avant même de viser le consommateur : *l'autre* – ce qui exige un travail considérable d'*adaptation.* J'ajouterai que même une archéologie du texte et des concepts est animée inévitablement par une sorte de *visée intentionnelle toujours en devenir* et inachevable. « Imminence éternelle de toute ma pensée. », disait Valéry (1957-1961, III, p. 680 ; 1987-2016, VII, p. 514). Et, dès qu'il s'agit d'autrui :

> Mon caractère intellectuel le plus constant, le plus marqué est celui-ci : Tout ce qui m'est dit – tout ce que je lis m'apparaît comme devant être traduit[2] (Valéry, 1957-1961, XI, p. 849).

Il s'agit toutefois d'un traduire indispensable en devenir afin de transformer et d'assimiler tout texte, en le tirant vers soi. Reste toutefois le non-assimilé et ce que l'on rejette ! Ou comme disait Valéry : « Rien de plus original, rien de plus *soi*, que de se nourrir des autres. Mais il faut les digérer. Le lion est fait de mouton assimilé » (Valéry, 2016, 3, p. 186). L'étape ultime, au-delà de la traduction d'un texte de Léonard de Vinci, par exemple, ne saurait être pour Valéry que cette intégration *en soi, pour soi* au cœur de *son* Léonard qui inclut les progrès scientifiques du XXe siècle. L'appropriation créatrice, si chère à Paul Ricœur (2004, p. 66), vise surtout, chez Valéry, une forme supérieure de dépassement ou d'intégration créatrice par rapport au texte original. En dehors des textes de Léonard de Vinci et des poètes qu'il a traduits, Valéry pratique une lecture archi-sélective – pour mieux se pencher sur la construction de son Système tout en pratiquant une gymnastique intellectuelle personnelle.

Ce travail sur les forces et les faiblesses du langage aboutit également à un aveu ou limite incontournable : « [...] Pour écrire p[ou]r le public je suis obligé de traduire et cette traduction est souvent impossible » (Valéry, 1957-1961, XII, p. 269). Et qu'il écrive pour soi ou pour le public, il y a toujours cet immense travail personnel préalable, chez Valéry, qui se concentre sur les mécanismes du langage, bien au-delà des conventions scripturales (qui sont, elles aussi, constamment mises en question). Il précise également qu'« Il me manque un Allemand qui achèverait mes idées » (Valéry, 1957-1961, V, p. 671). On constate aussi en lui un désir de ne pas écrire ! de « *ne rien* écrire » (Gide, 1965, p. 949). Et, tout en cherchant la perfection, Valéry est obligé de faire, comme le traducteur, le deuil de la perfection.

La « *self*-traduction » fonctionne comme la « self-conscience » valéryenne, et passe par la même étude d'une palette de mots dans les *Cahiers* tels que *contraste, symétrie (agitée), ressemblance, identité, comparaison, transformation, transmutation, mesure, proximité, différence, distance...* ce qui nous permet d'entrer de plein gré dans la notion de perception, – sans tomber dans le binarisme primaire toujours étranger à sa méthode.

---

2 Mon soulignement.

Et derrière la « *self*-traduction » se profilent aussi de maigres éléments de réponse à la célèbre question richardienne – *D'où parlez-vous ?* – question toujours terrorisante pour les doctorants ! Valéry y apporte quelques éléments de réponse :

> 1° Regarder légèrement la « question ».
> 2° Tout traduire exactement en éléments figurés – images et en actes virtuels.
> 3° Réduire – limiter – développer, aller aux bornes – *voir* le vrai – Le vrai se voit et ne se parle pas. Verum ineffable.
> 4° Rapporter cet état aux puissances – formule – résolution –
> 5° Nettoyer (Valéry, 1957-1961, III, p. 75 ; 1987-2016, VI, p. 79).

Il nous rappelle également les forces et les limites spécifiques de l'emploi des pronoms en français, en anglais et en italien.

> La langue française, qui a de si fâcheuses lacunes (autos, self, – par exemple), possède ce merveilleux petit instrument « ON »
> L'italien « Si » (quando *si* fa.. etc.) L'anglais « one ou they » sont moins dégagés d'un sujet complet, moins impersonnels (Valéry, 1957-1961, XVII, p. 207).

Il faut ajouter que la traduction des textes de Valéry exige également une solide recherche sur l'emploi et la valeur des pronoms, et en particulier, sur le sens qu'il accorde au *moi* et au *je*. Qui est le « je » dans « *je* pense », « *je* cours » ou « je rêve » ? Dans le dernier cas, il n'y a pas de *je* quand je rêve : le *je* ne peut pas constater qu'il rêve (– ou, à un autre niveau, la phrase signifie tout simplement que telle situation est difficile à croire). Ici réside une autre dimension à la frilosité identitaire que connaissent les traducteurs ! Et parmi ces multiples « intraduisibles » identifiés par Valéry dans l'activité mentale (et qui méritent une immense note analytique) il faut signaler, bien entendu, le mot *esprit* que trop de traducteurs, dans beaucoup de langues européennes et asiatiques, font basculer vers d'énormes faux sens. L'intraduisible serait à la fois pour Valéry une limite infranchissable et un aiguillon. Il reste toutefois un domaine qu'il refuse de traduire en dehors des formules de son fonctionnement : à savoir, le moi de la personnalité, le particulier. Ceci ne fait pas partie de ses préoccupations – comme toute traduction et écriture effectives d'un roman. Ou plus précisément, « Je n'ai aucune tentation de traduire ce à quoi je n'attache aucun prix général pour le moi » (Valéry, 1971, 1, p. 40). Et, une fois de plus, il ne s'agit aucunement pour lui du moi de la personnalité.

TRADUIRE LE RÊVE

PRÉAMBULE SUR LA TRADUCTION VALÉRYENNE DE L'INCONSCIENT ET DE LA SUBCONSCIENCE

Dès le premier *Cahier* de l'Édition du CNRS, Valéry (1957-1961 I, p. 275) indique qu'il « faudra trancher cette affaire d'inconscient ». Notons qu'il s'agit de « trancher » ce qu'il renvoie à « une affaire », et qui, pour lui, réside dans le flou des définitions. Le problème, insoluble pour Valéry (1957-1961, XVI, p, 201), est de savoir comment l'« énoncer purement » :

> *Recherche du non-conscient*
> In-conscient ; sub-conscient ; automatisme ; refoulement etc.
> Tous ces termes conduisent à des expressions absurdes et naïves (Valéry, 1957-1961, XVIII, p. 615).

Comment *traduire* cet état ? Si la conscience s'ordonne et se définit par un état de mélange, l'inconscient se limite, selon Valéry, à une forme simplifiée – du côté de la non-séparabilité des éléments. Pour l'essentiel, Valéry n'ira pas plus loin, car la difficulté de toute représentation ici est amplifiée par l'absence de validation et de vérification au sens strictement scientifique du terme. Ne reste alors qu'une fiction indicible qui, en fin de compte, ne s'ordonnerait, peut-être, que selon des « lois élémentaires » – donc infra-linguistiques – ce qu'il nous rappelle à de nombreuses reprises, et souvent avec des « si » et au conditionnel :

> [...] si l'on pouvait pénétrer, développer le fameux subconscient on n'y verrait que misère ou quelques lois simples affectant les éléments et les commandes de ce qui se fait sentiments, idées, volontés, de ce qui donne valeurs, perspective aux choses. Tout est surface (Valéry, 1957-1961, XIII, p. 916).

Cette notion de surface est capitale. « L'homme n'est l'homme qu'à sa surface » (1957-1961, IV, p. 401 ; 1986-2016, X, p. 39). Et sous la surface, une « substance inextricable, étrangère à tout ce que tu sais et qui est pourtant l'essentielle » (*ibid.*) – une véritable « surface fermée » (Valéry, 1957-1961, IV, p. 401). Cette surface agit comme une sorte de membrane en interaction plus active avec son milieu externe pendant la veille. Pourtant, dans le rêve, on ne voit pas la surface du canevas. La conscience serait une sorte de broderie à la surface des choses. Chez Monsieur Texte, la conscience est représentée de la manière suivante : « J'ai le visage vers le MUR. Pas un rien de la surface du mur ne m'est inconnu » (Valéry, 1957-1961, XIX, p. 508). L'esprit erre sur une surface. Nous naviguons à la surface des choses (par le truchement du langage) – et même si nous disséquons un objet il se transforme en nouvelles surfaces. Pour Valéry, un texte paraît comme une surface de Riemann « à plusieurs plans communicants » (*ibid.*, 1957-1961, XVII, p. 170) non sans ses soudures, retours, etc. Et il s'étonne devant « L'idée bizarre et absurde des modernes de conférer une valeur éminente à ce qu'ils nomment l'*inconscient* » (Valéry, 1957-1961, X, p. 443). L'intérêt du fonctionnement du rêve pour Valéry se rattache toujours à l'analyse plus générale du fonctionnement psychique, et c'est surtout par des définitions *en négatif* qu'il arrive à séparer les éléments-clés de l'inconscient et de la conscience.

Quant au temps :

>)))L'inconscient est en dehors du présent, hors de la *forme.*(((
> Il est peut-être ce qui s'ordonne selon les lois élémentaires, immédiates, cristallines, ou analogues (Valéry, 1957-1961, IX, p. 331).

En revanche, la conscience se caractérise par notre capacité à « ressentir autre chose que le présent » (Valéry, 1957-1961, XI, p. 797), « *faculté d'une dimension de plus – n + 1* » (*ibid.*), disait-il. (La veille est également acte de séparation.)

Valéry ne cherche pas à évacuer l'inconscient de ses analyses du fonctionnement de l'esprit – mais à le cantonner fermement dans un rôle qui ne serait que « partiel, local, immédiat, instantané » (*ibid.*, 1957-1961, VI, p. 603). Il est capital de rappeler que ces termes « *inconscient, subconscient*, etc. » peuvent se réduire, chez Valéry (1957-1961, XIX, p. 516), à une sorte de « mécanique "moléculaire" ou statistique des éléments fonctionnels ».

Mais il précise aussi que « ces éléments sont le seul problème essentiel et peut–être insoluble – Ils sont à la fois excitation et réponse ; indépendants et liés ; acquis et assimilés. » Le terme d'inconscient est utilisé aussi chez Valéry, comme dans son usage courant, pour désigner un acte non *réfléchi*. Ajoutons ici que la conscience se compose d'un acte *réfléchi* – partie intégrale de son système DR (Demande-Réponse), ou en d'autres termes, ce qu'il appelle le *va et vient* de l'esprit.

Vingt ans après sa première réflexion sur l'inconscient (Valéry, 1957-1961, I, p. 275), il nous rappelle que sa préoccupation initiale à l'égard de cette notion persiste chez lui, tout en précisant les limites et les difficultés de toute construction langagière pour la décrire.

> [...] J'ai toujours écarté l'inconscient de mes réflexions. Moyen trop commode – puis arbitraire – logomachie vaine – pensais-je, mais je me demande – ou plutôt *je me réponds maintenant* que peut-être il y aurait quelque chose à faire de cette défaite.
>
> *Construire l'inconscient* – ce serait introduire les imaginaires. Ce serait subsstituer sciemment et artificiellement aux parties inconnues, « inconscientes »... que nous supposons dans la suite des modif[ications] internes, une suite comme *consciente* – douée de propriétés particulières – (à l'égard du réel etc.) –
>
> La question insoluble et inexplicable du mode d'existence des événements psychiques hors de la conscience – hors de la communication avec le sujet – se pose toujours – – [...] (Valéry, 1957-1961, VIII, p. 420).

Ce que Ricœur n'a pas manqué de souligner :

> Naturellement nous ne le connaissons [l'inconscient] qu'en tant que conscient, une fois qu'il a été soumis à une transposition (*Umsetzung*) ou une traduction (Übersetzung) dans quelque chose de conscient. Et Freud ajoute : « Le travail psychanalytique nous permet de faire quotidiennement l'expérience que cette transposition est possible » (Ricœur, 2004, p. 145).

Ainsi contrairement à Valéry, Freud affirme (un peu trop hâtivement pour Valéry) que la transposition ou la traduction de l'inconscient est possible.

En revanche, tout porte à croire que Valéry aurait cherché aujourd'hui des réponses plutôt du côté des neurosciences – et ce serait pour mieux intégrer le fonctionnement de l'inconscient dans son Système.

Ajoutons également la nécessité de ne pas confondre « C^1 » (le rêve) chez Valéry et sub-conscient (malgré tout ce qui les rapproche). L'implexe, pour lui, reste toutefois une sorte de combinatoire où réside la variation de la pensée et où aucune idée, justement, ne se fixe, aussitôt chassée par une autre, et qui ne s'achève pas.

> L'*Implexe* que j'ai mis dans l'« Idée fixe » – est *le reste caché structural et fonctionnel* – (non le sub-conscient –) d'une connaissance, ou action consciente.
> *Cf.* le mécanisme insensible du bras, et des doigts dans un acte – *cf.* ma vieille « théorie » de l'Instrument –
> Il y a là toute une analyse à faire (Valéry, 1957-1961, XVII, p. 63).

En d'autres termes, l'implexe est la virtualité de la conscience (non consciente actuellement). C'est une possibilité permanente qui peut monter à la surface de la conscience à tout moment. Il se trouve aussi du côté de ce que j'appellerai le rôle des activités physico-psychomotrices *non conscientes* (qui ne montent à la surface que quand l'organisme heureux (qui s'ignore forcément sur le plan fonctionnel) souffre physiquement ou psychiquement). Selon Valéry (1957-1961, XVIII, p. 343), « Descartes eût mieux fait d'écrire : Je souffre, donc je suis. »

L'inconscient reste pour Valéry une sorte d'*inconnu* de monde *intérieur.* Il ne cherche ni à lier à Freud l'étude de l'inconscient avec celle de la conscience, ni à évacuer ce qui les rapproche. Et dans le domaine du « Subconscient », Valéry s'amuse à regarder les tentatives de placer un « *quasi-semblable* soit aux Cieux, soit dans les coulisses de la conscience » (Valéry, 1957-1961, XX, p. 387) comme si on plaçait « dans la "matière", une petite matière » (*ibid.*). Il mentionne aussi avec humour, dans cette citation, les « gravures du Descartes » qui montrent « un petit homme barbu » en train d'observer « derrière la rétine ! » (*ibid.*) – une allusion à *La Dioptrique*, traité de Descartes publié en 1637, comme nous le rappelle Judith Robinson dans son édition des *Cahiers* (1974, II, p. 1591).

Valéry (1957-1961, XIII, p. 252) évite de tomber dans les travers de la « *sub-conscience* » – qu'il relègue à « un travail inconnu et inconnaissable » où « les combinaisons ne se distinguent pas en qualité » (*ibid.*). La « qualité » ici, c'est un *sens* auquel on « attache un prix » – prix que nous réservons à notre chapitre sur la *fiducia.*

Et pour conclure ici, on ne finit pas de jouer avec les rapprochements entre l'inconscient des phénoménologues et la préconscience des psychanalystes – « un inconscient descriptif et non encore topique » selon Ricœur (1965, p. 412). Il est toujours question de savoir concrètement où mettre la barre dans le domaine de l'inconscient ! Valéry aurait aimé certes y apporter une réponse *technicienne* proche de la neurologie – loin du flou des concepts que nous venons d'évoquer.

TRADUIRE LE RÊVE

Comment faire une topologie du rêve quand toutes les cartes sont brouillées ? Tout d'abord, Valéry cherche incessamment à traduire en langage *fonctionnel* les états de *veille* et de *rêve.* Pour lui, le rêve est avant tout une réalité hors texte, un intraduisible (– sauf, à la rigueur, en termes purement fonctionnels et mécaniques). Et, en amont de toute *interprétation* d'un rêve réside le problème fondamental de sa traduction – ou de l'impossibilité de sa traduction – car comment faire un discours linéaire adéquat de quelque chose qui reste à l'état fusionnel ? Nous étudierons aussi, dans ce chapitre, les mots que le rêve exclut nécessairement, et également la nature fonctionnelle des « associations » fusionnelles que la veille sépare. Voilà l'enjeu langagier de la traduction des rêves.

Traduire le rêve ? Mais comment ? surtout quand on a affaire à

> un texte hiéroglyphique rendu difficile par le mélange de plusieurs systèmes – que la veille sait démêler et traduire chacun selon son espèce – quoique dans la même suite.
>
> Qui fera l'alphabet, la grammaire, le vocabulaire des songes ? (Valéry, 1957-1961, V, p. 63 ; 1987-2016, XII. p. 121).

Dans *l'Interprétation des rêves*, Freud dit que le « contenu du rêve nous est donné sous forme d'hiéroglyphes dont les signes doivent être traduits » (*ibid.*, 1987-2016, XII. p. 339). Le psychanalyste se doit d'abord d'affiner ses outils de traducteur, avant d'être interprète – mais il s'agit, chez Valéry, d'un désir de faire apparaître ce que cache une mauvaise utilisation des mots et de dénoncer tout mélange impur de systèmes. Le rêve, « C'est l'anarchie intérieure » (Valéry, 1957-1961, II, p. 272). Et une telle anarchie est impossible à reconstituer ou à traduire de façon satisfaisante ou suffisante par le langage.

Selon Lacan, l'interprétation freudienne des rêves est de l'ordre de la traduction. Il s'agit d'abord d'une tentative de faire monter à la surface ce qui se dérobe… (Mais que de fois les interprétations se transforment en spéculations à perte de vue !) Valéry accorde infiniment moins d'importance à l'interprétation du contenu des rêves que Freud. D'ailleurs, il se méfiait des travaux de ce dernier. William Marx pose toutefois la question : « Paul Valéry, le moins freudien des hommes ? » (Conférence au Collège de France, le 16 juin 2016.) Ce constat valéryen (sous forme de boutade ou de petite phrase piquante et décapante) est accompagné, chez William Marx, d'un point d'interrogation pour lui permettre de mieux nuancer, avec son élégance habituelle, ce qui rapproche et sépare Freud de Valéry. *Primo*, ce qui les éloigne. L'approche psychanalytique de Freud n'est pas celle tentée par un Valéry fonctionnaliste qui accorde plus d'importance aux approches psycho-physiologistes (qui sont de nouveau à la mode). *Deuxio*, ce qui rapproche Valéry et Freud – à savoir, le véritable rôle du langage, et la fascination accordée aux rêves pendant de longues années (mais pour des raisons assez divergentes). *Tertio*, les psychanalystes ne rejettent pas le récit du rêve qui, pour eux, est un révélateur (parmi d'autres) de sources de préoccupations, etc. *Quarto*, le type de constat, en termes absolus chez Valéry (« le moins freudien des hommes »), indique souvent un intérêt ou une préoccupation-provocation en même temps qu'un détachement radical. (Ce fut, d'ailleurs, le cas des commentaires de Valéry sur Pascal – qui, chez notre poète-penseur, ne sont pas sans un brin de jalousie !) Pour l'essentiel, Valéry se campe résolument en amont de l'analyse du rêve pour mieux déblayer le terrain du langage et du fonctionnement de la conscience (au sens global du terme).

D'ailleurs,

> Si les théories de Freud ont une valeur thérapeutique – c'est une grande probabilité qu'elles n'ont point de valeur « scientifique ».
>
> Car qui dit « thérapeutique » dit au plus 6 sur 10 (Valéry, 1957-1961, XI, p. 476).

L'efficacité thérapeutique est loin d'être en soi une validation scientifique. Valéry aborde donc très précautionneusement toute tendance psychanalytique qui devait lui paraître, à son époque, trop remplie de scientisme et de rationalisme. Et nous savons à quel point Valéry évite de s'enivrer « d'ismes » (Valéry, 1957-1961, XIV, p. 642) – car il y voit le risque de transformer les « libres penseurs » en « adeptes » ou « initiés » (*ibid.*, XI, p. 447) ! Le psychanalyste est d'abord, chez Valéry, une sorte de traducteur – qui souhaite faire apparaître ce que disent les mots. Selon Lacan, l'interprétation freudienne est de l'ordre de la traduction. Il s'agit d'une tentative de faire monter à la surface ce qui se dérobe… Valéry accorde infiniment moins d'importance à l'interprétation des rêves que Freud.

Il y a aussi, chez lui, une interprétation métaphorique du rêve (le « solide ») par rapport à la veille (cet état où tout se fluidifie et se fragmente nécessairement). Si le rêve appartient au royaume du solide et de « *l'instantané* » (Valéry 1957-1961, XXV, p. 462), compactés comme une sorte de *treibendes Eis* (Freud) ou une formation « kaléïdoscopique des états » (*ibid.*, XVI, 267), le récit du rêve nous renvoie au royaume des incertitudes du langage, grâce à la fixité illusoire d'une certaine forme de linéarité (verbale – et paradoxalement, fluide aussi). Le monde du rêve est clos, composé de « réponses » compactées, et non de « demandes-réponses », d'allers et de retours comme c'est le cas dans la veille. « Dans le rêve tout est réponse – les demandes sont cachées » (1957-1961, XIX, p. 531). C'est un état de sans retour. Pas de réflexivité dans le rêve. L'espacement créé par ces dualismes disparaît.

À d'autres moments, Valéry va jusqu'à s'étonner que « Freud traite les instincts comme… des gaz ! » (Valéry, 1957-1961, XIII, p. 191). Notons qu'il s'agit d'une erreur de traduction du terme « *Trieb* » (*pulsions*) par « instincts » – erreur de traduction qui a duré des décennies avant d'être corrigée et commentée par Jean-Bertrand Pontalis, comme nous le rappelle Jean-René Ladmiral (1994, p. 253). Mais ce qui est important dans cette citation de Valéry sur les « instincts » chez Freud, c'est le lien créé entre un changement de *phase* ou champ de conscience, plus ou moins canalisé, comme dans le cas du passage de la glace à sa forme liquide ou gazeuse. Néanmoins, il est important de constater que le mot d'instinct chez Valéry convient mieux à son Système ; c'est avant tout, une « impulsion dirigée » d'un « *acte-en-rapport-avec-un-milieu* » (Valéry, 1957-1961, XII, p. 689) – définition compactée qui, grâce à ces traits d'union entre les mots, permet aussi de mieux représenter sa fonction « réflexe » (*ibid.*). Chez Valéry, le destin de l'expression de la vie instinctuelle est ailleurs ; il n'est pas dans les « Narcisse » de *Charmes*, où le sujet réside dans une sorte d'éclatement de la vie sensitivo-intellectuelle en « contrastes » (comme il l'a dit dans une lettre à son ami neurologue, le docteur Ludo van Bogaert citée par Walzer, 1966, p. 285). Loin de Valéry de réduire la vie instinctuelle à une forme de narcissisme à la Freud. (Il faut chercher ailleurs, chez Valéry, les clés de la traduction et de l'interprétation de la totalité de ses *Narcisse*.)

Soulignons que si Valéry ne lisait pas les travaux de Freud en allemand, il connaissait bien ceux d'Henri Delacroix et de Nicolae Vaschide (parmi beaucoup d'autres) – ce qui lui a permis de suivre indirectement l'évolution des théories en Allemagne. Et ce furent les prises de position psycho-physiologiques qui l'intéressèrent.

L'intérêt du rêve se situe toujours à l'intérieur d'une analyse plus générale du fonctionnement de l'esprit. Et il ne cesse de répéter que le récit du rêve est toujours « faux » – à cause du langage qui travaille après coup sur un « fond » indescriptible. Le rêve, « C'est l'anarchie intérieure » (1957-1961, II, p. 260). Et une telle anarchie est impossible à reconstituer ou à *traduire* de façon satisfaisante par le langage car il s'agit de deux régimes radicalement différents. Notons aussi que le « je » dans « je rêve » n'existe pas dans le rêve où « tout est rêvé » (Valéry, 1957-1961, III, p. 889 ; 1987-2016, VIII, p. 248, etc.). En d'autres termes, « Le rêveur est une *partie* qui se prend pour un *tout*. [...] » (Valéry, 1957-1961, IV, 569 ; 1987-2016, X, p. 569). Ou encore : « [...] Pourquoi dire : *J'ai rêvé* – quand il faudrait dire : *Il a été rêvé* – [...] » (Valéry, 1957-1961, XIX, p. 385). La petite phrase : « Je rêve. » devient enfin une impossibilité sauf quand elle signifie qu'on ne croit pas ce qu'on voit ou entend.

Pour les neurologues, la traduction du rêve se limite alors à l'*observation* d'un processus cérébral. Faire l'impasse sur la qualité de l'observation et passer trop rapidement à une interprétation reste l'erreur fondamentale de la psychanalyse. Dans le cas de l'analyse du contenu du rêve, les conditions d'observation sont viciées et nuisent à toute explication adéquate consciente. D'ailleurs, l'*interprétation* psychanalytique cherche une explication là où elle ne pourrait être, au mieux, pour l'instant, qu'une des plus vagues des représentations. Le plus important pour Valéry, c'est l'opération (en termes fonctionnels) d'une pensée, d'un rêve, etc., et non ses produits ou résultats particuliers. Et c'est leur structure, leur forme et surtout leur fonction qui prime chez lui, et non leur *signification* – même si leur contenu (spécifique) peut servir, par exemple, de tremplin au poème. Autrement dit, Freud établit sa propre théorie à partir de l'interprétation des récits de rêve, mais chez Valéry le contenu du rêve est de prime abord source de limites et d'insuffisances, rempli d'accidents, de banalités, et de mutabilité permanente.

Ajoutons cette merveilleuse interprétation métaphorique et fonctionnelle de l'état de rêve : « Les portes sont murées et les murs sont de gaze » (Valéry, 1957-1961, III, p. 806 ; 1987-2016, VIII, p. 147 ; 2016, 1, p. 254 ; 2016, 1, p. 1241). (Et comment traduire ce vers en anglais tout en gardant la tentative valéryenne de reproduire ce *murmure vibratoire* du rêve ?) Cet alexandrin met en valeur non le récit d'un rêve ou son contenu particulier, mais l'état fonctionnel de ses changements d'obstacles et de facilités. Ailleurs il écrit : « Rêve ≡ domaine sans cloisons, d'un seul tenant, homogène, de proche en proche, purement combinatoire, sans inégalité de *phases*, c'est-à-dire d'accommodations » (Valéry, 1957-1961, III, p. 836 ; 1987-2016, VIII, p. 182). Notons ici l'emploi du signe « Ô » pour nous rappeler que cette équivalence ne saurait être qu'un jeu d'approximations. L'éveil, pour Valéry, est la mise en place de cloisons et de murs plus ou moins structurés qui visent l'étanchéité. Mais le langage, malgré nos tentatives, reste fissuré, rempli de non-dits, d'inter-dits, de mal-dits, de re-dits, etc.

L'erreur la plus grave de Freud, selon Valéry, c'est de commencer par une étude des *récits* de rêves et non de leur *fonctionnement* – situé dans une analyse encore plus approfondie de leur sens mécanique ou psychologique. Le *Système* valéryen englobe le rêve, et impose une analyse plus totalisante du C E M (le corps, l'esprit et le monde) ou de l'être corporel et de l'esprit fonctionnant dans un milieu. Ajoutons que l'être de langage est absent dans le rêve et que toutes les (trans)mutations-trahisons du rêve en produits purement verbaux pendant la veille ne l'intéressent que pour mieux cerner une certaine phase du fonctionnement de l'esprit.

Et voici la limite :

> En résumé : nous raisonnons sur le *schéma* d'un événement totalement aboli, et nous l'interprétons ; mais un schéma est le résultat de divers actes et ces actes sont actes de l'état de veille : il faut être « éveillé » pour *exprimer* (Valéry, 2016, 3, p. 941).

Travailler sur les récits de rêves c'est oublier que l'on fait une « traduction d'une traduction » (Valéry, 2016, 3, 940), « qui peut bien conserver quelque chose, mais point *ce qui ne peut être nommé.* »

Et « spéculer sur le *récit* d'un rêve, c'est opérer sur le résultat d'une *action* de la veille par laquelle l'original hypothétique a perdu la substance de sa nature, et est devenu un simulacre abstrait – » (*ibid.*, p. 941). Dans les études du rêve, l'analyse des sources reste problématique sur le plan philosophique et psychologique. Il importe de dire que la psychanalyse et les réflexions freudiennes sur la sexualité n'aboutissent qu'à une sorte de pansexualité simpliste aux yeux de certains, et sont loin de constituer une science. Il s'agit d'un jeu plus ou moins réglé avec une probabilité d'exactitude faible pour aboutir à la position suivante :

> Le fond du « Freudisme » est constitué par l'hypothèse d'une action physiologique *cachée* (dont les effets psych[iques] et phys[iologiques] lointains sont seuls apparents) due à des impressions premières généralement sexuelles et qui ne furent pas *libérées* – (suivies d'actes ou de déclarations à l'époque de leur production). Action, à distance de temps, de produits d'impulsion retenus, retardés, différés (Valéry, 1957-1961, XVII, p. 697).

Résumé rapide et lacunaire, certes, mais c'est surtout la suite de ces réflexions qui constitue le socle de sa critique du « Freudisme » (mot mis entre guillemets par Valéry comme beaucoup d'autres en « isme » qu'il ne faut toucher qu'avec des pincettes).

> En quel état se conservent hors de conscience ces impressions ?
>
> Quel est le degré de certitude des observations – qui sont toujours ou des *RÉCITS* des sujets, ou des résultats individuels médicaux ? ? Et qui dépendent excessivement de la personnalité de l'observateur ? ? ? et qui ne peuvent *s'obtenir* que par suggestion, *action de celle-ci sur la personnalité de l'observé.*
>
> – Ces théories de F[reud] reposent sur des *récits* d'un homme éveillé à un autre.. Ces récits sont sans contrôle possible – On ne peut distinguer ce qu'il invente de ce qu'il a rêvé – Et même il n'y a pas de description possible. Et de plus, ces récits sont compris par le médecin comme il peut – et donc comme il tend à les comprendre et interpréter (*ibid.*).

Une fois de plus, Valéry constate (comme d'autres) l'absence d'un véritable champ herméneutique pour établir les règles de l'interprétation. Donc, retour inévitable chez lui au fonctionnement et à la faillibilité du récit de rêve (en tant que texte (intelligible) à déchiffrer – ou à « assimiler ») Mais toute identification (ou reconnaissance) est vouée à être incomplète.

> *Rêve*
>
> N[ou]s ne saisissons en nous que ce qui ressemble à quelque chose, que ce qui est ou reconnaissable ou pouvant être rendu reconnaissable, – que ce qui est assimilable –
>
> La conscience est donc dans son principe même une sensation d'identification – La conscience qu'il y a dans le rêve identifie à *tout prix* (au prix du probable, du possible etc.) ce qui se passe et qui l'excite à fonctionner, Mais elle identifie incomplètement, *par le plus court* (lapsus) Or le plus court chemin est défini par l'*espace* du mouvement – (et le définit)
>
> L'état de rêve suggère l'idée d'un *espace* ou *diversité* (Valéry, 1957-1961, XI, p. 97).

Valéry songe même à ranger le rêve du côté de la notion de *veille relative* (Valéry, 1957-1961, X, p. 697) avant de le classer du côté de ce qu'il appelle « l'original fictif supposé par le souvenir d'aventures ou impressions qui ne se peuvent placer dans le *réseau normal* » (*ibid.*). En fin de compte, le rêve est « l'original *supposé* d'un souvenir » (Valéry, 1957-1961, XX, p. 353), le *souvenir* d'un état vicié par *sa représentation.* L'essentiel du rêve réside dans un état où l'observation et l'observé se fondent. « La veille – ou plutôt l'élément *dw* de veille est toujours marqué par une certaine distinction, séparation, coupure *sensible* entre ce qui se voit et ce qui devait se voir » (Valéry, 1957-1961, X, p. 697).

Et dans son analyse de la veille, il est important de ne pas confondre mémoire et souvenir :

> Confondre ne pas confondre – ce qui [*se*] rapporte aux *choses* et ce qui se rapporte aux *fonctions.*
>
> La conscience est une fonction.
>
> La mémoire n'est pas une fonction mais ce qui fait qu'une *chose* devient *fonction.*
>
> Mais le souvenir de x est une fonction (Valéry, 1957-1961, IV, p. 531).

Il nous rappelle qu'à force de majorer le *significatif*, on minore son rôle *formel.* Il y a confusion d'états et de rôles.

> Dans le rêve tout est *formel* et est perçu comme tout *significatif.*
>
> Le significatif est cette propriété essentielle de confondre l'idée avec la chose, de suivre les idées comme choses, et gardant leur indépendance de choses, malgré leurs suites et leurs mélanges d'idées ; et donc inégalité des idées comme celle des choses – inégalité conférée, imprimée aux idées et

> suppression d'une partie des choses pensées au profit de telles autres dont les premières sont signes, moyens, – *non-choses.*
>
> Mais pendant la veille, le significatif est *sensiblement* tempéré par le *formel* (*ibid.*).

Ajoutons que « *tout compte dans le rêve* » (Valéry, 1957-1961, XIII, p. 18), rien n'y est « tempéré ». Dans la veille, on fait le tri, on relativise, etc. Ce qui n'empêche que toutes les interprétations ainsi que « [L]es "explications" ordinaires des rêves sont du même ordre de fragilité que les rêves même – (à cause des conditions de l'observation) » (1957-1961, XI, p. 623). En fait, la conscience se définit également par des processus de prioritisation participative et active. Et

> S'il y a un problème du rêve – (et s'il y a des rêves) – c'est un problème de *conservation.*
>
> Rêver serait alors passer dans une phase dont le domaine est défini par telles équations de transformation. Mais ce n'est ici qu'une image empruntée à l'algèbre. Ces transformations ne sont pas de celles qu'on peut écrire en employant le signe Égale (Valéry, 1957-1961, XVIII, p. 166).

Sans conservation (inégale), forcément, pas de souvenir du rêve. Le rêve « n'est jamais qu'un *souvenir* qui se présente à un homme *réveillé* » que « l'être X, impressionné sous le sommeil » restitue « après rêverie » (Valéry 1957-1961, VIII, p. 107). « Comme ceci est suspect ! » (*ibid.*). Il ne nous reste donc que la neurologie, car le rêve n'est qu'une *chose* indicible, indescriptible, anti-verbale, anti-conceptuelle – loin du raisonnement… (« Si je raisonne en rêve, ce rêve d'un raisonnement n'est pas un raisonnement. C'est son ombre ») (Valéry, 1957-1961, III, p. 807 ; 1987-2016, VIII, p. 148). Et, « Par *définition*, quand je puis douter si je veille ou si je rêve, – je veille » (Valéry, 1957-1961, IV, p. 93). Bref, c'est par rapport à la nature même de ces difficultés, citées en vrac ici, que Valéry cherche à préciser les confins essentiels de ce qui sépare ces deux régimes : *veille* et *rêve.*

RÊVE ET LANGAGE

Commençons par deux constats valéryens :

> En vérité – toutes nos expressions du rêve sont fausses. Le langage n'a pas prise – La règle n'épouse pas la courbure.
>
> Le dernier mot d'une proposition appartient à une autre proposition que le premier mot.
>
> Le type « proposition » est en défaut (Valéry, 1957-1961, XVII, p. 697).

Et plus radicalement :

> J'estime que le rêve ne peut être représenté à l'esprit – (décrit) sans perdre ses caractères essentiels –
>
> L'intervention du langage lui est fatale – (Valéry, 1957-1961, XVII, p. 858).

C'est la « signification » du rêve (par le truchement du récit et de son interprétation, sans oublier « son rapport à l'histoire du sujet » qui intéressent Freud et cie. Tout cela est sans intérêt pour Valéry (1957-1961, XIX, p. 456) qui ne cherche que « les caractères intrinsèques du phénomène » (*ibid.*, 1957-1961, XIX, p. 456). On y voit déjà une approche phénoménologique – ce qui n'est pas sans poser des problèmes aux psychanalystes.

Rappelons en résumé que le rêve en tant que phénomène réside dans le royaume de l'accidentel et du significatif, par excellence. Le formel s'y ajoute dans la veille uniquement – d'où l'inscriptibilité du rêve.

> Dans le rêve tout est accidentel. Tout admet un grossissement et celui-ci un autre. Chaque détour contient une infinité de détours. L'imprévu est loi – Ce que l'on prévoit est le rêve d'une prévision et existe et crée l'imprévu. –
>
> Ce rêve ne possède donc pas ce qui, dans la veille, procure la sensation d'une limite – d'une existence de *dérivée.*
>
> Il se peut d'ailleurs que dans la veille même ces dérivées soient en quelque sorte localisées – Les objets réels seraient les groupements auxquels l'application de la *netteté* croissante et les expériences répétées et croisées tendraient vers une limite finie.
>
> Il n'y a pas, dans le rêve, d'objet qui se *fortifie* de plus en plus, et que forme avec le regard (généralisé) qui s'y applique une sorte de constante finale. L'objet *réel finit* par cesser de changer – (à l'échelle constante) (Valéry, 1957-1961, V, p. 840).

Dans le rêve, pas d'écriture, et pas de lecture non plus en tant que déchiffrement d'un texte.

> Dans le rêve je ne lis pas – je vois le texte et je sais le sens – ce sens est déjà réalisé,
>
> je vois au lieu du texte son sens instantanément.
>
> L'opération lire impossible
>
>) Pourquoi ? parce que le rêve ne peut *articuler* – attendre, sommer, choisir (– et encore parce que le lire suppose un texte immobilisé – c-à-d. des mouvements relatifs.
>
> Rêver c'est être tout d'une pièce. Clôture – variation de la référence (Valéry, 1957-1961, IV, p. 286).

C'est cette manière d'être « tout d'une pièce » qui empêche la lecture dans le rêve. Il n'en reste qu'un effet général de lecture.

> J'ai rêvé cette nuit qu'on me faisait lire un très joli poème. Je demande au Philosophe si ce poème *existe*. Je ne puis le retrouver. La mémoire peut-elle le rendre ? Le peut-elle dans 10 ans ?
>
> Une chose créée dans le rêve peut ou non en sortir. (Incidemment, pourquoi ces créations sont-elles si rares, si elles le sont)
>
> « Tout se passe comme si » j'avais lu un poème, et oublié ses termes, l'effet général, l'*impression* m'en demeurant. Rien ne peut établir l'existence ou l'inexistence de ce poème (Valéry 1957-1961, IX, p. 493).

Toute transformation d'un rêve en langage impose *ordre* et *expression* dans un rapport dualiste qui n'appartient pas au rêve. Valéry va jusqu'à se méfier du terme « désordre » que l'on applique trop hâtivement au rêve. Le désordre, pour ainsi dire, n'est pas du même *ordre*. « Le rêve est désordre mais pas psychique » (Valéry, 1957-1961, IV, p. 299). En revanche, « Réel est ce qui se prête à une certaine expression (par exemple double) [...] Expression c'est-à-dire dualité » (Valéry, 1957-1961, IV, p. 292). Le « *si* » intervient dans maints aspects de ce va et vient de la conscience, fait partie de la bi-dimensionnalité de la conscience – et disparaît dans le rêve car « Le rêveur ne reconnaît pas que ce qu'il rêve est son œuvre. / Ceci est capital – *Ne pas se reconnaître* ! » (Valéry, 1957-1961, XVII, p. 733). Valéry ne cesse d'essayer de développer une nécessaire définition de ces régimes : veille et rêve.

Mais si le rêve est *pensable* dans la veille, exclusivement et à nos risques et périls, par un jeu d'associations, de liaisons et d'effets narrables, il reste aux antipodes du *réalisable.* Rappelons que l'on « croit lire » dans un rêve (Valéry, 1957-1961, XVI, p. 117), « Mais *pas de lecture* – » (*ibid.*) car il n'y a rien à lire au sens stricte du terme, et qu'« il n'y a pas en rêve de signes en tant que tels » (*ibid.*, IV, p. 499). C'est le cas aussi de la parole et des images (Valéry, 1957-1961, XVII, p. 889). Gardons l'essentiel du signe et du sens pour la veille. La difficulté majeure de toute prétendue *lecture* du rêve reste au niveau de ses « liaisons cachées » (*ibid.*) qui le distinguent de la veille.

Mais précisons que c'est surtout la fausseté du récit de rêve qui pousse Valéry à chercher du côté du *fonctionnel* ses pistes d'analyse. « L'extrême particularité du rêve rend tout *récit* du rêve *faux* – à cause du langage » (Valéry, 1957-1961, XXV, p. 418). « Le rêve n'est ni faux ni vrai » (*ibid.*, IV, p. 351). C'est le récit du rêve qui est un faux.

> Tous les rêves *décrits* sont falsifiés – car le langage qui les représente est système relativement *pur* – Or il s'agirait de fixer un ensemble – successif essentiellement *impur* – c-à-d. à la variable indépendante qui traîne tout.
>
>)Un système *pur* est celui dont les éléments sont tels qu'on peut les ranger d'une seule façon (ou de p façons formant *groupe*) quand ce système est *essentiellement successif* – ou qu'on peut remplacer par un élément x nombre abstrait quand il est *simultané*((Valéry, 1957-1961, XIV, p. 124).

Faire du rêve un récit ou une histoire c'est le rendre faux « à cause du langage » et de son « extrême particularité » selon Valéry (1957-1961, XXV, p. 418). Bref, la traduction du rêve devient histoire ou conte, là où il n'y en a pas, et même, il n'y a aucune possibilité d'y en avoir. L'histoire obéit à d'autres lois que celles du rêve car elle est autre chose que sa forme contée.

En dépit d'une certaine analyse du langage entreprise par Freud, Valéry estime que ces glissements vers la traduction doivent se poursuivre encore longtemps dans le domaine du fonctionnel.

Et toute interprétation devient successivement une série de falsifications : « [...] tout rêve est falsification car n[ou]s n'en possédons que par *reprises* au réveil ou par récits » (Valéry, 1957-1961, XXII, p. 165-166).

> La particularité du rêve est (à mon idée –) telle que tout récit est une falsification « *essentielle* » de ce qui s'est produit.
>
> Rien de ce qui permet de nommer, exprimer par le langage, proposition etc. n'est du rêve.

> Si le nom d'une chose y paraît ce nom est de même fonction que la chose, et n'a pas avec la chose une relation singulière comme dans la veille et cette relation non réciproque (en tant que valeur) – [...] (Valéry, 1957-1961, XIX, p. 608).

Les rêves sont « indescriptibles en tant que rêves. C'est leur ôter leur essence que de les retrouver » (Valéry, 1957-1961, XVII, p. 11). Ils sont indescriptibles « en *mots* (Car la description implique retour sur les lieux) » (*ibid.*, XVIII, p. 296). Falsification aussi en tant que récit « qui en *dénature complètement* le caractère *rêve* » (*ibid.*). Ce qui intéresse Valéry est ce qui est observable (scientifiquement) et non l'interprétable qui est loin d'être une science avec validation de ses lois les plus élémentaires. En résumé, toute description d'un rêve est perte pure.

Le langage a sa part essentielle de fabrication-falsification. Et c'est là l'erreur des philosophes, littérateurs et psychanalystes qui restent collés du côté du rêve en tant que produit du langage – tout en s'éloignant de son fonctionnement.

Pire encore,

> Tout *récit* d'un rêve – et tout souvenir *narrable* sont par là des altérations essentielles.
>
> Car tout récit ne conserve que ce qu'il prétend restituer que ce qui est de même stabilité que le sens des mots – la stabilité desquels est fondée sur les habitudes et liaisons à double entrée.
>
> [...]
>
>)Nous retenons et décrivons du rêve ce qui nous frappe en tant qu'éveillés. (Ce qui revient, c'est ce qui excite le veilleur Valéry, 1957-1961, XVIII, p. 544).

En dehors du récit, rien dans le rêve n'est communicable à autrui. Et c'est ainsi que l'on charge le rêve de significations – comme ce fut le cas des théories de son époque :

> Les théories actuelles du rêve me sont antipathiques. Elles n'ont pu être forgées que par des hommes qui pensent à partir des *significations* et non en deçà...
>
> L'expression est élimination.
>
> Il est vrai – ou plutôt il est probable – que les rêves sont chargés de *signification* – et ne sont guère que signification – tandis que le monde sensible de la veille est avant tout *Insignifiant* (objectivité) et généralement sans *valeurs*. Les *choses* ne tendent à rien, n'ont pas de cause – (et ce n'est que par un effort de l'esprit que l'on cherchera à leur en trouver) tandis que l'infraction au sommeil *pur* (sans rêve) est évidemment une *réponse*. Cette réponse est souvent *symbolique* – hiéroglyphique – – Rébus.

> La signification – c'est le rôle joué par une *perception* (quelconque en soi) dans une modification d'un *système d'individu* donné, et qui peut se réduire à une sorte de réflexe – – À cette perception peut correspondre un acte de production ; – et cet acte, être purement psychique.
>
> Le *significatif a pour limite l'exécution inconsciente* (Valéry, 1957-1961, XVII, p. 330-331).

Et à un autre niveau :

> Si le verbal (et les *moyens* de ce genre) est entièrement nié ou enlevé, c'est presque le rêve qu'on obtient ; car le verbal est *acte* (seuil)
>
> Et les paroles comprises dans un rêve n'ont que leur valeur accidentelle ou momentanée de tenir lieu de vraies paroles. L'élément *actif* leur fait défaut. Ces mots peuvent être sans aucun sens, forgés hors de toute langue – ne correspondre à aucune idée, et cependant d'autre part, on croit parler et avec tel homme, et lui parler dans tel sens ! Et il répond de même.
>
> Cette parole (ou fantôme de parole) *n'agit pas.* Comme l'ombre du marteau n'emporte pas de puissance – mais l'ombre du clou s'enfonce. Elle est agie. Elle ne sert de véhicule sans lequel la suite n'aurait pas lieu, et elle ne modifie pas la suite selon ce qu'elle est elle-même. Elle sert à expliquer et non à faire. La pseudo-réalité du rêve est une expression – il suffit qu'elle soit suffisante. [...] (Valéry, 1957-1961, IV, p. 535).

Et *quid* du mot dans le rêve ? On peut « rêver qu'on lit » (Valéry, 1957-1961, X, p. 573). On peut même aller jusqu'à rêver un livre ou une page – « on *voit* une page, des lettres, un mot, – le sens – l'effet » (*ibid.*) de l'écrit, « mais il n'y a jamais d'"échange progressif" » (*ibid.*) car « le *livre* et le *lecteur* sont deux » (*ibid.*). Cette séparabilité est capitale dans la veille. La non-séparabilité du *livre* et du *lecteur* reste fondamentale dans le rêve.

> Souvent j'ai noté dans ces cahiers que le rêve ressemble à l'effet produit sur un lecteur par un récit – il ne voit pas ce qu'a vu l'auteur, mais ce qu'il voit et imagine conserve quelque chose
>
> Cette transformation est bien malaisée à écrire.
>
> Quelle conquête ce serait ! Que conserve-t-elle et quel exemple dans l'analyse.
>
> Ce que conserve l'autre qui retraduit en soi le texte (Valéry, 1957-1961, XI, p. 50).

LANGAGE ET RÉCIT DE RÊVE

Ce que nous appelons rêve n'est qu'un récit de rêve. Et c'est surtout la fausseté du récit de rêve (ou de sa traduction) qui représente l'obstacle majeur à toute analyse : « L'extrême particularité du rêve rend tout *récit* du rêve *faux* – à cause du langage » (Valéry, 1957-1961, XXV, p. 418). Le rêve est faux à plusieurs niveaux :

> Traduction
>
> Très souvent le rêve, celui considéré ensuite à loisir, – est une interprétation déjà. Il se forme pour expliquer quelque chose.
>
> L'interpréter, c'est interpréter une interprétation. $R_1 - I_1 - I_2$. [...] (Valéry, 1957-1961, IV, p. 568 ; 1987-2016, X, p. 328).

Autrement dit, « une interprétation de ce qui est réellement rêvé » (*ibid.*) est avant tout falsifiée par ses reprises sous forme de souvenir transformé par le récit. D'ailleurs, nous ne retenons que « ce qui peut s'exprimer en termes de veille » (1957-1961, XIII, p. 240). Et le rêve ne contient pas les différentes divisions créées lors d'une soi-disant reconstitution.

« Tout *récit* d'un rêve – et tout souvenir *narrable* » se caractérisent par des « altérations essentielles » (Valéry, 1957-1961, XVIII, p. 544) en fonction de « ce qui nous frappe en tant qu'éveillés » (*ibid.*). La mémoire est sélective et fondamentalement oublieuse. C'est ce qui vicie fondamentalement les souvenirs et récits de rêves. Au réveil, « il y a oscillation entre le souvenir-retour du "réel", – la perception actuelle, et le souvenir du rêve quitté avec classement de ce souvenir dans la catégorie Rêve » (Valéry, 1957-1961, XIX, p. 531). Et il s'étonne même « *qu'il y ait mémoire des rêves* » (*ibid.*).

Valéry souhaite trouver dans le *fonctionnement* du rêve une « relation inattendue » (*ibid.*, XIV, p. 639). Pour lui, « Philosophes et littérateurs ont étudié le rêve dans ses fabrications et non dans son fonctionnement » (*ibid.*, XV, p. 325). Place donc au fonctionnement, et non au contenu *significatif* ou accidentel du rêve. Et quand il dit que « dans le rêve tout est rêvé – cela veut dire : tout se compose » (Valéry, 1957-1961, IV, p. 576-577 ; Valéry, 1987-2016, X, p. 338-339). Mais surtout (dans une réflexion qui a pour titre « Traduction. ») il nous rappelle que : « Le rêve ne peut être entièrement *constitué.* [...] » (Valéry, 1957-1961, IV, p. 528). Il constate, dans les récits de rêve (ou le rêve en tant que « composition »), l'absence de tout code exhaustif et infaillible. Il souligne que l'essentiel du rêve est justement sa partie « indescriptible » (*ibid.*, XIII, p. 66). L'essentiel est ailleurs que dans le récit de rêve. Et comme le dit fort bien Derrida (1967, p. 313), « Il n'y a pas donc de vérité inconsciente à retrouver parce qu'elle serait écrite ailleurs. »

Valéry ne cesse de répéter (au moins depuis 1905) que « dans le rêve tout est rêvé » (Valéry, 1957-1961, III, p. 248 ; Valéry, 1957-1961 ; III, 889 ; 1987-2016, 1987-2016, VIII, p. 248 ; 1957-1961, IV, p. 499 ; 1957-1961, XV, p. 878 ; XVII, p. 889, etc.). Et tout en revenant à maintes reprises à cette formule, qu'il avoue être difficilement exploitable (*ibid.*, 1957-1961, XV, p. 326), il l'utilise surtout pour mettre en évidence les parallèles et les bornes entre le rêve et le discours : « Comme dans le rêve tout est rêve ; dans le discours tout est discours » (Valéry, 1957-1961, XX, p. 185). Le rêve et le discours sont des états qui se replient sur eux-mêmes.

Même les « "temps" du rêve sont rêve – c.-à-d. sont des réponses de même mécanisme que les images de choses – » (Valéry, 1957-1961, XX, p. 516). Le temps et la durée y sont compactés – et les « *causes et les effets* » se réduisent en « *effets* » (Valéry, 1957-1961, XVI, p. 117). Dans cette note, il fait état d'un « *temps spécial du rêve* » – loin de celui de la veille qui est une sorte de temps composé. Ce temps est désigné comme « composition, contrastes, etc. des temps locaux ou attachés aux cycles particuliers. » Le rêve est désigné aussi comme « un passé de forme particulière » ; « ni *Avant* ni *Après* qui ne soient ici instantanés – Rien ne fait solidarité suivie – » (Valéry, 1957-1961, XIX, p. 86). Disons qu'il y a dans le rêve une sorte de génération instantanée. Et presque sous forme de boutade, Valéry note que « Le rêveur "n'a pas le temps" de discuter la réalité de son rêve » (Valéry, 1957-1961, XVIII, p. 779). Ce n'est que le souvenir qui « enfile sur un fil » (Valéry, 1957-1961, XIX, p. 86) le contenu du rêve.

La psychanalyse se situe du côté des explications et de la « fixité » du code de l'écriture onirique. Et l'erreur des Freudiens, selon Valéry (1957-1961, XVII, p. 723), c'est « de raisonner sur des récits de rêves. Ces récits sont nécessairement faux – *Le langage ne peut décrire un rêve sans altérer ses caractères essentiels.* [...] » ou « altérer la nature même du rêve – dans son essence » (Valéry, 1957-1961, XVIII, p. 824). Il précise également « qu'il n'y a pas de résumé du rêve qui ne le défigure essentiellement – et ne supprime toute trace du travail intime instantané. Or c'est là l'intéressant. C'est la modulation qui est l'important à capter et non le thème » (*ibid.*).

Il convient de souligner ici que, pour Valéry, le rêve et le beau ne se résument pas. « Rien de beau ne se peut résumer », disait-il (1957-1961, VII, p. 182). Tout résumé est impossible, et tout délayage verbal (par le récit, etc.) les altère irrévocablement.

Toute valorisation du récit de rêve est fatale au rêve proprement dit. Ou, en termes valéryens : « La traduction en langage de veille *tue nécessairement* la vraie substance phénoménale du rêve – / (comme la poésie traduite en prose) » (Valéry, XVIII, p. 863). Une telle idée fait l'objet de toute entrée en matière sur le rêve : « [...] le premier chapitre de toute étude sur les rêves devrait porter sur le langage. *Tout ce qui ferait l'important de cette recherche est* TUÉ *par le langage.* » (Valéry, 1957-1961, XVIII, p. 619-618) et, en particulier, les rapports entre sujet et objet, ou le fonctionnement des attributs.

Valéry déteste, dans l'analyse du rêve, les mélanges impurs : à savoir, ce qui s'y passe d'un côté, et ce que l'on raconte, invente – ou écarte, de l'autre. Le « récit du rêve » est plus que suspect comme source de renseignement sur le rêve. Voir, par exemple :

> Tout ce que n[ou]s savons du rêve vient de 3 sources :
> 1. ce que nous en retrouvons ou trouvons au réveil.
> 2. ce que nous observons d'une personne qui dort – attitudes, actes, paroles
> 3. ce que nous tenons de son récit, une fois réveillé.
> Cette dernière source est plus que suspecte (Valéry, 1957-1961, XIII, p. 879).

Ces trois sources détachent le rêve de la veille qui est la véritable source de construction d'un savoir.

Le rêve est considéré avant tout comme un « degré inférieur de l'éveil [...] » (Valéry, 1957-1961, V, p. 840). Il s'agit surtout, chez lui, d'un degré moindre dans l'ordre de complexification de la conscience. Rappelons que, pour Freud aussi, les calculs dans le rêve « sont le plus souvent des juxtapositions de nombres, des apparences de calculs, totalement dépourvues de sens ou, encore, de simples copies de calculs dans les idées latentes du rêve » (Freud, 1971, p. 167). C'est cette juxtaposition d'éléments *disparates* au niveau du contenu du rêve qui le rend *inutile* et *arbitraire* au réveil. (Adjectifs en italique ici que le psychanalyste prendrait avec un grain de sel !)

TEMPS DE RÊVE ET TEMPS DE RÉCIT

« Le langage plus "conscient" exige un "temps" de telle nature » (Valéry, 1957-1961, XIX, p. 745). Ceci est impossible dans le temps comprimé du rêve. « Que deviennent présent, passé, futur si le Moi est loin du corps, séparé, privé des communications réciproques car la *VEILLE EST ÉCHANGE, aller et retour* – » (Valéry, 1957-1961, XIII, p. 283) ? Mais c'est surtout son impossibilité qui monte à la surface après le rêve. « Le rêve est ce qui *devient* impossible *APRÈS avoir été* » (Valéry, 1957-1961, XIII, p. 283). « Le rêve ne peut exister que "dans l'*Instant. Incessamment naissant.* / Le raconter, c'est donc le falsifier sans retour" » (*ibid.*, XV, p. 742). Pire encore, on change de *temps*.

Le rêve se limite à « ce qu'on voit » (Valéry, 1957-1961, XI, p. 287), loin du doublement créé par *voir* plus une *manière de voir.* Et ailleurs, Valéry note d'autres cas spécifiques de ces « indiscernables », ces « indivisibles » : « Se déplacer et penser que l'on se déplace » ; « Voir et croire voir ; voir et fuir ; voir et savoir ; voir et saisir ; – – » (Valéry, 1957-1961, X, p. 257). Par rapport au sommeil, « Éveillé = en attente. » (Valéry 1957-1961, XX, p. 860) implique conscience de la durée et du temps. Le rêve est la place privilégiée d'un « présent » particulier ou d'une figure fermée loin des autres temps et des modes verbaux – et en particulier du conditionnel.

Dans le rêve il y a aussi un phénomène d'accélération de la pensée et du temps que la veille ne peut pas égaler !

Temps et Rêve

> Si l'on peut RÊVER une *longueur de temps* – un siècle ! comme on rêve une personne, une lumière, un acte — alors…
>
> Si l'impression de durée est rêvable ? et, davantage, – si la *quantité* d'événements qui suppose dix ans, ou les suggère, est rêvable – – – c-à-d. si elle peut être assimilée à une image quelconque ? (Valéry, 1957-1961, XV, p. 822).

Idée qui se trouve dans les multiples passages sur « le rêve de Maury » où il note d'étonnantes différences de durée comme dans le passage suivant :

> On invoque souvent l'incroyablement petite durée qui suffirait dans certains cas à revivre ou à imaginer la quantité d'événements qui remplirait des années et même toute une vie. Cas du rêve de Maury, cas des presque-noyés – etc.
>
> Mais ce sont (tout au plus) des *récits* d'après coup.
>
> On ne peut les accueillir sans résistances.
>
> On doit d'ailleurs rappeler que, dans cet ordre de)choses, l'idée : *[J'ai vécu ou revécu cette histoire de x années]* peut être *excitée, COMME TOUTE AUTRE IDÉE*, – sans que cette représentation ait eu lieu – *Et il suffit qu'elle le soit pour que nous en soyons convaincus, sans objection possible*, et *en retrouvions des parties* comme si – – Nous nous le suggérons. (
>
> Tout se passe dans moi réveillé, ou revenu à l'état normal – comme si j'avais éprouvé cette quantité.
>
> Car la sensation de certitude peut être excitée comme une autre, par *voie directe*, et non seulement par la voie « normale ».
>
> Être certain – c'est percevoir cette sensation (Valéry, 1957-1961, XVIII, p. 440).

Le lecteur comprend ici que Valéry nous renvoie aux travaux d'Alfred Maury (1817-1892) sur ces « longs rêves » qui peuvent se produire en une fraction de seconde. Thème qui continue à passionner les neurobiologistes aujourd'hui. (Valéry reste fortement influencé par les neurosciences.)

Il est impossible, d'ailleurs, de « distinguer la *durée* d'un certain rêve, des effets de l'excitation de la *fonction qui apprécie la durée.* » (Valéry 1957-1961, XVIII, p. 764-765) car c'est son « objectivité » qui est en question ici. La véritable perception de l'espace et du temps est hors rêve. Encore une fois : « *Il n'y a pas d'indépendances dans le rêve* » (Valéry, 1957-1961, XIX, p. 505) car la (con)fusion y est présente entre ce qu'il appelle « un fait de rêve » et ce « fait » et même « un *autre fait* du rêve » – et tout cela « produit quasi-simultanément » (*ibid.*).

RÊVE ET SOUVENIR

Traduction

> Nous ne connaissons le rêve que par souvenir.
>
> Avant tout, il est un souvenir (Valéry, 1957-1961, IV, p. 551 ; 1987-2016, X, p. 306).

Valéry note ensuite, sous forme d'ajout lapidaire et inachevé : « sur le chemin du – dans l'opération même du souvenir » (*ibid.*, voir ms. du CNRS, IV, p. 551) – petite évocation d'une dimension topologique et opératoire du lieu de traduction du rêve.

> Ce qui vicie les souvenirs et récits de rêves c'est que nous ne retenons guère les parties non reconnaissables : n[ou]s ne gardons que ce qui peut s'exprimer en termes de veille (Valéry, 1957-1961, XIII, p. 240).

Dans la citation importante ci-dessous que nous reproduisons intégralement, Valéry lie non seulement le rêve au souvenir – mais ce souvenir ne peut se réaliser que dans une autre phase (la veille), un autre ÉTAT (ou phase) qui est plus important que le temps – car le rêve qui couvre un temps long n'est qu'un temps court (comme si je disais ou écrivais le mot « siècle »).

> Ce que n[ou]s appelons *Rêve* est un souvenir actuel et ce souvenir ne garde sans doute du présumé rêve que ce qui peut être re-présenté et *dans une autre phase* – la veille.
>
> Ce qui se perd est le plus important – c'est)le mode de génération et la forme de non-référence, et cela est remplacé dans le souvenir *par ce qu'il faut* –[pour prendre place dans le cadre *veille*, lequel est probablement *DÉFINI PAR LA POSSIBILITÉ DU SIMULTANÉ* – c-à-d. de l'échange entre parties des effets et de la même excitation.
>
> Pas de va et vient dans le rêve – Temps courts.
>
> Si cette idée, (que le temps du rêve n'est qu'instant, sans continuités) – fut « vraie » la fameuse question Maury serait à revoir.
>
> Ne pas oublier d'ailleurs que *l'idée d'un temps long* n'a que la durée d'un *temps court.*
>
> Quand je dis : un *siècle* – je le dis et ne le pense pas (Valéry, 1957-1961, XIX, p. 162).

> Rêve est un souvenir qui est associé à un ÉTAT du sujet et non seulement à une époque, et ce souvenir l'est de choses dont la production et la nature exigent cet état, et cet état est défini par des possibles et des impossibles dont l'ensemble n'est pas le même que celui des poss[ibilités] et impossibilités de l'état (autre) où se produit le souvenir qualifié *rêve*.
>
> Le rêve est classement de certain souvenir parmi ceux qui supposent un état (Valéry, 1957-1961, XIX, p. 360).

Et le rêve est connaissable grâce à un processus de classement des souvenirs, qui laisse certains monter à la surface. Dès que l'on simplifie le rêve pour le traduire en récit, « Le souvenir et le récit le *détruisent*, en font une bizarrerie » (Valéry, 1957-1961, XIX, p. 444). « Tout *récit* d'un rêve – et tout souvenir *narrable* » sont des « altérations essentielles » du rêve, (Valéry, 1957-1961, XVIII, p. 544) d'où le problème : « Comment un h[omme] éveillé peut se représenter le rêve ? » (*ibid.*). Et encore, de façon plus radicale : « T*ous les récits de rêve sont grossièrement faux* – ne représentent plus des *rêves* » (*ibid.*, XVII, p. 851). *Idem* pour nos souvenirs. Le rêve est surtout « souvenir d'un rêve » (Valéry, 1957-1961, XIV, p. 503). Confusion d'état et d'événements. On peut dire aussi que le rêve est vicié par un problème de conservation comme le souvenir. Et le regard de la conscience repousse inévitablement le souvenir de cette « vie » étrange et inexplicable qu'est le rêve.

Il faut souligner que dans les vingt-neuf volumes des *Cahiers* publiés par le CNRS, Valéry accorde peu de valeur à la re-création du souvenir (à la Proust, etc.). Il y a, certes, une sorte de folie à vouloir conserver dans le rêve ce qui a pour fonction essentielle d'être oublié. Bref, la première fonction de la mémoire est d'oublier ! Le souvenir, comme le rêve, est marbré d'oublis – mais amoindri par le verbe « devoir » mis en question dans la citation suivante :

> Le rêve doit (?) consister en oubli – d'où tantôt des surprises, tantôt des non-surprises bizarrement placées –
>
> On n'y est pas étonné de choses très extraordinaires – il suffit que le mécanisme de la surprise soit alors assoupi.
>
> Mais il peut au contraire arriver que ce mécanisme, éveillé, crée le surprenant (Valéry, 1957-1961, XX, p. 415).

> Dans le rêve le mécanisme de base est composé d'oublis ; j'irai jusqu'à proposer qu'il est plutôt… assoupi.
>
> Et plus on essaie de rendre le récit de rêve fidèle et « plus le souvenir [est] précis, plus l'observateur scrupuleux, – plus il y aura de "mais" et de corrections » (Valéry, 1957-1961, IV, p. 577).

> Plus le récit sera simple, *racontable*, plus faux sera-t-il, moins on saisira le rêve même, qui est transcendant au langage. Toutes ces corrections montrent que l'observateur a le sentiment que son récit est une interprétation (*ibid.*).

Et au fond, pour Valéry, « Nous appelons rêve le souvenir d'un rêve. Rien ne prouve que le souvenir soit conforme au rêve même » (Valéry, 1957-1961, XVI, p. 85). Et dans ce même passage il indique qu'

> il y a des raisons de penser – que le rêve *FUT* comme un nuage ou une roche où nous *lisons* une figure ou un objet connus –
>
> Il en résulte que la confiance dans le souvenir du rêve est d'autant plus fondée que le souvenir n[ou]s représente un objet ou une scène plus *insignifiants.*
>
> C'est au moyen du connu, et du significatif, et de l'émouvant que nous abordons l'*informe.*
>
> Remarquer ici que la vue des choses réelles est *quelconque* – c-à-d. que : un cliché pris au hasard doit être complété énormément par « l'esprit » pour qu'on y *reconnaisse* des *objets.* Observe par ex[emple] les sensations du *tact*, sur tout le corps, à un instant donné. C'est un ensemble dispersé – qui doit être rangé dans un système virtuel de relations dont l'idée sera *mon corps.*
>
> Dans le rêve, un tel système est absent et impossible. Il y aurait donc une pluralité discontinue sans moyen de liaison (puisque le corps est *caché*) – c-à-d. incapacité de résoudre l'inégalité proposée – par simple sensation de continuité musculaire. Il faut qu'intervienne « l'esprit ». Il transposera, par exemple, cette pluralité désordonnée – ou plutôt, elle se transportera par la *voie la plus courte* qui soit, sans emprunter *ce qui est endormi – hors circuit* – le tableau et le matériel d'accommodation central, – et fera correspondre à la pluralité, une autre – visuelle – p[ar] ex[emple] – une nuit étoilée, une chaîne de pics inégaux – Cette traduction conserve pluralité et inégalité.
>
> Ceci mène à ces problèmes de conservation qui sont essentiels et ardus. Figures de rhétorique – similitudes – (Valéry, 1957-1961, XVI, p. 85).

Au réveil, le souvenir du rêve est sélectif – dans le temps et dans la sensibilité grâce aux états suivant :

> – La récence – production par le souvenir *le plus frais*
>
> – *La résonnance*[1] – production du *plus sensibilisé.* – (Valéry, 1957-1961, XVII, p. 73-74).

Les neurologues auront à réfléchir davantage sur le fonctionnement des *interrupteurs* par rapport à ces lois de « récence » et de « résonnance ».

---

1 Valéry utilise les deux orthographes de ce mot dans ses *Cahiers*.

La contenu même de l'« *infini associatif* » (*ibid.*) du rêve et son « état de *réponse sans* retour » (*ibid.*) sont détachés et dénaturés au réveil. Le souvenir se détache de la substance du rêve. *Idem* pour l'analyse d'un poème. « Nous n'opérons que sur le *souvenir* d'une chose *incontrôlable* – » (*ibid.*, XI, p. 80-81). Dans le domaine du réel, il ne reste que ce que Valéry appelle le « réel » d'un souvenir et non du rêve en tant que tel. Ceci le sépare de Poincaré :

> Poincaré dit : le rêve est réel – il n'est pas objectif.
> Cette proposition n'est pas satisfaisante.
> Tout dépend de l'expression que l'on donne du rêve.
> Ce qui est *réel* c'est un souvenir de telles visions etc.
> Le souvenir existe *maintenant.* J'attribue son existence à une cause qui est une existence *antérieure* dans un état où je ne peux pénétrer et que je ne puis reprendre par son commencement. C'est une hypothèse. Je ne puis démêler le souvenir-effet du rêve-cause (Valéry, 1957-1961, X, p. 349).

Valéry reprend cette définition du rêve dans le *Cahier* XI :

> Dire que le rêve est réel – c'est au fond une p[ro]p[osition] négative – c'est dire qu'on ne peut trouver une autre expression de la présence actuelle d'un souvenir et de son intensité, qu'en attribuant son *original* à un état que nous essayons finalement de *concevoir tel qu'il produise – des rêves* (Valéry, 1957-1961, XI, 354)

Dans une autre tentative de définition de l'état de rêve, Valéry propose l'idée d'« une distribution des oublis et des rappels fort différente de celle observée dans la veille » (*ibid.*). Non seulement cette distinction est capitale chez Valéry, mais des parties de notre « pouvoir mémorial » sont « *neutralisées* – paralysées » (*ibid.*). Notre connaissance de l'interne est une vue « déformée par le souvenir de l'externe – c'est une traduction de l'interne dans le langage (qui est seul existant) de l'externe. [...] » (Valéry, 1957-1961, III, p. 801 ; 1987-2016, VIII, p. 142).

Et composer un rêve ne pourrait commencer que par « souvenir de rêve » (Valéry, 1957-1961, XIX, p. 498) où l'on « crée une catégorie psychique bien séparée, qui est le *souvenir-rêve-de-rêve* » (*ibid.*) qui a cette spécificité : « Le rêve est donc le seul souvenir qui puisse m'étonner (par soi) » (*ibid.*).

« DISCOURS » DANS LE RÊVE

> Le rêve – le *rêve parlé*, discours de dormeurs, de déments etc. – est l'usage des éléments – images ou mots purement instantané – (Toutefois il faut distinguer le cas de l'h[omme] qui parle tout seul – c-à-d. qui se parle (tout haut). Ce discours n'est pas *incohérent* essentiellement)
>
> L'incohérence est une réduction des temps. C'est une suite toute réflexe à termes immédiats (Valéry, 1957-1961, XIV, p. 11).

Le rêve se caractérise, chez Valéry, par l'impossibilité de *dire*. Travailler sur un *récit* de rêve(s) entraîne d'autres risques – et ce sont ceux encourus par sa « traduction ». Ces prémisses ne se rattachent que partiellement à la position freudienne :

> Il (Freud) compare le travail de l'analyste à la traduction d'une langue dans une autre ; le récit du rêve est un texte inintelligible auquel l'analyse substitue un texte plus intelligible. Comprendre c'est faire cette substitution. C'est à cette analogie entre l'analyse et l'exégèse que fait allusion le titre de la *Traumdeutung* [...] (Ricœur, 1965, p. 35).

Et même si Valéry avoue que le problème-clé du rêve est celui de sa « conservation » pour en « engendrer un intelligible » (Valéry, 1957-1961, XI, p. 726) en précisant aussi qu'« [i]l n'y a pas de rêve si bizarre qu'il n'ait une sorte d'intellection » (*ibid.*), ses mises en garde dominent massivement ses notes. Substituer un texte intelligible (déchiffré) au texte inintelligible du récit du rêve aurait un sens chez Freud – mais Valéry rapporte tout à son fonctionnement et non à son contenu. Et contrairement à l'emploi de sa notion de self-conscience, l'emboîtement de *Traum* et de *Deutung* crée un terme, là où leur essence les sépare radicalement et nécessairement. « Est interprétation », selon Ricœur (1965, p. 31) « tout son émis par la voix et doté de signification – toute *phônè semantikè*, toute voix *significativa.* ». En résumé, « Dire quelque chose de quelque chose c'est, au sens complet et fort du mot, interpréter » (*ibid.*, p. 32). Il ne s'agit donc point du rêve rêvé, mais du récit du rêve que l'on ose interpréter. Valéry reste fidèle à ce principe. Il se méfie de toute manière de « spéculer sur le *récit* d'un rêve » et d'« opérer sur le résultat d'une *action* de la veille par laquelle l'original hypothétique a perdu la substance de sa nature, et est devenu un simulacre abstrait – » (Valéry, 2016, 3, 941). Il reste campé également sur sa position fonctionnaliste du rêve – loin d'un sens ou d'un message fondé sur des théories opposées, et loin des mélanges ou glissements impurs du langage :

> Tous les rêves *décrits* sont falsifiés – car le langage qui les représente est système relativement *pur* – Or il s'agirait de fixer un ensemble – successif essentiellement *impur* [...] (Valéry, 1957-1961, XIV, p. 124).

Et la falsification des rêves a pour origine la « viscosité » même de sa substance qui déforme « une scène, des êtres connus, comme par des "verres courbes" » (Valéry, 1957-1961, III, p. 671 ; 1987-2016, VII, 504). « *Entstellung* » (distortion) disait Freud. Et c'est ce terme qui caractérise pour Freud « l'ensemble des procédés qui constituent le rêve » (Ricœur, 1965, p. 148).

Notons aussi que

> Le rêveur ne peut *faire une phrase* – des phrases se font et *le* font – se défont de lui – ou plutôt des semblants de phrases dont les éléments successifs sont comme tirés au sort, – indépendants, ou bien dépendants les uns des autres mais non de la même sorte de dépendance (tantôt le son, tantôt un *sens* les excitent l'un après l'autre).
>
> Il y a, au contraire, dans la formation des phrases éveillées, une condition de liaison, de conservation, de *complet..* ou d'attente remplie qui fait penser à une *présence plus que linéaire*, à un « temps » à plus d'une dimension – grâce auquel, d'ailleurs, n[ou]s pouvons différer telle impulsion, réserver, – donner la voie – comme un agent au carrefour – ne pas accepter ce qui vient, PRÉVOIR – et retenir.
>
> Ce prévoir exige une sorte de simultané – (Valéry, 1957-1961, XVIII, p. 580-581).

Pour Valéry, le rêve est triplement vicié : *Primo*, par sa traduction, *deuxio*, par son interprétation, et *tertio* par l'utilisation du mot « Je ». Valéry ne s'écarte jamais de ces principes que l'on trouve en filigrane dans ses *Cahiers*.

D'ailleurs, la description du rêve n'est pas son explication sous forme réduite, en généralisant sur ses causes éventuelles, sociales, pansexuelles, etc. Le rêve est, d'emblée, un point de vue condensé, ramassé, brouillé, avec toute forme de connexité réduite à *une* seule *dimension*. Voilà le royaume du rêve qui est « l'ensemble ψ – de la conscience se comportant comme une seule fonction *isolée* » (Valéry, 1957-1961, XI, p. 854), et limité aux « F(or)ces *intérieures* » (*ibid.*). Et contrairement à la veille : « On ne peut pas se déplacer, se retourner pour voir le *truc* » (Valéry, 1957-1961, X, p. 495).

FREUD ET LE RÊVE : UN ÉTAT DE *TREIBENDES EIS*

Toute connexité dans le rêve relève d'une sorte de « treibendes Eis », selon Freud. Son récit, fait déjà de liens étoffés, a un autre *sens*, et trahit son véritable contenu formel. Passons, pour illustrer ces propos, à la traduction française dans Jacques Derrida (1967, p. 322) de ce passage capital de Freud tiré de *L'Interprétation des rêves*.

> La structure logique et idéale du discours conscient doit donc se soumettre au système du rêve, s'y subordonner comme une pièce de sa machinerie. « Les pièces détachées de cette formation compliquée se rapportent naturellement les unes aux autres selon des relations logiques très variées. Elles forment des premiers-plans, des arrière-plans, des digressions, des éclaicissements, elles avancent des conditions, des démonstrations et des protestations. Puis quand toute la masse de ces pensées du rêve est soumise à la pression du travail du rêve et que ces pièces sont tordues, morcelées et rassemblées, un peu comme des glaces flottantes[2] [...]

Derrida traduit ensuite la réflexion freudienne sur les conjonctions logiques : le « si », le « parce que », le « de même que », le « bien que » le « ou bien ou bien ».

L'image de *pack-ice* (avec trait d'union ici) dans la traduction anglaise de *L'interprétation des rêves* par James Strachey (Freud, 1958 p. 312) plutôt que celle de « glaces flottantes » (Derrida) éclaire autrement cet état d'absence de *conjonctions* et de *connecteurs* dans la *grammaire* du rêve. En revanche « banquise » ajoute d'autres images non voulues à l'original.

> *When the whole mass of these dream-thoughts is brought under the pressure of the dream-work, and its elements broken into fragments and jammed together – almost*

2 Mon soulignement.

> *like pack-ice[3]—the question arises of what happens to the logical connections which have hitherto formed its framework. What representation do dreams provide for "if", "because", "just as", "although", "either—or", and all the other conjunctions without which we cannot understand sentences or speeches?* (Freud, Sigmund (Strachey, James, trad.), The Dream-Work. VI, *The Interpretation of Dreams*, 1958, p. 312).

Rappelons que le mot *Packeis* est plus récent en allemand. Passons à deux autres versions d'une traduction fautive de ce passage de Freud en anglais :

> *When the whole mass of these dream thoughts is subjected to the pressure of the dream activity, during which the parts are turned about, broken up and pushed together, something like drifting ice, there arises the question, what becomes of the logical ties which until now had given form to the structure? What representation do "if", "because", "as though", "although", "either—or", and all the other conjunctions, without which we cannot understand a phrase or a sentence, receive in the dream?*
>
> *At first we must answer that the dream has at its disposal no means for representing these logical relations among the dream thoughts. In most cases it disregards all these conjunctions, and undertakes the elaboration only of the objective content of the dream thoughts. It is left to the interpretation of the dream to restore the coherence which the activity of the dream has destroyed* (Freud, Sigmund ; Brill, A. A. (Trad.), The Dream-Work. *The Interpretation of Dreams*, 1913, p. 290-291). (*Texte en-ligne, mon soulignement.*)

Et avec variantes :

> *When the whole mass of these dream-thoughts is subjected to the pressure of the dream-work, during which the fragments are turned about, broken up and compacted, somewhat like drifting ice[4], the question arises, what becomes of the logical ties which had hitherto provided the framework of the structure. What representation do "if", "because", "as though", "although", "either—or", and all the other conjunctions, without which we cannot understand a phrase or a sentence, receive in dreams?* (Freud, Sigmund, 1997, (Brill, A. A., Trad. The Dream-Work, *The Interpretation of Dreams*, p. 196). (Voir aussi : Freud, Sigmund, *The Basic Writings of Sigmund Freud*, 1938, 1965, p. 341.)

La traduction de *treibendes Eis* est autre chose qu'une sorte de « banquise flottante » et devrait se rapprocher davantage de ce que l'on pourrait appeler des « dalles flottantes compactées » – ce qui évoquerait mieux le rêve en tant que mélange étrange de solidité et de mouvement amoindri.

3 Mon soulignement dans les textes de Strachey et de Brill.
4 Mon soulignement dans ce passage.

Il y a dans le rêve une certaine agglomération d'éléments dont il faut tenir compte lors de nos analyses. Et en particulier, c'est sa compacité qui fait partie de toute définition fonctionnelle du rêve par rapport aux activités de la veille qui se distinguent par leurs séparations et divisions. Mais Valéry se méfie de toute tentative de « remembrement » par le discours humain de ce qui n'est que *treibendes Eis* dans le rêve.

Lors de la *traduction* d'un rêve, beaucoup de moyens « auxiliaires » s'avèrent inadéquats. Et en particulier, les parties du discours qui expriment des relations entre les idées : *parce que, pour la raison que*, etc. Ces éléments du texte ne pourront jamais être transformés en images compactées. (Voir Freud, 1971, p. 161.)

> *Die einzelnen Stücke dieses komplizierten Gebildes stehen natürlich in den mannigfaltigsten logischen Relationen zueinander. Sie bilden Vorder- und Hintergrund, Abschweifungen und Erläuterungen, Bedingungen, Beweisgänge und Einsprüche. Wenn dann die ganze Masse dieser Traumgedanken der Pressung der Traumarbeit unterliegt, wobei die Stücke gedreht, zerbröckelt und zusammengeschoben werden, etwa wie treibendes Eis*[5]*, so entsteht die Frage, was aus den logischen Banden wird, welche bishin das Gefüge gebildet hatten. Welche Darstellung erfahren im Traume das „Wenn, weil, gleichwie, obgleich, entweder — oder" und alle anderen Konjunktionen, ohne die wir Satz und Rede nicht verstehen können ?*
>
> *Man muß zunächst darauf antworten, der Traum hat für diese logischen Relationen unter den Traumgedanken keine Mittel der Darstellung zur Verfügung. Zumeist läßt er all diese Konjunktionen unberücksichtigt und übernimmt nur den sachlichen Inhalt der Traumgedanken zur Bearbeitung. Der Traumdeutung bleibt es überlassen, den Zusammenhang wieder herzustellen, den die Traumarbeit vernichtet hat* (Freud, 1911, *Die Traumdeutung*, p. 246).

Ce qui est frappant dans le texte ci-dessus de Freud, sur le rêve, c'est l'aperçu (toujours en question) d'une toute autre *grammaire.* Son contenu est mutilé, laconique, lapidaire. Pas d'espacement, pas de « si » (poétique ou logique) dans le rêve, etc. C'est la conscience qui privilégie l'accroissement des *connexions* et des *liaisons.* Comment l'esprit peut-il rendre compte de cette (con)*fusion* d'éléments hétéroclites et des *lacunes* créées dans le rêve par son absence de conjonctions, de pronoms et de relatifs ?

L'image de « *treibendes Eis* » chez Valéry se trouve aussi sous la forme d'un « équilibre mobile » (Valéry, 1957-1961, V, p. 728).

5 Mon soulignement.

> comme si l'échange égal qui avant, s'accomplissait entre des *masses* obscures – troublé, – maintenant essayait de se produire dans un système un peu plus complexe, comprenant des éléments de conscience et des embryons d'actes (*ibid.*).

Le rêve est un lieu privilégié de combinaisons compactées – un système d'un « *seul tenant* » (Valéry, 1957-1961, V, p. 728), où il n'y a qu'une « seule dimension de l'attention – » (*ibid.*). Ce sont les changements de phases qui rapprochent le plus Valéry de la pensée freudienne sur le rêve et de son image de « *treibendes Eis* ». En d'autres termes, chez Valéry, le rêve est « comparé à un puzzle, quand les pièces sont mêlées. » Et il ajoute : « Mais on ne peut pas s'apercevoir qu'elles le sont » (Valéry, 1957-1961, V, p. 870).

Ce qui est capital dans les analyses valéryennes du fonctionnement du rêve, c'est qu'elles servent à mieux préciser celui de la veille : « Le rêve prouve (s'il existe) que la connaissance est compatible avec une désorganisation d'un certain degré de ses éléments de veille – [...] » (Valéry, 1957-1961, X, p. 205). Valéry les groupe, en particulier, autour des notions d'ordre et de désordre. « Au sommeil », disait-il, « le mécanisme de l'ordre cesse d'être » (Valéry, 1957-1961, IV, p. 500 ; 1987-2016, X, p. 239). Et,

> Il n'est pas de chemin qui mène au fond du sommeil à l'activité maxima directement. Le rêve, de ce point de vue, est transitif – espèce de sublimation, neige, surfusion (*ibid.*).

Cet état de « neige » ou de « surfusion » traduit, avec un meilleur degré de précision, cette notion de « *treibendes Eis* » chez Freud. C'est ainsi qu'elle rejoint la très vieille notion valéryenne de « phases » ou de changement d'état qu'il utilise pour décrire l'activité cérébrale. Et rappelons que, pour accéder au rêve, nous ne pouvons utiliser que notre compréhension des moments de la conscience – sans oublier notre « ignorance ou plutôt méconnaissance de la division *naturelle* des moments de la conscience » (Valéry, 1957-1961, V, p. 740).

Valéry retravaille cette idée de « sur-fusion » (avec trait d'union) quelques années plus tard.

> Le rêve est un réveil inachevé – borné – une veille au-dessous, sur sur-fusion –
> On devrait par analyse du réveil pouvoir retrouver le rêve.
> La veille vraie, fonction de petits rêves (Valéry, 1957-1961, XII, p. 500).

Cette position est au conditionnel – et s'inscrit autrement par rapport à celle de Freud qui chercherait à tirer le rêve vers la veille par la psychanalyse.

Valéry considère surtout le rêve comme un lieu de fermeture (et parfois de raccordement). « Le rêve est chose fermée – / Le rêve se raccorde parfois – on le reprend » (Valéry, 1957-1961, XI, p. 507). Ces raccordements sont sous forme de reprise d'éléments de rêve dans un autre. Mais le rêve est toujours d'une pièce avec clôture.

> Rêver c'est être tout d'une pièce
> Clôture – variation de la référence
> (Valéry, 1957-1961, IV, p. 286 ; 1987-2016, IX, p. 124).

Ailleurs, de tels propos sont développés sur le plan formel par Valéry. C'est un état « supposé *isolé* » (*ibid.*, XII, p. 514), « et quoi qu'il ne soit pas entièrement isolé, il y a certainement des conditions isolantes » (*ibid.*).

Cet état clôturé est purement unidimensionnel ou possède un « enchaînement à une dimension » (Valéry, 1957-1961, XI, p. 489). La compacité apparente du rêve appartient aussi au fait qu'elle est une manière d'inventer « *sans retour* » (*ibid.*). « Le rêve est fait de minima » (*ibid.*, XVII, p. 158). Bref, il ne reste dans le rêve que *réponses* sans *demandes*, contrairement à la veille qui est, rappelons-le, *Demande-Réponse*. Le rêve est un « changement de variables » (*ibid.*, XI, p. 319). Ailleurs il précise que « les demandes sont généralement cachées, non exprimables – donc, pas de jugements de conformité mais seulement des imitations, des sous-rêves de ces jugements [...] » (*ibid.*, XI, p. 680).

La compacité du rêve, cette sorte de *treibendes Eis*, fait de lui quelque chose d'« indivisible » (Valéry, 1957-1961, XXIV, p. 44) – et le traducteur du rêve procède en le morcelant et en détachant ses éléments essentiels. C'est l'« *indivisible* » ou l'« *inextricable* » « [...] qui est caractéristique du rêve » (Valéry, 2016, 1, 1241). Compacité due aussi à son absence d'additivité : « Si je rêve – pas d'*additions* » (1957-1961, XIX, p. 754) selon Valéry. Derrida note, en citant Freud, que : « Le rêve est parcimonieux, indigent, laconique. G.W., II/III, p. 284 » (Derrida, 1967, 321-322). Le rêve est « sténographique » (*ibid.*) – « idéo-graphique », disait Valéry (1957-1961, VI, p. 389), avant d'ajouter que :

> Le laconisme, le lapidaire du rêve n'est pas la présence impassible de signes pétrifiés. L'interprétation a épelé les éléments du rêve. Elle a fait apparaître

> le travail de condensation et de déplacement. Il faut encore rendre compte de la synthèse qui compose et met en scène (Derrida, 1967, p. 322).

Derrida évoque également sur la même page les inadéquations du déroulement linéaire des récits de rêve. Mais fixer le rêve reste pour Valéry une condition « capitale et impraticable » (1957-1961, VI, p. 389) à cause des limites du langage. Bref, le rêve est assimilable à « une situation fermée, *sans issue* » (Valéry, 1957-1961, X, p. 190) qui repose sur une « unité factice de *p* données incohérentes » (Valéry, 1957-1961, XI, p. 179). Nous essayons de re-créer cette « unité » avec les moyens de la veille. En d'autres termes, il y a confusion d'états, de régimes avec les moyens utilisés. Le royaume de l'éveil est la mise en double, la division – celui du rêve ressemble à un fondu-enchaîné où les hypothèses (et en particulier, les *si*) n'ont pas leur place. Dans le rêve, selon Valéry, les articulations grammaticales *se solidifient*, elles changent de *phase*.

La compacité du rêve est loin d'être « un système unifiable – intégrable » (Valéry, 1957-1961, XVII, p. 881). En revanche, dans la veille, « Il y a plusieurs plans » (*ibid.*). Ces plans émergent grâce à la pluralité des points de vue qu'y porte la conscience. Et penser le rêve, c'est s'écarter du rêve, c'est l'espacer – c'est déjà multiplier les points du vue grâce aux nombreux artifices du langage et de la conscience. Et plus on pense au rêve, plus on s'éloigne de sa nature suprêmement « compactée » bien au-delà des possibilités de l'écrit (et même du texte aphoristique).

Je rapprocherai cet état de *treibendes Eis* à celui du « fil gluant » de l'araignée. « Le rêve manque du fil non gluant de l'araignée. » (Valéry, 1957-1961, XVIII, p. 516). Dans le rêve, on est pris au piège de cet état visqueux. Valéry revient assez souvent à cette métaphore *filée* du double fil de l'araignée. En effet, on a besoin d'un fil sec pour ne pas s'engluer au phénomène. L'esprit éveillé se meut uniquement, et avec agilité, sur le fil sec de l'araignée. C'est ainsi que l'esprit-araignée arrive à « Devancer, résumer, retenir (mieux) – Comprendre ! » (Valéry, 1957-1961, XVI, p. 135). Entre la substance amorphe ou le liquide figé du rêve d'un côté, et l'état de cristal de la conscience poussée à son apogée, de l'autre, il y a un gouffre.

Et si le rêve se caractérise par toute une palette d'emboîtements extrêmes (temps, espace, langage), la veille a pour principe fondamental un travail sur l'affinement des articulations même si tout langage est de nature aphoristique. Dans le rêve, les obstacles s'estompent immédiatement, et les multiples références que l'on gère consciemment dans la durée se transforment « en réponses à des excitations quelconques des organes / ou impulsions sans référence » (Valéry, 1957-1961, XIV, p. 840). La veille et le langage sont caractérisés par des divisions, des dualismes, des allers et retours… Il note que « sans division – dualisme », il n'y a « aucun moyen de distinguer que le rêve est rêve » (Valéry, 1957-1961, XV, p. 815).

Par moments, Valéry prend à rebours la notion de compacité du rêve tout en reprenant sa vieille théorie des phases, qu'il inverse dans le cas du rêve :

> Ceux qui se fient à ces récits et en tirent des conclusions agissent comme les mécaniciens qui, traitant des fluides, sont obligés de solidifier les liquides en petits prismes sur lesquels ils raisonnent, ou d'en faire des quantités de petites sphères dures. […] (Valéry, 1957-1961, XXV, p. 636-637).

Et même dans le cas suivant :

> Comme si le soir dissolvait ce que le matin cristallise (Valéry, 1957-1961, IV, p. 545).

on comprend aisément le rôle du mot « cristallise », car la veille est le début de *liaisons lumineuses* – ce qui correspond à ce que nous avons vu dans sa note sur les absences de connecteurs, et en particulier du « si ». Dans le rêve, les connexions sont tout autres – et l'apparente solidité des liens de la veille est remplacée par ce que nous appellerons *un état de dérive fluide ou semi-solide*. Bref, c'est sa substance pensable qui fait défaut – sauf en termes physiologiques observables. Valéry ne cherche à jeter un filet que sur le pensable – et non sur l'impensé ou l'impensable. « Mon "Système" tend à envisager tant bien que mal l'ensemble des possibles pensables, connaissables » (Valéry, 1957-1961, X, p. 277).

Dans tous les cas, c'est le rôle des liaisons qui compte.

> J'ai montré aussi que le rêve et la veille diffèrent par les « liaisons » comme le solide du liquide – mais ce changement d'état semble ne pas altérer la fonction représentative même – la molécule même. […] (Valéry, 1957-1961, IV, p. 578 ; 1987-2016, X, p. 342).

Que faire de la compacité des bifurcations *sans préavis* dans les rêves ? Comment fixer ce qui est *essentiellement instable* et « indescriptible en *mots* » (Valéry, 1957-1961, XVIII, p. 296) ?

Contrairement au rêve, la conscience repose sur des modifications du type suivant : « 1° *reconnaître* – 2 ° réagir en distinguant cette réaction de l'action » (Valéry, 1957-1961, XI, p. 545). Tout cela est « nul ou confus dans le rêve » (*ibid.*). Valéry revient toujours à son application de la notion de *phases* qu'il prend très jeune du physico-chimiste américain, Josiah Willard Gibbs. Dans l'exemple suivant, ce qui distingue le rêve de la veille c'est la nature même de la *borne* par laquelle ces deux états sont fonctionnellement limités.

> Le rêve est une propriété de la phase. Il y a une phase telle que l'action qui donnerait dans la phase-veille sensation, perception, actes et développements *bornés* – donne le rêve.
>
> Le rêve est *borné* aussi, mais tout autrement. [...] (Valéry, 1957-1961, XI, p. 862-863).

LE « SI » ET LA TRADUCTION DU RÊVE

Le problème insoluble chez Derrida est le suivant :

> Comment le rêve met-il en scène le « si », le « parce que », le « de même que », le « bien que » le « ou bien ou bien » et toutes les autres prépositions sans lesquelles, phrases ou discours nous seraient inintelligibles ? (voir Derrida, 1967, p. 322).

Dans la traduction du rêve chez Valéry, il n'y a « point de *Si* – point d'hypothèses – » (Valéry, 1957-1961, XVII, p. 23). Et contrairement au rêve, la veille est le lieu par excellence d'hypothèses de « si ». Dans le rêve, la totalité des fonctions du « *si* » (avec ou sans pronoms, etc.) est abolie.

> Le réel s'exprime toujours par des *Si*.
> Ceci est *réel*, car *si*
> *c-à-d.* puissance potentielle, – fausse présence
> ou bien se réduit à la sensation brute – sans la moindre interprétation et toute sensation n'est *notable*, que par elle-même – (Valéry, 1957-1961, IX, p. 861).

Le « si » de la veille est une sorte de « déclic » séparateur ou l'introduction d'une « conséquence non actuelle » (selon les temps et les modes employés dans les différentes langues), et même de « négation d'un temps par un autre » (Valéry, 1957-1961, IV, p. 29 ; 1987-2016, VIII, p. 306) – ce qui est impossible dans le rêve où tout est actuel. Dans la veille, le « si » nous permet de changer de perspective. Et il n'y a pas non plus dans le rêve de « si » en incise du type « (si ce n'est à nous tromper,) », etc. (Valéry, 1956-1961, XII, 562).

Son utilité dans la veille est du type suivant : « Le *SI* exploite une *connaissance incomplète* – » (Valéry, 1957-1961, XVI, p. 614).

> Or *toute connaissance est incomplète par essence.* C'est dans ce reste (*R* – *C*) que n[ou]s pouvons opérer. Ce reste est comme l'espace de l'acte imaginaire hypothétique –
> Notre pouvoir est complémentaire de notre ignorance.
> Le (*R* – *C*) (*réel MOINS connu*) est de degré variable.
> Degré de liberté – variance (*ibid.*).

Ce qui est frappant dans la veille, c'est l'enrichissement constant du « si » par d'autres pour en faire une sorte d'« *incomplétitude exploitée* » (*ibid.*). Valéry va jusqu'à proposer que

> Ce signe *pourrait* (!) être remplacé par plusieurs – Par exemple un *Si prime* (S^{I}) pour indiquer *mon* action hypothétique du type de mon action possible réelle ; et un *Si seconde* (S^{II}) pour indiquer mon action de type imaginaire (qui suppose *les choses AUTRES* et modifie ce qu'aucune action réelle ne peut modifier) (*ibid.*).

Monsieur Teste est un personnage qui a « *surmonté le Si* » (*ibid.*), et l'importance de cette expression réside dans l'élimination d'un « Besoin artificiel » ou « de tel ou tel *mot* » (*ibid.*, XVI, p. 232). Mais « [i]l ne faut pas croire que l'on *surmonte* quoi que ce soit *a priori* » (*ibid.*, XII, 693). Le « si » reste un instrument essentiel de l'action mentale pendant la veille. (Je recommande au lecteur l'excellente étude de Jürgen Schmidt-Radefelt (1970, p. 181) sur le « si » chez Valéry.)

Et avant de décrire un rêve selon Valéry : « Il faudrait d'abord être assuré que le rêve admet dans sa description des *conjonctions, des pronoms, des relatifs* – / Toutes choses qui pourraient bien n'être introduites que par un Autre qu'un rêveur » (Valéry, 1957-1961, XVI, p. 179). Les mots indiqués ci-dessus en italique ont plutôt leur place dans les activités de la veille – et nuisent à toute reconstitution du rêve. Rappelons aussi que

> Le *Si* et le *Nous pouvons* sont des signes essentiels de la pensée. Ils en sont l'élément de transformation à la fois obéissant au désir et conforme aux liaisons conservées (Valéry, 1957-1961, XVI, p. 90-91).

En d'autres termes, le « si » est, dans la pensée, une « formule du pouvoir » (*ibid.*, XX, p. 336). Plus tard, Valéry cherche à nuancer (très peu quant à l'essentiel) ses propos sur l'absence de « si » dans le rêve de la façon suivante :

> Il n'y a pas de SI dans le rêve ? Toutefois on peut trouver dans le *récit* d'un rêve ceci : « *Je sentais que si je bougeais... que si l'on apercevait que...* » etc. Mais je crois que ce n'est pas le SI qui ouvre une autre voie, et introduit 2 développements imaginaires ou l'alternative – car il ne me *paraît pas possible qu'il y ait dans le rêve deux phases imaginaires indépendantes*, et alternantes. Dans le rêve, l'hypothèse deviendrait aussitôt réalité (de rêve) (Valéry, 1957-1961, XXIV, p. 42).

La reprise du « si » (en question, à la Freud) paraît ici pour espacer l'appréhension d'une sensation qui ne pourrait se faire que pendant la veille : à savoir, le « *Je sentais que si je bougeais...* ». Nous trouvons également ici un « si » amplifié (par des majuscules) avec mise en valeur, ou mise en garde. Dans la description du rêve, les phrases du type : *Je sentais que si je bougeais...* le « si » se transforme en intensificateur de la situation vécue (en tant que danger imminent, etc.) loin d'une simple hypothèse ou alternative. Freud (tout comme Derrida) n'est pas insensible à de telles interrogations linguistiques sur les connecteurs. Il en va de même dans l'expression : *Je ne bougeais pas parce que...* Mais la position de Valéry est radicale et comprend une véritable interrogation sur les conjonctions et les relations linguistiques. Et, c'est ainsi que la conscience (par rapport au rêve) devient le lieu privilégié des hypothèses, ou du conditionnel, comme dans le cas des réponses scientifiques, toujours modestes. Le « si » est compacté dans le rêve, car il ne reste que la réponse et non la question – et sa grammaire est comme pétrifiée.

Et Valéry précise également que « [...] Si je raisonne en rêve, ce rêve d'un raisonnement n'est pas un raisonnement – C'est son ombre – [...] » (Valéry, 1957-1961, III, p. 807 ; 1987-2016, VIII, p. 148).

En résumé, le rêve est la réponse par le plus court (*treibendes Eis*, disait Freud). Et le « *si* » et autres articulatoires qui sont si caractéristiques de la veille permettent un certain espacement de la « scène » Il faut rappeler également que le « si » (qui existe uniquement dans la veille) a valeur « d'à côté ». Les activités de la veille ne reposent pas sur une seule dimension (comme dans le rêve) mais sur plusieurs. Le « si » de la veille fonctionne aussi comme un évaluant dans un système de jugements. Valéry l'a bien noté dans la citation suivante :

> Le « Si », l'hypothèse, est une *valeur* remarquable.
> Peu étudiée (comme tout ce qui *Est*.. en ces matières !)
> Or, cet évaluant me semble sous-exister dans *tous* les jugements – et toutes perceptions.
> Toute pensée est le centre – et l'acte – d'une forme mentale dont le *Si* [A] exprime substance, la borne, l'attente, – le reste – le « dénominateur »
> [A] *Double soulignement.* (Valéry, 1957-1961, XVII, p. 536).

Et malgré l'absence fondamentale du mot « si » dans le rêve, Valéry tente, dans la citation suivante, de poursuivre le syllogisme jusque dans le rêve :

> Il y a un syllogisme dans le rêve
> J'ai rêvé cette nuit que j'avais un doigt dans la bouche. Puis je me suis aperçu que ce doigt était coupé, et je savais que l'on a normalement un doigt dans la bouche.
> Ce doigt était coupé, je me suis dit qu'il ne pouvait vivre – qu'il devait se dessécher ou se corrompre –
> Si un syllogisme de rêve est le rêve d'un syllogisme – ? (Valéry, 1957-1961, XI, p. 213).

La notion de syllogisme hypothétique est surtout du type suivant : *Si A est, B est ; si B est, C est ; donc si A est, C est.* Mais dans le cas de la phrase ci-dessus de Valéry, le « si » reste *en question*, comme nous le constatons assez souvent dans les *Cahiers.* Et nous savons à quel point il critiquait certains abus de la logique (des propositions) en se maintenant au carrefour du possible.

Et parmi ces hypothèses fonctionnelles, figure la spéculation valéryenne sur la veille comme un état loin d'une certaine forme d'instabilité fonctionnelle associée au sommeil et au rêve. Valeurs et relations de notre sensibilité ne sont passagèrement confondues que dans un état de rêve.

> Qui sait si la veille n'est pas autre chose que l'état privilégié qui permet aux valeurs et aux relations de notre sensibilité de demeurer distinctes ? ou de ne se confondre que passagèrement. N[ou]s avons alors l'impression d'une partie stable des choses (Valéry, 1957-1961, X, p. 246).

RÊVE ET LOGIQUE

La logique n'est pas du ressort du rêve comme nous l'avons vu plus haut dans nos réflexions sur le « si ».

> La logique est oubliée. C'est elle qui vraiment dort et se réveillera. Les idées abstraites, les relations sont absentes. Mais il y a *leurs expressions, leurs symboles* figurés, et ils sont agis au lieu d'agir.
>
> Pendant ce carnaval, cette saturnale, ce qui d'ordinaire se donne et se donne essentiellement comme unique… il se montre alors cyniquement capable de recommencer indéfiniment.
>
> Le travail de la pensée pendant cette phase, n'arrive à aucun seuil – ou plutôt tous les seuils qu'elle franchit lui semblent des changements extérieurs – de sorte qu'elle n'a jamais l'impression d'avoir)amené un changement interne, de s'être modifiée elle-même au moyen de ses idées agissant les unes sur les autres…((Valéry, 1957-1961, IV, p. 579).

Dans un autre texte sur la « "|LOGIQUE| du rêve" » (XVIII, p. 92), l'expression est entre guillemets (donc, à aborder avec des pincettes) et le mot de logique est encadré comme pour le séparer davantage du monde du rêve. Une fois de plus, Valéry note à la fin du passage que le rêve « = réponse par le plus court » et que « dans la veille tout n'est pas réponse » (Valéry, 1957-1961, XVIII, p. 92). Changement simplement d'optique ici pour sa position capitale, à savoir : il n'y a que réponses dans le rêve. Rappelons que les demandes ne sont pas visibles dans le rêve, contrairement à la veille – et aux activités de la logique – où le système DR (demande-réponse) fonctionne à plein régime !

Le rêve est également pour Valéry un état de non-réversibilité. « Pas de réversibilité, pas d'équilibres en rêve » (Valéry, 1957-1961, X, p. 573). Pas de trace alors d'un A = B sous forme de B = A. C'est la veille qui constitue l'acte de quasi-réversibilité (*ibid.*).

LE RÊVE : « COMME SI »

Valéry aborde souvent les faiblesses de la représentation en utilisant l'expression : « comme si… »

Le récit des rêves est un lieu privilégié d'expressions du type : « [Tout se passait] comme si… », et de fausses équivalences – thème que je réserve surtout à un chapitre sur le langage. Le « comme si » dans la description du rêve (ou même de son fonctionnement) ne sert pas d'étalon du réel. « En somme » d'après Valéry (1957-1961, X, p. 541), « tout est brouillé, mais je suis et je fais comme si je m'y reconnaissais. Je trouve tout naturel un monde tout altéré, tout surprenant, tout inédit. » Et à la limite, « Tout se passe comme [si] l'impossible était possible » (*ibid.*, XIII, p. 283). Pourtant, dans la veille, on passe d'une manière de voir à une autre, d'une spéculation à une autre, d'une interprétation à une autre. Les « comme si » évoquent, dans le petit échantillon ci-dessous, composé de plusieurs de ses citations, la nature spécifique de son approche précautionneuse à l'égard du contenu proprement dit du rêve – mais surtout de son fonctionnement qu'il ne cesse de chercher à cerner.

> Ce que n[ou]s appelons Rêve est donc l'objet virtuel d'une représentation actuelle. Tout se passe comme si[6] n[ou]s avons « rêvé » c-à-d. comme si des choses avaient existé à l'égard de *X* et non existé à l'égard de *Y* (Valéry, 1957-1961, XI, p. 80-81).

Dans l'exemple suivant, l'analogie est impossible à boucler, sauf dans la dernière phrase sous forme d'exclusion plus radicale de la veille où le rêve ne renvoie qu'à lui-même par le signe « = ».

> – Le rêve est le souvenir d'un état (avec ses événements, lieux, actes et personnages) qui se produit dans un second état comme si, *ayant été vécu*, toutefois les événement qu'il rapporte ne comptaient pas parmi ceux qui sont conformes aux références de ce second état.
>
> Le rêve = tout ce qui se passe *pendant que nous ne sommes que tout ce qui se passe* (Valéry, 1957-1961, XXIV, p. 44).

6 Mon soulignement dans ce passage.

Encore une variante de la phrase : « le rêve est rêve » – mais ici la définition s'étoffe pour devenir : « Le rêve = tout ce qui se passe *pendant que nous ne sommes que tout ce qui se passe.* »

L'exemple ci-dessous est truffé d'analogies pour renforcer le « comme si ». Le poids dont il est question ici est étrangement autre que celui soumis à la gravitation. Il n'est ni poids atomique, ni spécifique, ni volumique…

> Et pourquoi le sommeil venant est-il comme un *poids*, comme une force plus grande que quelques autres – comme si[7] ce qui pèse prenait le dessus, comme si les excursions du regard peu à peu se faisaient plus restreintes et plus pénibles, et le corps cédait à son poids, et l'esprit à ce qu'il y a de *local* dans sa nature ?
>
> Le rêve est la combinaison de l'activité locale qui est « ornementale » symétries, répétitions, etc. des effets et mémoire de ces formations, sous l'action des sensations cachées et dans le cadre des liaisons du sommeil, *clôtures par abstention des forces* (Valéry, 1957-1961, XI, p. 215).

Et parfois, le « comme si » se replie sur lui-même sous forme d'interrogation :

> Pouvons-nous dire – dans un rêve tout se passe comme si[8] les choses vues étaient réelles. Dans la veille n[ou]s pouvons arguer de rêve tout ce qui paraît ? (Mais alors tout est rêve et il n'y a plus de rêves –) […] (Valéry, 1957-1961, XI, p. 51).

Le « [Tout se passe] comme si » que Valéry applique au fonctionnement du rêve débouche sur une mise en question radicale de la valeur de sa description ainsi que sur une analyse des degrés d'assymétrie entre le rêve et la veille. Ajoutons ici son emploi des « mais » qui qualifie tout récit de rêve (souvenir dans le cas du roman simonien) où la réalité de l'événement est toujours, grâce à cette conjonction, poussée hors texte et hors narrabilité. Précisons également que le narrable et le racontable (encore ces mots en *able*) ne démontrent qu'un *potentiel* ou une *visée* et non le rêve. Les expressions : « Tout se passe] comme si… » et « mais » font partie de l'artillerie valéryenne pour cerner une notion illégitime ou une impossibilité qui parfois s'expriment plus catégoriquement.

7 Mon soulignement dans ce passage.

8 Mon soulignement.

> Je doute de la valeur des descriptions de *songes* [...]
>
> Le passage au langage articulé fait nécess[airemen]t intervenir des éléments d'un *ordre* tout autre que les éléments instantanés de la perception interne initiale brute. Il y a un *usinage*, un profilage qui *détruit ce qui nous serait le plus précieux*, la structure *chrono-moléculaire* comme si on étudiait un être vivant (l'instant vrai est une sorte d'être vivant) sur[9]
>
> *L'expression verbale est une opération qui altère radicalement* la nature – SANS VA ET VIENT des phénomènes subjectifs qui introduit le *fait de les re-connaître*, et on ne peut les *reconnaître* sans *faire inconsciemment cette reconnaissance* – sans abolir leur *singularité* et leur génération instantané.
>
> Valéry, 1957-1961, XIX, p. 81).

La suite de cette citation met la narrabilité en valeur ainsi que la fonction d'un observateur indépendant pendant la veille non sans nous rappeler ici et ailleurs la continuité et la discontiuité particulières du discours par rapport au rêve.

Le rêve a « pour *condition la non-perception de la nature psychique des choses produites* – » (Valéry, 1957-1961, XXVII, p. 254) par rapport à la veille où s'établit une véritable palette de dualismes. Valéry (1957-1961, XI, p. 862-863) fait de la veille son « monde-étalon ». L'intraductible dans le rêve repose sur l'absence d'étalons fixes et l'impossibilité de la mesure. Le nombre y est absent ou manque ses propriétés essentielles. Si dans le rêve, A = B on ne peut pas passer de A = B à B = A. (Voir Valéry, 1957-1961, IV, p. 535). Pas de transformation réversible dans le rêve.

Valéry relègue le rêve au niveau du croire : « *La disposition à croire* est une des variables de l'esprit qui dans le rêve est maxima » (Valéry, 1957-1961, XIX, p. 161). Quand on croit, on subit les effets de telle ou telle association que l'on lie à une certaine valeur. Mais le pire, c'est de ne pas pouvoir « dénoncer cette association – réellement (et non verbatim) » (Valéry, 1957-1961, XVI, p. 517). Le croire n'est pas

> [...] comparable à un objet étalon d'existence –) – Réalité en effet est comparaison – Je crois que tel objet est là = Si je fais tel geste, je toucherai l'objet – Mais si je dis je crois *tenir* cet objet – ou plutôt – je crois sentir éprouver telle sensation – (Valéry, 1957-1961, XV, p. 327).

Pour Valéry, « Dans le rêve, l'existence (de ce qui est *vu* et fait) est liée à la croyance. » (Valéry, 1957-1961, XVIII, p. 824) – ce qui le pousse à jouer avec le couple *voir/croire* :

9 Phrase inachevée.

> *Quantum video tantum credo.*
> *Quantum credo tantum video* (Valéry, 1957-1961, XVIII, p. 824).

Mais, « Si douter devient automatique, le doute est croyance » (Valéry, 1957-1961, XI, p. 649). Sa « définition la plus générale » du rêve est la suivante : « *Rêve, en somme, est tout ce dont on peut se réveiller* » (Valéry, 1957-1961, XI, p. 626). Et la preuve que l'on ne rêve pas, c'est de pouvoir constater que l'on jouit « d'une liberté à plusieurs dimensions – » (*ibid.*).

> C'est la pluralité des mondes où je puis *habiter*, c-à-d.
> Je puis prendre et laisser, reprendre –
> Je suis distinct, je me sens distinct de tout successivement – (*ibid.*).

Place aussi dans le rêve à la créance – et à la crédulité.

Si *rêver* est au niveau d'une croyance, *croire* c'est « établir une relation R entre observation et observateur » (Valéry, 1957-1961, XV, p. 327). Et cette relation n'est pas au niveau d'une distinction ou d'une séparation. Une telle distinction (ou une pluralité de points de vue) n'existe pas dans le rêve :

> Mais *qui* croit dans le rêve ? –
> Le rêve serait tout système de production qui projette, détermine, produit en retour un seul point observant, un seul interprète – [...] (Valéry, 1957-1961, XI, p. 649).

« Croire est une mono-idéation » (*ibid.*), un état « dans lequel les données sont à une seule interprétation » (*ibid.*). Le réel, chez Valéry, est le lieu de substitutions par excellence. Et dans sa note sur « Rêves et Créance » (*ibid.*), il précise qu'« En général, les rêves s'imposent[,] sont crus comme n[ou]s croyons ce que n[ou]s voyons (car la vue des choses ne laisse pas en général liberté de n'y pas croire – de ne pas leur concéder indépendance et élimination de "nous" » (*ibid.*).

LE *JE* (?) QUI RÊVE

Le problème de notation et de nomination par le mot *je* est source de frustration chez Valéry. Notons d'emblée que le « je » dans « je rêve » n'existe pas dans le rêve où « tout est rêve ». Et jusque dans le Moi, et le moi du personnage : « je voulais dire que le rêveur – le Moi du rêveur – le Moi du rêve – est lui-même un personnage de rêve. [...] / Le rêveur est rêvé » (Valéry, 1957-1961, XXIII, p. 822). Le « je » dans « je rêve » fait partie de tout un canevas de jeux sur les pronoms : « Relativité du *Je* et du *Moi* –. » dirait Valéry (1957-1961, XIX, p. 482), que nous garderons pour un autre chapitre. Comment désigner par un attribut ce *je* qui rêve ? L'emploi du mot *je* est tellement insatisfaisant que Valéry (1957-1961, XII, p. 513) va jusqu'à proposer presque sous forme de boutade « hypnos – Pnos ». Dans cette même note sur le nom du rêveur il souligne les points suivants :

> On ne doit jamais dire : Je rêve – Tu rêves –
> mais donner, trouver un nom général pour celui supposé avoir rêvé – et de plus nom particulier pour le genre de vie nom et prénoms du rêveur – Le rêveur n'est pas Homme –
> D'ailleurs chaque état de Je, devrait avoir son *nom*, son signe ou indice – sa formule de constitution et de libertés [...] (*ibid.*).

avant de nous rappeler que l'analyse ici repose sur l'étude « 1° du domaine et des valeurs de chaque *Je* / 2° des substitutions des Je » (*ibid.*).

> Or n[ou]s disons pourtant : « J'ai rêvé » et non : *Il* a rêvé
> (D'ailleurs enfants et certains malades disent : *Il* en parlant d'eux-mêmes.)
> Le *Je* signifie normalement 1° une certaine *situation* une loi de correspondance entre un corps sentant et agent, des perceptions et des expressions – un monde – etc. – une spontanéité
> 2° une liaison, continuité, permanence ou reconstitution normale de cette situation – [...] (Valéry, 1957-1961, XII, p. 513).

D'ailleurs, le *je* qui a rêvé n'est pas le *je* qui raconte le récit du rêve (voir Valéry, 1957-1961, XIX, p. 483). On mélange trop facilement ces multiples *je*. Et même si « Au regard des autres, tous ces *je* se confondent en une personne – *Celle qui parle* » (*ibid.*), il faut prendre en considération le *je* « parlant en elle-même à elle-même, d'elle-même » Mais « ce sont 3 *personnes* » (*ibid.*). Il n'y a que le *subjectif* qui se rapporte à « 1 seul point de vue » (Valéry, 1957-1961, X, p. 108). En revanche, c'est la physique qui « a obligé de tenir compte de la pluralité des points d'observateurs » (*ibid.*).

Une autre difficulté du *Je* réside dans l'éveil car « – il ne faut pas dire : *Je* m'éveille – mais : il y a éveil – car le *JE* est le résultat, la fin, le c.q.f.d.[10] final de la congruence – superposition de ce que l'on trouve à ce que l'on devait s'attendre à trouver » (Valéry, 1957-1961, XI, p. 517). Évacuons donc le *je* du rêve tout en signalant les défauts de cet attribut. Remplaçons ce *je* par *il* : « [...] *Il* a été rêvé. *Il* est arrivé. – Si je n'ai pas, *moi* inventé, formé ceci, qui l'a fait ? – et qui l'a perçu ? » (*ibid.*, XX, p. 623).

LE RÊVE, LE SYSTÈME ISOLÉ ET LE FORMEL

Il ne lui reste qu'à retenir le « formel » du rêve (voir Valéry, 1957-1961, XVII, p. 766). Valéry évacue l'accidentel et le significatif du récit de rêve. Loin de lui de vouloir faire quelque chose d'une histoire de rêve ! Il cherche dans les mécanismes du rêve ce qui lui permettrait de mieux comprendre le fonctionnement de la veille. Dans l'ensemble, ce sont surtout des différences de régime, et du type : « Rêver est impossible à celui qui déchiffre une partition. Dormir à celui qui souffre. » (Valéry, 1957-1961, XVIII, p. 231) car le rêve est une sorte de « système isolé » (en question ici et qu'il faut mettre ente guillemets comme Valéry).

> Le rêve pose la question du « système isolé » –
> On peut dire que le sommeil est un isolement tel que si des excitations (< n) franchissent ses barrières (sans rompre le *charme*) les effets ou réponses ne peuvent revenir au point d'origine – (paroi semi-perméable)
> être localisé et (*inachevé*) (Valéry, 1957-1961, XVIII, p. 304).

Et par rapport au rêve – ce produit essentiellement intériorisé – le langage, selon Valéry (1957-1961, XIX, p. 874), est un « puissant moyen

10 Note : c.q.f.d. = ce qu'il fallait démontrer.

d'extériorisation ». Ou en d'autres termes, l'analyse de ce qui est forcément indescriptible dans le rêve par les moyens du descriptible est ce qui le sépare des théories de Freud.

> Ce qui me prouve que les théories du rêve à la Freud sont vaines, c'est que l'analyse s'y porte sur des choses descriptibles en termes ordinaires – tandis que le rêve devrait être *indescriptible* – ou descriptible par des contradictions ou des partitions (comme – *il y avait un cheval, mais je savais que ce n'était pas un cheval.*.)
>
> (ce qui résulterait d'une *liaison* de *fonction élémentaires* ψ – non compatible avec la veille) liaison *superficielle.*
>
> En poussant ceci plus loin, on arriverait à faire une *synthèse* (verbalement engendrée) de *rêve* (Valéry, 1957-1961, XX, p. 56).

En travaillant sur le « dire » et le rêve, Valéry est tenté aussi par le terme « ouï-dire » (Valéry, 1957-1961, XX, p. 377) qui lui permet de reléguer le connu (déjà fort imparfait) au niveau de l'ouï-dire à cause de la distance qui « me » sépare de « mon » rêve – comme je suis séparé des autres. Il en va de même pour toute histoire ou aventure racontée.

La traduction du rêve ne saurait être une pure reproduction ou représentation. À la rigueur, ce serait une *interprétation* et jamais une explication. Et pourtant, c'est la « représentation » et sa « conformité » qui pose problème dans le cas du rêve (voir Valéry, 1957-1961, XI, p. 645). C'est aussi un problème de champ, d'espace, de temps et de conservation. Et surtout ceci : il y a un « oubli de la pluralité des interprétations » (*ibid.*).

Le rêve, comme toute traduction, est sans interprétation univoque. La nature même du langage et du rêve se prête avant tout à la plurivocité et non à un « sens » unique. Et cet état de mobilité, d'éclatement et de non-fusion prime dans la veille.

Dans la veille une très grande variété de conditions (internes et externes) fonctionnelles sont en jeu. Et le plus important, pour Valéry, c'est de continuer à tenter de décortiquer le *fonctionnement* d'une pensée, d'un rêve, etc., et non ses produits particuliers. C'est la structure formelle ou fonctionnelle qui prime chez lui, et non une prétendue *signification* ou un contenu (spécifique) d'un *je.* « Tant que j'assiste à mon rêve, ce n'est pas un rêve – et j'y vois une curiosité "séparée" [...] » (Valéry, 1957-1961, IV, p. 545) sans fonction explicative.

> Les « explications » ordinaires des rêves sont du même ordre de fragilité, que les rêves mêmes – (à cause des conditions de l'observation) (Valéry, 1957-1961, XI, p. 623).

En d'autres termes, observateur et observation se fondent, se soudent dans le rêve. Dans la veille, d'après Valéry (1957-1961, XIV, p. 6), une « perception "normale" ne peut s'exprimer que "moyennant une contradiction" ou un écart. "S'éveiller – c'est se retrouver se retrouvant" » (Valéry, 1957-1961, XVI, p. 612). D'ailleurs, ce qui est important à observer dans le rêve est inobservable. Valéry cherche toutefois à préciser son côté *fonctionnel* à une époque où la recherche (psychanalytique) se penchait sur le *significatif* du contenu des rêves.

Le rêve est un lieu où le précis et l'imprécis fonctionnent de la façon suivante : « Le rêve peut être *précis* mais ne peut être *précisé.* » (Valéry, 1957-1961, XI, p. 49) et « périrait de l'être » comme il nous le rappelle dans une variante antérieure de cette pensée (Valéry, 1957-1961, V, p. 411 ; 1987-2016, XIII, p. 230). Il garde le « *précisé* » pour les degrés plus élevés de la conscience, où sa traduction en actes dépend de ce « *précisé* ». Rappelons aussi qu'il « juge des pensées par le degré de précision. » (Valéry, 1957-1961, XI, p. 55) sans oublier la richesse et la qualité de l'élaboration de leur connexité. Et, contrairement à Freud, Valéry reste solidement campé du côté des limites de tout *Bearbeitung* (remaniement) de type verbal du rêve.

Dans la veille, il y a manœuvre au sens de « navigation » (Valéry, 1957-1961, X, p. 767), dans un milieu fluide qui permet d'éviter ou de détourner sans cesse un certain effet de rêve. Les articulations se précisent et se développent pendant la veille. Et quand Valéry dit que « La veille est l'état en quoi le rêve n'est que partie. » (Valéry, 1957-1961, XI, p. 625), il ne faut pas oublier qu'il entend par là surtout le degré de complexification des points de vue qui les séparent.

Dans le domaine de la conscience, on cherche à attribuer une valeur aux activités mentales. Le rôle du rêve est suggéré dans cette pensée – mais, pour Valéry, sa valeur réside dans son fonctionnement. Contrairement au rêve, la veille et définie par Valéry comme « la conscience complète ou fermée avec retour sur elle-même – moyennant un objet » (Valéry, 1957-1961, X, p. 573). Le rêve pour lui est « le comble de la "latéralité" ainsi que le "sans retour" (sans *va et vient*, qui est *consciousness*) »

(Valéry, 1957-1961, XVII, p. 53). Ceci fonctionne à deux niveaux : « Il y a invasion par voies latérales pendant la *distraction.* Il y a invasion par voie directe pendant les "premiers temps" si on ne réagit pas *contre* les premiers temps » (*ibid.*).

Il développe à maintes reprises la nécessaire définition des régimes : veille et rêve. Citons par exemple : « Le doute si l'on rêve ou si l'on veille, n'est pas constant, ne peut l'être » (Valéry, 1957-1961, X, p. 579).

> *La disposition à croire* est une des variables de l'esprit qui dans le rêve est maxima (Valéry, 1957-1961, XIX, p. 161).

> Le « vrai », (généralisé), est celui qui est conforme à des règles. C'est pourquoi l'on dit : chanter *faux*, un résultat *faux*, un vers *faux*.
>
> Mais le faux de cette espèce se peut changer en vrai, moyennant un changement de règles ou de leur interprétation (Valéry, 1957-1961, IV, p. 600).

La conscience, pour Valéry, est un système de DR (demande-réponse). Mais « Dans le rêve tout est réponse – les demandes sont cachées » (1957-1961, XIX, p. 531). Le « si » est dans le domaine des questions – hypothèses – que constitue l'essentiel de la veille et de la conscience. Contrairement à l'hypothèse, le rêve n'appartient pas au système excitateur de questions. C'est l'immédiateté des réponses qui est l'élément fondamental sans oscillation entre le rêve et le réel, car

> Ces réponses sont conditionnées par l'obligation de *non-retard.* Pas de délai. *RÉPONDRE par quoi que ce soit.* Donc condition qui fait ou fabrique un certain *significatif* au moyen d'un tirage.
>
> De même que chez le distrait qui répond *au hasard.*
>
> Mais ce produit de hasard peut produire des réactions, également bornées – d'où des combinaisons (Valéry, 1957-1961, XIX, p. 531).

Et dans une réflexion qui a pour titre « Traduction. » il nous rappelle que : « Le rêve ne peut être entièrement *constitué.* [...] » (Valéry, 1957-1961, IV, p. 528 ; 1987-2016, X, p. 275). Dans les récits de rêve, il constate l'absence de tout code exhaustif et infaillible. Il souligne que « [...] L'essentiel du rêve est justement ce qui en est indescriptible » (Valéry, 1957-1961, XIII, p. 66). L'essentiel est ailleurs que dans le rêve. Et pour Derrida, « Il n'y a pas donc de vérité inconsciente à retrouver parce qu'elle serait écrite ailleurs » (1967, 313). Contrairement à la veille, où on a les pieds bien ancrés au sol,

> Le rêve, *manque d'un sol* – d'une résistance, d'une différence. Il en résulte liberté et impuissance. Liberté non perçue mais vécue. Impuissance par non-additivité – non-conservation – comme un corps sans masse (Valéry, 1957-1961, XVI, p. 425).

En d'autres termes, « La veille », chez Valéry (1957-1961, X, p. 168), « introduit des résistances – », et ces résistances s'appliquent à toute traduction (ou interprétation) du rêve.

Valéry ne cherche pas une explication (narrable) du contenu du rêve mais une *représentation* du fonctionnement de son mécanisme. La psychanalyse se situe du côté des explications et de la « fixité » du code de l'écriture onirique. Et l'erreur des Freudiens c'est « de raisonner sur des récits de rêves. Ces récits sont nécessairement faux – *Le langage ne peut décrire un rêve sans altérer ses caractères essentiels.* [...] » (Valéry, 1957-1961, XVII, p. 723). Et pire encore, dans nos souvenirs et récits de rêves « nous ne retenons guère les parties non reconnaissables ; n[ou]s ne gardons que ce qui peut s'exprimer en termes de veille » (1957-1961, XIII, p. 240). En d'autres termes, le récit dénature et défigure l'essentiel du rêve. L'erreur, c'est toujours selon Valéry d'aborder le rêve par le *significatif* (*ibid.*, XVII, p. 770-771) au lieu d'étudier son fonctionnement formel.

RÊVE ET RÉCIT SOUS FORME D'AVENTURE

Valéry prolonge ses réflexions sur le récit de rêve pour y inclure l'idée de sa forme d'aventure verbale avec reconstitutions de conversations, de chronologie, etc. qui n'existent pas à l'état de rêve. Les lois de la veille et des récits d'aventures (avec leur développements spécifiques) entrent en jeu et prennent le dessus indépendamment de l'état de rêve proprement dit.

>)En somme, chaque état du rêve est *beaucoup plus indépendant du précédent* que les éléments du récit ou souvenir que n[ou]s appelons *rêve*, au réveil.(
>
> L'étrangeté du rêve est faite de la *liaison* que n[ou]s y mettons pour le revivre, et de l'interdépendance introduite alors entre productions incohérentes et hétérogènes sans unité – – (p[ar] ex[emple] paroles sensations affectives etc.) (Valéry, 1957-1961, XX, p. 397).

Et encore

> Rêves
>
> Si je décris une aventure excessivement/suffisamment bizarre, si je compose comme au hasard un récit de rapports entre moi et des choses et des personnages – et si je dis que j'ai rêvé tout ceci, personne ne peut prétendre que je mens et que je ne l'ai pas rêvé – dans quelque sommeil (Valéry, 1957-1961, IX, p. 862).

Mais le seul récit possible d'une aventure dans le rêve chez Valéry serait une sorte de robinsonnade du type suivant : « Le vaisseau plein de rêves échoue sur les récifs de la veille, Robinson s'efforce d'en ramener quelque chose de prix sur le rivage. Il peine » (Valéry, 1957-1961, XI, p. 96). Derrière le Robinson valéryen se trouve le mythe pur de la (re)construction. Et pourtant, « On peut construire un rêve mais on ne peut systématiquement reconstruire un rêve donné [...] » (Valéry, *1894-1914*, IX, p. 227). (Si le Robinson de Defoe est d'abord un récupérateur des outils de sa civilisation, et non un inventeur, le Robinson de Valéry (2016, 3, p. 1338) possède « une vieille table de logarithmes », autrement dit, des « économies de vérité », symbole de ce qui peut faciliter ses constructions mentales pendant la veille – loin du rêve.) Contrairement à la veille, (l'aventure dans) le rêve est ressentie comme « une introspection forcée et non consciente » (Valéry 1957-1961, XVI, p. 69).

PROLONGEMENT POUR LE RÊVE

Je garderai, pour une recherche ultérieure, le projet d'*Agathe* chez Valéry sur les mécanismes du sommeil... En faire un projet ou même un conte semble aller à contre-courant d'une grande partie de ce que nous avons esquissé dans ces pages sur le rêve. Disons ici que c'est sans doute la nature même d'une certaine liberté dans le rêve qui fascine Valéry dans l'« ancienne Agathe ».

> Voici le projet d'Agathe tel que je l'avais fixé en 98 – je crois – ou 97.
>
> Une personne s'endort – je suppose un sommeil cataleptique – je veux dire indéfiniment long – je suppose (non sans péril) que toutes les excitations des

sens soient abolies – Je suppose enfin qu'elle rêve et que la succession de ses représentations soit telle que la $n^{ème}$ = la 1re.

Alors elle tourne dans ce cercle n, – qui est fermé. Si on se borne aux hypothèses – tout est fini là. Si on introduit une condition nouvelle – l'*altération* progressive de la perception de ce cycle à cause de sa répétition – l'habitude – la rapidité croissante de *rotation* – alors ? Alors peut-être une chose stable, un monde régi par une loi simple et certaine, un objet de plus en plus étranger – et par rapport auquel elle va tenter de *penser* et s'éveille.

Ainsi : chien, lune, amour dans la nuit, aboi, chien etc.

Mais[A] ce dessin si gros est un signe d'une infinité de problèmes et c'est pourquoi je l'ai tracé.

[A] *Rature* : J'ai vu (Valéry, 1957-1961, III, p. 106 ; 1987-2016, VI, p. 111-112).

Agathe est l'ébauche de cet « ange au corps évanoui » (Celeyrette-Pietri, 1979, p. 250) où Valéry pourrait jouer avec certaines propriétés de la liberté du rêve. En d'autres termes :

Le rêve plus libre que la veille, – en *acte*,
et moins libre que la veille en *puissance* [...] (Valéry, 1957-1961, XIII, p. 469).

Mais pour résumer le travail de ce chapitre, rappelons que les « Rêves, etc. » se réduisent à des « conséquences irréelles de la Réalité » (Valéry, 1957-1961, XII, p. 249). Conséquence inévitable de son regard sur la spécialisation des régimes (rêve et veille) qui fait émerger tant de différences et d'écarts (ainsi que sa méfiance à l'égard des interprétations) lors de son étude du C E M qui vise un Système fonctionnant dans son ensemble.

Le rêve est cette partie de notre fonctionnement mental qui se heurte à des problèmes de vocabulaire et à une impossible organisation structurelle du langage dans le temps – et, pour cette raison, reste en dehors de toute traduction possible. Malgré la fascination de Valéry pour l'état de rêve (et non son contenu), l'essentiel de sa recherche est une mise en application des possibilités du langage pour capter les états de veille ou de réveil de la conscience. Le questionnement (ou la mise en question) est une caractéristique fondamentale de la veille avec ses écarts. Mais ne tombons pas dans le dualisme ou le binarisme primaire : rêve/veille. La situation de la veille et du rêve reste infiniment plus complexe – et indécodable pour Valéry (1957-1961, XXIX, p. 584) : « *L'*esprit aussi a ses raisons que la raison ne connaît pas[11]. »

11 Parodie de Pascal. « Le cœur a ses raisons, que la raison ne connaît point ; [...] », *Pensées* (680), 2010, p. 510.

Aujourd'hui, on ouvre davantage la traduction de l'essentiel du rêve aux neurosciences et à la chimie – ce qui aurait enchanté Valéry même si le débat continue entre l'être du langage et l'être neuronal.

TRADUIRE

Le parti pris du langage

PRÉAMBULES

> Écrire, c'est spéculer, c'est quêter ;
> c'est calculer.
> VALÉRY, 1957-1961, VIII, p. 76.

Parti pris du langage, certes, car il y a un nominaliste au fond de tout penseur (ou philosophe). Mais parti pris, avec tout ce que cela exige de doute et d'entraînement. Valéry nous prévient, d'ailleurs, qu'écrire c'est traduire, et cette prise de position est d'autant plus pertinente qu'elle est reprise dans ses *Variations sur les Bucoliques* qui serviront d'accompagnement à sa traduction en vers du texte de Virgile. Déjà le mot de *Variations* permet un élargissement essentiel de l'activité du créateur-traducteur : « Écrire quoi que ce soit [...] est un travail de traduction exactement comparable à celui qui opère la transmutation d'un texte d'une langue dans une autre » (Valéry, 2016, 3, p. 1408). Proust, comme nous le rappelle William Marx, a dit presque la même chose. « Le devoir et la tâche d'un écrivain sont ceux d'un traducteur » (Marx, 2002, note, p. 274 ; Proust, 2011, 2, p. 1408). Mais je mettrai, du côté de chez Proust, une sorte de trilogie : *mémoire-traduction-écriture* (en interaction constante). Chez Valéry, c'est avant tout *traduire le fonctionnement mental* – ce qui concerne également une connaissance fine des procédés du langage. Et pour reprendre à nos fins ce même passage de Proust, « le seul livre vrai, un grand écrivain n'a pas dans le sens courant à l'inventer puisqu'il existe déjà en chacun d'entre nous, mais à le traduire » (*ibid.*).

La traduction est d'abord un travail d'écriture au sens plein du terme, en même temps qu'un travail de transformation que Valéry a finement commenté dans ses *Variations sur les Bucoliques*. Transmutation, c'est le changement d'une substance en une autre en mettant l'accent sur l'opération même de transmuer. Valéry confère ici un double intérêt fusionnel aux mots de « substance » et « autre » dans sa traduction des *Bucoliques*. Le texte traduit sera nécessairement *autre*, jusque dans sa *substance*.

Il y a, comme le note William Marx, une sorte d'apologie des « belles infidèles » chez Valéry. Et puisqu'une telle infidélité est incontournable et inévitable pour Valéry, il ne reste qu'à se rattraper par la beauté du texte traduit. Ajoutons, comme William Marx (2002, p. 280), que dans ces « belles infidèles » de la traduction, la notion de beauté est tout aussi « mobile » et « fugace » que celle de fidélité. Pire encore, dans une « Lettre sur Mallarmé » il écrit : « La définition du Beau est facile : *il est ce qui désespère.* » (Valéry, 2016, 1, 1220) – prise de position capitale chez le maître, Mallarmé. « "Je chanterai en désespéré !", disait ce dernier, dans une lettre à Henri Cazalis » (Mallarmé, 1998, I, p. 696). Et comme le remarque Valéry :

> Rien ne m'a plus désespéré que la musique de Wagner. (Et je suis loin d'être le seul.) N'est-ce pas le but suprême de l'artiste – *Désespérer !*
>
> Et celui-ci m'a donc appris quantité de choses. Il m'a désespéré autrement que Mallarmé – Ce dernier plus directement, car son métier m'était plus intelligible – Mais M[allarmé] lui-même était désespéré par W[agner] (Valéry, 1957-1961, XXIV, p. 564).

Ils connaissaient (Valéry et Mallarmé) les limites de la poésie par rapport à la musique – mais ce sont les mécanismes du beau qui restent indicibles, indescriptibles, etc.

> Le Beau implique des effets d'indicibilité, d'indescriptibilité, d'ineffaçabilité. Et ce terme lui-même ne dit RIEN. Il n'a pas de définition, car il n'y a pas de vraie définition que par construction (Valéry, 2016, 3, p. 120).

Pour lui, « Le Beau est négatif » (*ibid.*). Il serait aussi *en* négatif – dès que l'on cherche à le décrire.

Et n'oublions pas que le langage a son côté obscur : « Ce qui obscurcit presque tout c'est le langage – parce qu'il oblige à fixer et qu'il généralise sans qu'on le veuille » (Valéry, 1957-1961, I, p. 491). Et si Valéry estime que « Le langage est plus propre à la poésie qu'à l'analyse. » (Valéry, 1957-1961, II, p. 190), il ne cesse de traiter le langage comme un *instrument*. Et la poésie a toujours pour référence « quelque langage idéal » (voir Valéry, 1957-1961, XII, p. 528). Ici nous retournons aux « questions de transmission » (*ibid.*) sur le plan musical, mathématique… avec tous ces défauts qui nous poussent à entamer une nécessaire analyse (future) de « la *relativité* du langage ». Une raison de plus pour ne pas classer Valéry parmi les structuralistes !

Il est vrai que peu de traducteurs consacrent de la place aux problèmes de l'acte de traduire proprement dit dans leurs préfaces, et ils minorent ainsi la partie théorique de leur pratique en proposant quelques lieux communs ou quelques renseignements historiques lapidaires – presque comme s'ils avaient honte de parler de leur démarche traductive. Et s'il y a une « praxéologie » de la traduction chez Jean-René Ladmiral qui base ses théorèmes sur une expérience pratique, il y a chez Valéry un poète qui lie, de façon presque inextricable, sa poésie à une contemplation se nourrissant d'elle-même, afin de mieux réfléchir sur les mécanismes de l'acte d'écrire – et de traduire, au sens large du terme. Ne bâtissons pas ici une *théorie*, mais restons un instant dans les parages étymologiques car il s'agit véritablement de *théa* (contemplation) et *horáô* (regarder, voir) dans un *theatrum* (théâtre) – ce lieu où l'on regarde une véritable mise en scène du langage.

Voici le passage où le poème se traduisant se traduit.

> Quel poème admirable que la contemplation se nourrissant d'elle-même. Répétition sans accoutumance, répétition qui excite le désir et provoque la conscience au lieu de s'en défaire peu à peu.
>
> Ce qui ne fait penser à nulle autre chose ; et puis au lieu de s'éclairer par la pensée, – l'éclaire, cela est beau, et par sa seule présence (Valéry, 1957-1961, V, p. 524).

C'est dans le contexte d'un théâtre de l'esprit qu'apparaît « ce rôle apparent merveilleux du je ne sais quoi mental » (*ibid.*) et verbal[1].

Afin de mieux saisir l'importance particulière du langage pour Valéry, commençons par ce constat, dans les aires linguistiques et psychiques

1 Mais nous sommes loin, esthétiquement et intellectuellement, des *Contemplations* de Victor Hugo (1856) et encore davantage des *Méditations poétiques* de Lamartine (1820).

(« L/ψ »), sur l'inséparabilité du langage d'une société – source toujours d'immenses débats pour les traducteurs.

> L
>
> ψ
>
> Le langage est inséparable d'une « Société » – c'est-à-dire de rapports par tâtonnements, échanges de fait, contagions mimiques – entre une quantité de *semblables-dissemblables.*
>
> Il ne représente donc pas directement un document *pur* des propriétés psychiques – lesquelles d'ailleurs, sont d'abord des *virtualités*, dont les développements sont irréguliers, et ces irrégularités dues surtout aux événements et accidents que le milieu sensible et surtout *social* impose à l'individu – tout en le *créant* comme individu. Je ne sais ce qu'eût été ma pensée si j'avais été élevé en Chine et instruit au langage chinois.
>
> Ce qui me reste de « moi » après cette formation, ce à quoi elle ne me donne pas les moyens de répondre, ce à quoi elle me fait répondre sans que je me doute même que je pourrais répondre tout autrement – c'est là le domaine des *chances* de ma « personnalité » – – qui n'est que la non-congruence totale de mes réactions avec les circonstances (Valéry, 1957-1961, XXVI, p. 785).

Cette non-congruence joue un rôle capital surtout chez le traducteur car « les langages ne se superposent pas » (Valéry, 1957-1961, IX, p. 150).

> L'anglais ne se superpose pas exactement au français –
> À chaque mot ne correspond pas un mot.
> Mais bread = pain [,] wine = vin.
> Les hommes se comprennent par les choses et par les fonctions (*ibid.*).

Disons que les mots cités ci-dessus en anglais ne renvoient pas aux mêmes images (chaudes, dorées… ou croustillantes) ! C'est au niveau de ces différences d'associations dans une langue particulière que les mots ne se superposent pas.

Il importe aussi de rappeler la position des linguistes et philosophes anglais et autrichiens qui « s'efforcent, de la même manière que Valéry, d'examiner avec la plus grande rigueur (dans différentes langues) la forme sous laquelle les propositions sont énoncées, de vérifier leur logique interne, et de déterminer si elles ont un sens bien défini et non équivoque » (Robinson-Valéry, 1963, p. 23). C'est ainsi que l'on arrive à démonter les faux paradoxes et les dilemmes linguistiques que le traducteur se doit de prendre en considération. Ce sont de telles considérations socio-linguistiques qui hantent le traducteur. Ces partis pris de Valéry furent établis un quart de siècle avant ceux du *Tractatus logico-philosophicus* de Ludwig Wittgenstein. D'ailleurs, comme nous le rappelle Judith Robinson-Valéry *(ibid.)*, on ne trouve aucune allusion directe à ce philosophe dans les *Cahiers.*

Et du côté de la littérature :

> Toute la littérature = une théorie de l'attention
> et une théorie du langage
> Tout autre « critique » est néant (Valéry, 1957-1961, IX, p. 615).

L'attention est associée à un « écart spécialisant » chez Valéry (1957-1961, *Cahier* XVI, p. 81), un acte de plongée dans le champ de la perception qui est en fonction du *volume d'air* que l'on « garde en ses poumons » (*ibid.*, VIII, 236-237). C'est un champ perceptif et mental dont la véritable forme ou empreinte réside dans le langage. L'attention reste « vecteur et potentiel » (*Cahier* XII, 391) toujours « entre crochets » (*ibid.*, XIII, 498), c'est-à-dire limitée et *ionisée* par les moyens langagiers. Elle est toujours un « acte d'attente » (*ibid.*, XIV, 147) que Valéry traduit maintes fois dans ses poèmes. Le fabricateur valéryen est celui qui porte son attention (à la surface des choses) sur les moyens langagiers.

Cette double entrée en littérature par une théorie de l'attention et une théorie du langage ne cesse d'être au cœur des partis pris de Valéry dans sa « critique » de toute notation de l'activité mentale. Pour lui, « la pensée et sa notation sont exactement congruentes » (Valéry, 1957-1961, XVIII, p. 441). Judith Robinson-Valéry (1963 p. 31) nous rappelle que « quand Valéry écrit, par exemple, $\delta^2V/\delta x^2 + \delta^2V/\delta y^2 + \delta^2V/\delta z^2 = 0$, cette équation n'est pas une façon de *traduire* sa pensée ; elle *est* sa pensée. » Mais précisons toutefois que la validité d'une équation dépend du respect des « conventions de combinaison » (Valéry, 1957-1961, XVIII, p. 441), « – condition nécess[aire] et suffisante » (*ibid.*). Et ici, Valéry ne sous-estime jamais le rôle considérable du *verbe.* Il définit les phrases comme « l'œuvre du verbe » (Valéry, 1957-1961, VI, p. 10 ; Valéry, 1971, I, p. 402-403) ou l'« auxiliaire du verbe » (Valéry, 1957-1961, IX, p. 702). Il reste particulièrement sensible aussi à la fonction des mots de relation que l'on ne doit pas (non plus) traduire à la légère. Ne tombons pas dans les pièges de ce que j'appelle l'insoutenable légèreté de la traduction qui gomme l'importance particulière pour Valéry des mots de relation.

Cette mise en relation fait partie également d'un nettoyage incontournable du système-langage pour éviter les pièges des catégorèmes et des notions. « *Transiit classificando* », dixit Monsieur Teste face à un « *jardin d'épithètes* » – un « jardin, dictionnaire et cimetière » (Valéry, 2016, 1, p. 1041). (Je vois ici une sorte de réponse à Kant que Valéry traita d'ailleurs d'« herboriste » (Valéry, 1957-1961, V, p. 657) !) « *Doctement mourir… Transiit classificando* » (Valéry, 2016, 1, p. 1041). Mort, d'ailleurs, par épuisement du possible, « par l'exhaustion totale des possibilités du système d'un homme individuel » et non « mort accidentelle » (Valéry, 1957-1961, VII, p. 690). « *Doctement mourir… Transiit classificando.* » – avec cette excellente traduction de Michel Jarrety : « Il passa sa vie à faire des classements » (Valéry, 2016, 1, p. 1041). Ajoutons ici la fascination valéryenne pour la combinatoire dérivant des catégories et des classifications à la Mendeleïev (voir, Valéry, 1957-1961, XII, p. 323 ; XVII, p. 818-819) et même, hypothétiquement, dans les types zoologiques (*ibid.*, XIX, 795). Et nul ne saurait ignorer la même rigueur qu'apporte Valéry jusque dans l'organisation des éléments du poème. Ici encore, il fait primer la *relation* sur la *notion*. D'où, une fois de plus, la nécessité d'une attention particulière de la part du traducteur.

Valéry ne souhaite utiliser les rares notions qu'il accepte (provisoirement) que comme des pièces fonctionnant dans un système particulier.

> Il faut considérer les *notions*, non en soi et isolables, mais))comme *parties*, éléments, pièces de *systèmes fonctionnels actuels.*((
>
>)On *voit alors la Variation de leur probabilité d'arrivée* ou d'*excitation.* Ainsi un h[omme] qui s'endort, et balbutie ; un homme trouvé ou en fureur –, un homme très maître de soi, calculant, différent *reculant* l'émission ; ne jetant pas (même à soi) le premier terme venu(
>
> Alors le mot venu répond à l'état et à la circonstance –
>
>)))Tantôt comme *tiré au sort*, – tantôt comme *voulu* par l'objet ou le besoin précis, ou *l'interlocuteur.*(((
>
> (Valéry, 1957-1961, XVI, p. 714).

Il nous rappelle souvent que les mots et les *notions* ne sont pas *isolables* (comme en chimie). Ce sont, en effet, les « opérations de la parole » qu'il faut considérer d'abord.

> […] il faut passer aux vrais problèmes – Mais avant, nettoyer le langage, et se faire une idée nette des opérations de la parole – des transformations qu'elle permet et de leur vraie valeur.

> L'objectif est de reprendre et refaire en pur avec l'extension et les suppressions qui en résultent le domaine d'action mentale et de représentation (Valéry, 1957-1961, XVII, p. 371).

Méfions-nous toutefois des excès des tentations terminologistes et lexicalistes ! Et pour Valéry, il est difficile, voire impossible, d'avoir une « idée nette » de ces « opérations ». C'est le cas aussi d'une phrase, d'un vers ou d'un rythme…

> Cependant que j'écoute de ces dissertations auxquelles ni les « documents », ni les subtilités ne manquent, je ne puis m'empêcher de penser que je ne sais même pas ce que c'est qu'une *Phrase*… Je varie sur ce que j'entends par un *Vers*. J'ai lu ou j'ai forgé vingt « définitions » de *Rythme* dont je n'adopte aucune… (Valéry, 2016, 2, p. 271).

Il n'empêche que ces limites auxquelles il revient sans cesse ne sont que l'arrière-plan d'un immense travail tout en préparation, et jamais achevé ; et il importe à chaque lecteur-créateur-traducteur de forger ses propres outils. Ailleurs, il évoque une sorte de nébuleux dont fait partie la phrase (en l'occurrence) et qu'il faut démonter pour mieux faire émerger la fonction du rythme (en succédané) : « Le secret du rythme est dans le nuage des *suites* » (Valéry, 1957-1961, XX, p. 230). Et ces *suites* existent essentiellement sous forme d'attentes.

> Toute phrase, tout vers est une attente – un mouvement préparatoire : le sens total se décide à la fin.
>
> S'il est deviné à mi-chemin, la phrase est fichue.
>
> Toutefois cette attente peut, chez l'auditeur, jouer à contre-sens. Il peut attendre ce qu'il pense, ou attendre du nouveau (Valéry, 1957-1961, V, p. 519 ; 1987-2016, XIII, p. 340).

En effet, la poésie est « la création de l'attente » (Valéry, 1957-1961, XII, p. 660). Le traducteur doit savoir aussi *faire attendre certains mots* sur la page. Ajoutons, entre parenthèses, que la phrase allemande a cette possibilité de faire attendre à merveille le verbe. Et c'est une théorie du verbe qui commence à préoccuper le jeune Valéry (lettre à Gide du 29 août 1900) ainsi qu'une volonté de

> […] construire une loi de toutes les syntaxes qui enfermerait dans une seule expression les nécessités multiples de l'ordre des mots, de leur accord ; et qui

> déterminerait l'unité, – quand à la compréhension – des phrases (Valéry, *Michel Bréal : La sémantique (Science des Significations)*, 2016, 1, p. 211).

Ce sont, bien entendu, les *effets de mots* (et non les mots isolés) qui font, chez lui, l'objet d'une étude rigoureuse, toujours dans un contexte formel – et surtout fonctionnel :

> L'artiste traduit non mot par mot, mais effet produit par effet à produire.
>
> La plus belle et forte situation intérieure n'a nul rapport nécessaire avec le langage.
>
> L'art commence par le sacrifice de la ~~rigueur~~[2] fidélité à l'efficacité (Valéry, 1957-1961, IV, p. 479 ; 2006, X, p. 104).

Ici se résument quelques aspects d'une sorte de fidélité restreinte chez Valéry dans le domaine de la traduction – restreinte inévitablement par le « sacrifice de la fidélité », mais jamais de l'« efficacité » d'un effet de mots. Toute la démarche traductive valéryenne « s'inspire d'abord d'une théorie de l'effet du texte sur le lecteur » (Marx, 2002, p. 263). Le traducteur du poème est de prime abord à la recherche d'un effet (de sens). Mais gare aux effets de délayage lors de la traduction d'un poème au détriment de sa vocation *magique* et *incantatoire* (*Charmes* de Valéry) où « la parole a *sens* et *effet* » (Valéry, 1957-1961, XI, p. 742).

> Le *sens* même du très beau vers s'altère par la traduction en prose. Et c'est là le propre même du vers. Le sens n'est plus le même et on semble n'y avoir pas touché.
>
> Le vers doit avoir un caractère *magique* ou ne pas être. C'est l'état pur, repris par sélection, cultivé sans mélange d'erreurs d'une propriété du langage, jadis vouée à des superstitions. L'incantation magique *rimée* dans l'Apologie d'Apulée[1]. Tous ces *a* lugubres et comiques (Valéry, 1957-1961, V, p. 585).

Une lecture (même hâtive) du fragment ci-dessus ferait de Valéry un cibliste qui se concentre sur les mécanismes que visent l'« effet produit » et ses « altérations » afin de mieux réfléchir sur « l'effet à produire » toujours imminent, toujours inachevé et à reprendre sans cesse. Ceci reste dans la lignée des pensées valéryennes du type suivant : « Quel poème admirable que la contemplation se nourrissant d'elle-même – » (Valéry, 1957-1961, V, p. 524 ; 1987-2016, XIII, p. 345). Et, « J'ai toujours

2 Le mot barré (« rigueur ») n'est pas reproduit dans l'Édition de la Pléiade des *Cahiers*.

fait des vers en m'observant les faire, en quoi je n'ai peut-être jamais été seulement poète » (Valéry, 2016, 1, p. 1704). En effet, être poète c'est être traducteur. Pour Valéry (1957-1961, XX, p. 43), « *Poét[ique]* » signifie « étude totale du *langage* » et « organisation d'un Possible » (*ibid.*, 1957-1961, XX, p. 17) sous forme de « vie synthétique illusionniste nerveusement vraie [...] » (*ibid.*, 1957-1961, XXVII, p. 136).

Mais l'acte d'écrire demande toujours un certain « sacrifice de l'intellect » (Valéry, 2016, 1, p. 1010), « *sacrifizio dell'intelletto* », disait aussi Valéry (2016, 1, p. 765) dans cette langue qui lui est chère. C'est un *leitmotiv* valéryen qui trouve un autre versant : « Un poème doit être une fête de l'Intellect » (Valéry, 1957-1961, VI, p. 220). Mais c'est sans doute cette dernière citation qui a minoré et masqué pour certains critiques l'importance de tout ce qui est sensuel dans sa poésie. Encore des garde-fous pour le traducteur qui tire trop hâtivement, et hors contexte, une loi linguistico-esthétique.

Il est question, dans toute son œuvre, et en particulier dans *Alphabet*, de « Peindre le changement de degré de conscience – Ce transport de l'objet dans un ∞^{p+1} » (Valéry, 1957-1961, XII, p. 621). Autrement dit, la notion de conscience est surtout abordée au sens de « *prendre* conscience » chez Valéry (1957-1961, VII, p. 328-329). Et il faut rappeler qu'il s'agit toujours pour lui d'une représentation, et jamais d'une explication. Notons ici, entre parenthèses, que le mot « Expliquer », le simple verbe à l'infinitif, fut proposé lors d'une récente épreuve de philosophie au concours d'entrée de l'École normale supérieure. J'aimerais savoir combien de candidats sont tombés dans le piège des explications !

C'est, en un sens, ce travail infini, loin de toute explication (définitive ou autre) qui me permet de ranger Valéry du côté des traducteurs-ciblistes. Pire encore, trop de traducteurs dans le domaine poétique oublient toujours que l'on fait un poème avec des *mots*, et non avec des *idées*. Ce fut la réponse de Mallarmé à Degas : « [...] ce n'est point avec des idées qu'on fait des vers. C'est avec des mots ! / Il y a là une grande leçon » (Valéry, 2016, 1, p. 1686 ; voir aussi Valéry, 2016, 2, p. 552).

Thème repris en traductologie par Daniel Moskowitz, (*cf.* J. P. Vinay et Darbelnet, 1968, p. 37) – et bien entendu, par Jean-René Ladmiral (1994, p. 220). Il ne faut jamais que la traduction *des idées* dévalorise la texture des mots ou la valeur sonore/rythmique d'une séquence de mots *au service du sens* – et surtout d'un *effet à produire.* Valéry reste fortement campé du côté du : « Langage – sujet d'éternelle méditation – car c'est l'*univers* de la pensée – » (Valéry, 1957-1961, IX, p. 43) ou en d'autres termes :

> Les esprits sont dans le langage comme les poissons dans l'eau.
> Les poètes sont les plus agiles et les plus inquiets de ces poissons, dont quelquefois ils sont aussi les plus beaux.
> De temps en temps, quelqu'un de ces poissons essaie d'être un poisson volant ; il saute hors de l'eau. Il bondit hors du langage dans l'écume des pensées, le vent pour tenter de comprendre cette mer où il est plongé. — (Valéry, 1957-1961, IX, p. 61).

En effet, nous autres, êtres de langage (traducteur, etc.), nous sommes comme des poissons dans l'eau – et nous admirons ces poissons dont l'agilité fait disparaître le *composé* linguistique :

> Le probl[ème] du langage serait pour moi la recherche des conditions de création des « parties du discours » – et de l'institution de la « proposition », de la « phrase ».
> La compréhension est l'annulation de la phrase en tant que composé linguistique –
> C (a,b p) Ô 0 (Valéry, 1957-1961, XVIII, p. 636).

L'accent est toujours mis, chez Valéry, sur la technicité phrastique qui doit disparaître lors de la compréhension. Il en va de même pour la traduction d'un texte où l'effort doit aussi pouvoir s'annuler pour aboutir à un effet cristallin. Mais il s'agit surtout d'un idéal : les « belles infidèles » et le « sacrifice à la fidélité » sont provoqués et amplifiés par une méconnaissance des mécanismes et des possibilités du langage, méconnaissance également du processus de la traduction – un processus inlassablement en cours d'élaboration.

Pour Valéry (1957-1961, XIII, p. 590), le langage est « provisionnel », « provisoire, transitif par essence » (*ibid.*, 1957-1961, XII, p. 204), fait de simples « emplois de passage » (*ibid.*, 1957-1961, XV, p. 722), comme la philosophie qu'il réduit à une « spéculation sur un langage donné » (*ibid.*, 1957-1961, XVI, p. 560). Il lui est impossible de « considérer tout ce qui est langage autrement que comme associatif, "transition – valeur provisoire –" "moyen de transformation" » (*ibid.*, 1957-1961, XVIII, p. 858). Tout cela est lié à l'instabilité fondamentale du sensible et du psychisme. Et il considère les tentatives de donner une valeur au contenu *particulier* d'une pensée comme « essentiellement provisoire car valeur, c'est échange » (*ibid.*, XX, p. 240) et rien de plus. (Nous verrons la fonction de la *fiducia* dans un autre chapitre.)

Tout ce qui n'est pas vérifiable, ou du moins *suffisamment vérifiable*, est réduit au « transitif » (*ibid.* XVIII, p. 96). Rappelons aussi que Valéry sépare nettement le « réel » du « vrai ».

> Il est des choses vraies qui ne sont pas *réelles* si l'on donne à ce mot *réel* le sens d'observable et vérifiable.
>
> Ainsi un fait du passé peut être *vrai* – il n'est jamais *réel.*
>
> Dire qu'il est *vrai*, c'est dire qu'il est attesté par plusieurs concordants et « dignes de foi » (Valéry, 1957-1961, XVIII, p. 94).

C'est le cas pour lui des témoignages et des souvenirs. Et même la science pour lui n'est que vérités provisoires. C'est une des clés de son analyse du fonctionnement du langage.

JUSTICE ET MOTS JUSTES

On peut dire que Valéry traduit sans cesse les notions en justice – et les « exécute » au sens pénal du mot. Et pourtant, la justice « est une *improbabilité* » (Valéry, 1957-1961, IX, p. 40). *Idem* pour le « mot juste ». Ajoutons que la justice « est conséquence, non cause, non principe – non du tout *naturelle* » (*ibid.*, XIV, p. 381). C'est aussi un mot qui a pour lui une valeur théâtrale, relevant d'une certaine mise en scène :

> L'idée de *justice* est au fond une idée de théâtre – de dénoncement – de retour à l'équilibre après quoi, il n'y a plus rien – on s'en va – Fini le drame.
>
> Idée essentiellement populaire = théâtrale –
>
> *Cf. prendre à témoins* – les gens assemblés et les dieux (Valéry, 1957-1961, XVII, p. 117).

J'ajouterai que la traduction dans le domaine juridique a pour but la *conformité d'usage* (théâtral) (souvent fort différent) dans deux aires linguistico-culturelles, ainsi que le côté pragmatique du sens/usage des mots. Il y a également la mise en scène d'attributs – de mots chargés artificiellement de « substance » et de substantivité : « Les abstractions sont des *attributs* promus au rang de *sujets*. / Le *juste* → justice[.] Etc. » (*ibid.*, XVI, p. 743).

Ailleurs, Valéry (*ibid.*, XVI, p. 320) évoque la notion de « justice suffisante » (qu'il laisse entre guillemets). Ce serait sans doute une justice par rapport à un contexte donné, ou même « une notion toute sentimentale [...] » (*ibid.*, 1957-1961, XX, p. 130), qui, comme le « mot juste », est pure mise en scène. C'est le cas également de tant de mots qu'il faut à son avis « oublier, et, quand on les entend, les traduire ». Ainsi, faudrait-il que le mot de « Droit » soit effacé de partout et des esprits, afin que « personne ne s'endorme » (Valéry, 2016, 1, p. 1070). Jugements valéryens toujours impitoyables à l'égard de toute forme d'inflation verbale dans la société.

LE LANGAGE INTÉRIEUR

> De quoi se compose le langage intérieur réel ? Cela a l'air connu et ne l'est point. Et l'on touche le point de l'intraductible. Là il faut bien s'arrêter et trouver q[uel]q[ue] chose qui se comprend de soi-même.
>
> Ce qu'on appelle ordinairement *pensée*, n'est *encore* qu'une langue. À vrai dire très particulière et dont les axiomes diffèrent beaucoup des axiomes du langage ordinaire.
>
> Mais où commence la traduction ? et quoi est traduit ? Il ne s'agit pas d'aller inventer un fond inexistant. Mais le critérium sera : Si tel fait mental est une traduction ou une représentation – il y a une relation entre ce phénomène et le phénomène traduit. Mais si ce dernier a été traduit c'est qu'il est presque impossible de le *connaître* en lui-même. La traduction ne peut aller que vers le plus clair.. ou amplifier – ou *quitter* – (Valéry, 1957-1961, II, p. 95-96).

Le langage intérieur, c'est « l'intraductible » pour Valéry. Dans la citation ci-dessus, il utilise ce substantif pour la première et unique fois. Notons aussi qu'il ne paraît ni dans le Littré, ni dans le dictionnaire de l'Académie française, ni dans le Trésor de la langue française. Intraduisible serait couramment employé dans le cas de la traduction d'une langue à une autre. Intraductible, d'après le contexte valéryen ici, est applicable à ce qui n'est pas encore une « langue » ou, à ce qu'on ne comprend pas soi-même. Valéry emploie l'adjectif « intraduisible » dans ses œuvres publiées et dans ses *Cahiers*. La rareté du terme qui figure dans la citation ci-dessus (p. 110) renforce certainement le côté inconnu du langage intérieur. Le langage intérieur inconnu est l'intraductible, par rapport au « Cogito » qui est « un intraduisible état ? » (Valéry, 1957-1961, IV, p. 393 ; (Valéry, 2016, 3, p. 280) (mise en question ici). J'oserai dire que le *cogito* n'est pas *traduisible en termes « monétaires »* ou *en « pièces sonnantes »* sur le plan philosophique.

Les mots « traductible » et « traduisible » sont présents dans le *Trésor de la langue française*. En anglais, il n'y a qu'un seul mot : *untranslatable*, et en allemand, *unübersetzbar*. En revanche, *untranslatability* et *Unübersetzbarkeit* semblent basculer vers l'intraductibilité et l'intraduisibilité selon les cas. Il reste toute une étude ultérieure à faire dans ce domaine du côté de Greimas, Cortés, Derrida et cie.

DANS LES PLIS DE L'ÉQUIVALENCE

Je ne saurais ne pas reprendre ici (à rebrousse poil) la notion d'équivalence, qui a fait couler tant d'encre en traductologie, pour la remettre dans un contexte valéryen.

Valéry met souvent en question les emplois factices de mots comme ressemblance et observation. Dans un texte intitulé *Vraisemblance et ressemblance*, il évoque son « Grand débat de jadis avec Marcel Schwob devant le *Descartes* de Hals : il le trouvait *ressemblant*. / – À qui ? lui disais-je » (Jarrety, 2016, 3, p. 470). Il nous rappelle dans une autre variante de cette pensée que Schwob « ne souffrait pas qu'on le misse en doute. / Il était grand amateur d'histoire » (*ibid.*, 3, p. 421). Et dans la troisième variante, Schwob lui dit : « *Ainsi DEVAIT être Descartes* ! » (*ibid.*, 3, p. 1186). Infiniment rares sont les moments où le traducteur dit : « *Ains*i DEVAIT être la traduction d'un poème ! » (Nous analyserons dans un autre chapitre le cas de la re-création poétique par le père Cyprien d'un texte particulier de Saint Jean de la Croix.) Valéry reste toujours archi-fidèle à sa notion (classique, d'ailleurs) de *belles infidèles*.

Une lecture cursive des textes de Valéry mène le traducteur loin de toute notion d'équivalence fondée sur une supposée superposabilité conceptuelle, culturelle, linguistique. Cela est valable même pour les aires linguistiques qui semblent proches. Le lecteur découvre toujours dans le texte d'origine un tissu de relations qui non seulement se distribuent autrement dans sa traduction, mais qui s'élargissent sans cesse dès que l'on *décèle* ou *descelle* l'original (pour reprendre ici deux verbes-clés de Derrida) (2005, p. 8).

Desceller le texte ne passe pas par un mouvement linéaire des mots à la phrase, de la phrase à son contexte (textuel et culturel). On ne suit pas non plus le chemin inverse. Dans la pratique, il y a une sorte d'*aller et retour* incessant avec, bien entendu, une nécessaire construction d'un glossaire.

Afin d'approfondir ce regard sur les « équivalences » – et pour éviter qu'un *point de vue* théorique se fige autour de la construction du comparable – je propose de suivre de près le *champ* d'expérimentation scripturale et orale chez Valéry. Il est essentiel que le traducteur-passeur conserve et fasse valoir une véritable formation de *textualiste* et d'*exégète* pour mieux se concentrer sur les *conditions de montage génétiques* et les *champs de force* spécifiques de chaque vers/phrase/paragraphe en les reformulant dans un ensemble qui tend vers la *cohérence* et la *résonance* organisationnelles de l'original. Les notes de Valéry sur le *poïein* nous permettent de concrétiser un certain nombre de réflexions incontournables, préalables à tout acte de traduire. La recherche du traducteur, comme celle du poète, repose sur une analyse fine des possibilités du *dire* avec, au cœur de l'art poétique, le rythmique qui inclut toute la palette des mécanismes de l'émissif et du *suspensif*. Notre rapport au poème reste distinct de celui des autres genres littéraires. Et il va sans dire que les discontinuités et les écarts du langage fascinent les philosophes autant que les poètes. (Pour Valéry, même la philosophie est une affaire de forme.) Bref, le *préformé* sur papier (avec ses inachèvements inévitables) est peu de choses sans les exigences du *performatif* dans le domaine vocalique. C'est pourquoi nous restons résolument du côté de la *parole* avec ses « ligatures », et d'une *géographie textuelle* avec ses *connexions*, *liaisons*, *associations*, *voisinages*, *enchaînements*, *agencements*, *rapprochements*, *proximités*, *soubassements et accommodations* – sans oublier pour autant les inévitables cas de *fracture*, d'écart, d'éloignement ou de *distance* voulus ou non, dans tout *acte* d'écrire. Mais ces ligatures, que nous transmutons, restent trop souvent au niveau de la pure partition textuelle et se transforment parfois mal en acte de la *parole* et acte de la *voix*. Valéry se campe au cœur même de la matérialité des *mots en acte*. D'où la nécessité de respecter en traductologie, comme nous le rappelle Derrida, non le *mot à mot*, ni *le mot pour un mot*,

> mais de rester néanmoins autant que possible près de l'équivalence d'« un mot *par* un mot » ; et donc de respecter la quantité verbale comme quantité de mots dont chacun est un corps indécomposable, l'unité indivisible d'une forme sonore incorporant ou signifiant l'unité indivisible d'un sens ou d'un concept (Derrida, 2005, p. 25).

L'équivalence repose davantage sur un écart que sur une ressemblance. Et quand Valéry écrit, par exemple :

> Je trouve dans la pensée, matière et mouvement.
> – C'est une analogie, rassurez-vous (Valéry, 1957-1961 V, p. 240 ; 1987-2016, p. 56).

il évoque les limites des analogies, teintées de réticences et de résistances de sa part. Et plus loin : « (Par analogie,) le mécanisme de la pensée m'est caché » (Valéry, 1957-1961 V, p. 312 ; 1987-2016, p. 127). Les équivalences sont truffées d'arbitraire – quelle que soit la finesse des jeux de substitution ou des analogies (avec la physique, etc. qui foisonnent dans les *Cahiers*), et quelle que soit la rigueur qu'y accordent le littérateur et le traducteur. Valéry pousse la notion d'équivalence et de non-équivalence (comme celle de traduction) jusque dans les moindres confins de la conscience de soi, du rêve et du langage – bien au-delà des limites traditionnelles que l'on utilise en traductologie. Je n'oublie pas que pour lui « I + R = K » (Image + Réalité = Connaissance) – équation qui paraît pour la première fois sous cette forme dès les premiers *Cahiers* (Valéry, 1957-1961, I, p. 93 ; 1894-2016, I, p. 174) et réutilisée maintes fois par la suite. Prenons l'exemple suivant :

> On peut – par une *décision* très naturelle – concevoir donc toute activité de l'ordre ψ totalisée pour être opposée à toute l'activité φ et imaginer des relations entre ces 2 groupes simultanés.
>
> Le plus simple est φ + ψ = K par rapport à [*passage inachevé*] (Valéry, 1957-1961, XII, p. 258).

La simplicité et la beauté d'une équation, ou d'une formulation algébrique, par le truchement d'un 0, ainsi que le rôle d'un *cercle*, d'un *point*, sont sujets d'enchantement pour ceux qui cherchent (comme Valéry et les scientifiques) à réduire leurs connaissances à un noyau dur opérationnel. Mais dans le domaine de la conscience, les similitudes amies se transforment en approximations provisoires. Et chez Valéry, la notation mathématique est une esquisse d'une relation, toujours à peaufiner – jusque dans une sorte de géométrie fonctionnelle du psychisme sous forme d'équivalence et d'équations de condition.

> L'un des principes de ma « philosophie » est celui-ci.
>
> Si nous regardons la pensée comme une fonction dont chaque pensée est un acte de fonctionnement tout ce que n[ou]s manifeste cette pensée est borné par les conditions de ce fonctionnement – ou modifié par elles – de même la perception l'est par des conditions fonctionnelles des sens.
>
> Il faut donc essayer de mettre ce fonctionnel en évidence.
>
> J'ai songé, dès les débuts, à chercher des sortes d'équations de condition – qui étaient des équivalences conservatives ou bien des limitations analogues à celle du nombre de dimensions.
>
> Et avant tout, la plus importante et la plus sensible, la *variation propre* de tout ce qui est *psychique, l'impossibilité de durer*, essentielle à ce qui est mental, en tant que ceci est conscience présente (Valéry, 1957-1961, XX, p. 211).

Valéry travaille également dans ses *Cahiers* sur des exemples de ce qu'il appelle des « Équivalences – effets identiques. » en français telles que « je me / je te / je le // ______ // tu me / tu te / tu le // ______ // il me, se / il te / il le [etc.] » (Valéry, 1957-1961, IX, p. 160). Mais dans le cas de « je me voyais me voir », il est question de traduire clairement l'opération mentale évoquée souvent à la légère par ce *Je* et ce *me* et leur écart fondamental. En revanche, le jeu spéculaire et la véritable fonction du *je* et du *me* se transforment autrement dans les cas suivants : « Je me lave, je me lève, je me couche… » À cause de la distortion inhérente (pour ne pas dire la mauvaise utilisation) de ces expressions « réfléchies », il y a de nombreux moments où Valéry aurait souhaité les mettre au placard !

L'équivalence ($\Leftrightarrow$) qu'elle soit réflexive ($x = x$), symétrique ($x = y$ alors $y = x$) ou transitive (si $x = y$, et $y = z$ alors $x = z$) ne pose pas de problème dans un jeu de mathématiques. Et aujourd'hui, on met sous le mot « donc » le symbole « $\Rightarrow$ » (symbole de l'implication – qui met en valeur la nature spécifique de la relation). La relation d'équivalence peut être représentée de la façon suivante : « ≡ », tandis que la notation « ⇔ » ou « ↔ » est réservée au connecteur. Chez Valéry (1987-2016, XIII, p. 326), les propriétés formelles « se notent par des “équivalences” qu'il élargit pour inclure : “$a = b$; $a \equiv b$; $a \sim b$”. Et dans ce même domaine ces propriétés peuvent être symétriques “$a = Kb$; b = K'a ; a + b = 0” » (*ibid.*). Mais dans le domaine de la logique, Valéry note souvent qu'il y a confusion de termes : *même, vrai, réel*, etc., voire une véritable confusion de rôles.

En jouant librement avec le mot *donc*, on arrive à une sorte d'égalité, de conséquence, d'implication (⇒), d'équivalence… C'est un mot fort mystérieux dont l'emploi est sévèrement critiqué dans ses multiples analyses des avatars du *cogito* – avatars qu'il considère comme une « Étude du cogito par traductions sans égard à la pensée de Descartes » (Valéry, 1957-1961, X, p. 371, *Aj. marg.*), où il décortique la fonction des « je » qui précèdent les verbes « penser » et « être » ainsi que celle de la petite conjonction qui les relie. Valéry (1957-1961, X, p. 373) questionne aussi la mise *en parallèle* de ces deux verbes, leur mise en relation par l'abus d'une conjonction.

> Le je suis dont il s'agit est « réalité »
> Si je n'étais pas réel je ne penserais pas
> Je pense et je ne suis pas.
> « Je ne suis pas » n'a aucun sens. Le je emporte le je suis
> Je ne suis pas = 0
> Dire : je *ne suis pas*, égale, équivaut à : je *suis*
> *Penser* : implique
> Non A = A (Valéry, 1957-1961, X, p. 373).

Ailleurs, quand Valéry utilise la notation « ≡ », c'est un « signe conventionnel-périphrase » (Valéry, 1957-1961, I, p. 164) parmi toute une palette de signes pour décrire des « relations rationnelles » (*ibid.*). Mais c'est surtout le verbe « être » – ce verbe vide – ou les abus de cette copule au service des attributs (par certains philosophes) qui est source de problèmes lors de la mise en équation du *cogito*… là où il n'y a qu'écart, simulation, et semblance de correspondance. Bref, la copule « est » ne devrait pas être admissible dans le *cogito*. Le verbe être (ou exister) serait une *possibilité* plutôt qu'une équivalence. D'ailleurs, le « “Je suis” sans attribut n'a absolument aucun sens » (*ibid.*, XIX, p. 583). Ailleurs, « il joue à la fois les rôles des signes =, <,>, ≡ (parlant par analogie) » (*ibid.*, XX, p. 278). Bref, « Le verbe "être" est utilisé dans une diversité de *jonctions* de nature très différente » (*ibid.*).

Contrairement à Descartes, Valéry ne se laisse pas « méduser » par le verbe « être » (*ibid.*, *Cahier* XI, p. 650). Pour lui, « Être = n'être rien en particulier » (*ibid.*, 1957-1961, V, p. 780). Et surtout « *Quiddité – Per se* / Ravages du verbe Être et de la forme propositionnelle » (*ibid.*, XVI, p. 207). Le verbe « être » trouve les limites suivantes chez Bertrand Russell, dans *Signification et vérité* (1969, p. 77). « Comme "est" n'appartient pas au langage primaire, "existence" et "être", s'ils doivent signifier quoi que ce soit, ne peuvent être que des concepts linguistiques qui ne sont pas directement applicables à des objets. »

Si « être ≡ se percevoir » (Valéry, 1957-1961, X, p. 371), c'est surtout « *s'altérer* » (*ibid.*, XIX, p. 456). Et le *Narcisse* de Valéry ne trouve rien dans le jeu spéculaire pour se désaltérer.

Le célèbre "*To be or not to be, that is the question*" de Shakespeare se traduit, ou plutôt se transforme, chez Valéry, de la façon suivante :

> Être *et* ne pas être, voilà la véritable « question » –
> Car être *ou* ne pas être – cela ne fait pas question (Valéry, 1957-1961, XIX, p. 277).

En effet, en termes valéryens, cela fait symétrie ou contraste dans le cas de certains emplois des mots « et »/« ou », mais ne fait pas question. Valéry se méfie de ces paradoxes de l'être et de tout ce qui est « *effet de vérité* » au théâtre (Valéry, 1957-1961, X, p. 571) et, dans le cas de Shakespeare, il note : « Je subis les "effets" Je ne les aime pas. / Le choc ne fait que nous écarter un instant l'essence » (*ibid.*, XV, p. 730). Les « effets de vérité » au théâtre se manifestent aussi « par contraste » – comme c'est le cas de la notion de réalité chez Valéry (1957-1961, X, p. 227). Ce fameux « "*To be, etc...*" "suffit au théâtre" qui n'a besoin que d'une "profondeur" de théâtre » (Valéry, 2016, 3, p. 412).

Regardons de près certaines traductions en français de ces avatars de l'être hamlétien.

> Être ou ne pas être, c'est là la question
> (Shakespeare, *Hamlet*, trad. F.-V. Hugo, 2004, p. 58).

Aucune raison de se pencher sur le ridicule et l'inélégance d'un « c'est là la » ! chez François-Victor Hugo que Gide transforme de la façon suivante :

> Être ou ne pas être : telle est la question.
> (Shakespeare, *Hamlet*, Acte III, scène 1 [traduction d'André Gide], Œuvres complètes, 1959).

Reste alors la solution bonnefidienne où le poète français fait proliférer à maintes reprises quelques rapprochements ou variantes des iambes de Shakespeare dans sa langue maternelle – souci, certes, d'apporter une certaine étrangeté rythmique au texte traduit – tout en l'assimilant le mieux possible.

> Être ou n'être pas. C'est la question[3]
> (Shakespeare, *Hamlet* [traduction d'Yves Bonnefoy], 1962, p. 98-99).

Je ne saurais manquer de citer cette fausse question shakespearienne autour de laquelle Jean-René Ladmiral peaufine un aspect capital de sa théorie traductologique dans *Sourcier ou cibliste* (2014, p. 210-211) – et, en particulier, son admiration pour la deuxième partie de la traduction de Robitaille :

> Vivre ou mourir – tout est là. (Gérard Robitaille, cité par Jean-René Ladmiral)

Enfin, il y a toujours la possibilité de satisfaire certaines exigences poétiques et philosophiques en proposant (en trochées, comme Yves Bonnefoy) la version suivante – une autre forme de *réécriture* tout en évitant une (re)mise en « question » fort déplacée :

> Être ou n'être pas – tout est là[4] !

Il n'empêche que les traducteurs allemands – Moses Mendelssohn, Christoph Martin Wieland et August Wilheim Schlegel – restent collés à la question : *die Frage.*

Pour terminer cette digression, ajoutons que parmi les nécessaires « effets de théâtre » (et même à l'intérieur de ce théâtre de substitutions

3 Mon soulignement.
4 Mon soulignement.

que nous venons d'élaborer) figure la rapidité des propos… et la nécessité chez nos meilleurs dramaturges d'une langue vive, pimentée et rapide qui *coule de source* ! – et ce, loin de tout effet de langue… soporifique. (Encore une difficulté majeure pour le traducteur de *l'Idée fixe* et autres dialogues valéryens.)

Revenons à notre *cogito.* Dans les deux citations ci-dessous des *Cahiers*, Valéry considère le *donc* comme une équivalence approximative des rapports entre les deux verbes – et deux pages plus loin, en implication.

> $\varphi + \psi = ?$
>
> L'esprit est l'instable relativement à l'ensemble de la perception « externe » – ou extériorisée.
>
> Ce n'est pas que cet ensemble ne soit changeant. Mais n[ou]s avons nécessairement une *perception moyenne stable*, référence *stationnaire* dont j'appelle φ l'effet. Il y a une sorte de pression de φ qu'on peut considérer *constante* dans certains cas – et en particulier qui doit être constante quand il y a travail mental second.
>
> Alors la perception « interne » ou ψ domaine de l'instable, ne se présente jamais comme moyenne.
>
> Et c'est là une des racines de l'attention.
>
> L'instable ne se fait stable que pour peu de temps et moyennant paiement sensible.
>
> Le monde extérieur est l'ensemble qu'on peut ou qu'on doit pouvoir considérer *stable* – En quoi il est *spatial* – Plus les sensations se substituent par équivalence – plus stable.
>
> Le monde intérieur correspond à l'instable
> Or il y a une relation
> Je pense donc je suis
> $\psi \qquad \equiv \qquad \varphi$
> Je varie donc je ne varie pas
> fluctue je (Valéry, 1957-1961, XII, p. 617).

Et encore,

> Je pense donc je suis
> $\psi \qquad \equiv\!> \qquad \varphi$
> instable stable
>
> Il espérait changer l'instable en stable, noter l'incertain par le certain ou accrocher l'un à *l'autre* –
>
> Je ne suis pas sûr *donc je* suis sûr. Je me distingue de toute chose donc je suis *chose* (Valéry, 1957-1961, XII, p. 619).

Le symbole composé, emboîté qui relie ψ et φ ci-dessus est créé de toutes pièces avec la notation ≡ qui s'intègre et se prolonge dans l'inférence (→). Valéry développe dans ce passage la note de la page 617 où il établit une relation entre le monde intérieur (l'« instable ») et le monde extérieur (le « stable ») :

Je pense donc je suis		
ψ	$\equiv$	φ
Je varie donc		je ne varie pas
Fluctue		je

Et il ajoute (p. 618) : « la différence que je symbolise (ψ – φ*)* est variable (par bonds) ». C'est avant tout la jonction de ces verbes mal définis, et associés un peu trop allègrement, qui pose des problèmes de notation – surtout par insuffisance de définition, afin de procéder par un immense « bond » et transformer le *cogito* en véritable « coup d'état psychologique » ou « magnifique cri » (Valéry, 1957-1961, p. 144).

Valéry (1957-1961, IV, p. 543) considère aussi les fonctions « je pense » et « je suis » comme concomitantes ou variables indépendantes – ou abus de parallèles, dans la citation suivante :

> Être et penser – Postulatum de Descartes
> Ces parallèles !
> [...] Mais si *je pense*, pense à autre chose qu'à soi être

À tout instant n[ou]s devons pouvoir retrouver cette relation – c-à-d. songer à *nous* au moyen de toute pensée, en tant qu'êtres.

> Le je suis dont il s'agit est « réalité »
> Si je n'étais pas réel je ne penserais pas.
> Je pense et je ne suis pas.
> « Je ne suis pas » n'a aucun sens. Le je emporte le je suis
> Je ne suis pas = 0
> Dire/*penser* / : *je ne suis pas*, égale, équivaut à /implique/ : *Je suis*[A]
> Non *A* = *A*
> « Le parallélisme » est
> [A]*Aj. fléché* : du fait de l'expression (Valéry, 1957-1961, X, p. 373).

Rappelons-le encore. Le langage fonctionne par des jeux d'équivalence (plus ou moins provisoires). Tout est là.

> Tout langage repose sur un principe d'équivalence
> que j'écris : *A* équivaut à *B* à l'égard de *C*
> ou $A \equiv B$ (mod. *C*)
> Il s'agit de préciser A, *B, C,*
> *A* = un phénomène quelconque que *quelqu'un P peut produire et recevoir* et un autre *quelqu'un Q* de même.
> *P* et *Q* peuvent être le même individu et ne diffère que par la phrase
> $Q = P + \delta t$
> $\frac{\text{Toi}}{\text{Moi}} \equiv \frac{\text{Moi}}{\text{Toi}} + \delta t$
> *B* = autre phénomène ou chose – mais non productible (Valéry, 1957-1961, XVI, p. 890).

Ce « principe d'équivalence » touche à la fois aux effets à double entrée et aux limites du langage.

> L.
> P. Le langage n[ou]s permet de *produire* immédiatement des équivalents de choses que n[ou]s ne pouvons pas produire ainsi
> Ex[emple] une couleur – – Le lang[age] a donc une fonction d'équivalence qui *consiste* à *rendre effets* de *propriétés* d'*acte* (motrices, volontaire, à double entrée) des *idées* de choses non constructibles, par actes
> Un acte local suffit à faire apparaître ces substituts quelconques moyennant une liaison à double entrée.
> Et ceci permet de créer des états d'*absence* (Valéry, 1957-1961, XX, p. 404).

Toutefois, la clé de l'analyse du fonctionnement de tels équivalents réside dans le rôle des « opérateurs », qu'il s'agisse de la logique, du calcul, ou même de nos essais sur le langage ordinaire – toujours imparfaits. Et toute combinaison de mots met en valeur non seulement des équivalences, mais des écarts, des contrastes et des différences.

VERS UNE MÉTHODE SYMÉTRISÉE

La notion d'équivalence (contrairement au mot de symétrie) ne figure ni dans l'index des *Cahiers* de l'édition de la Pléiade édités par Judith Robinson, ni dans celui des *Cahiers* I-XIII (1894-1914) de la Collection Blanche qu'elle a dirigée avec Nicole Celeyrette (vol. I-III), qui a ensuite pris la direction (entourée de nombreux collègues éminents), avant de co-diriger successivement ces tomes, d'abord avec Robert Pickering et par la suite avec William Marx. (Et je tiens ici à rendre hommage à tous ceux qui ont participé à la transcription intégrale des *Cahiers* (1894-1914) à ITEM entre 1987 et 2016. Il reste maintenant à terminer la transcription des *Cahiers* entre 1914 et 1945 sous la direction de Michel Jarrety.)

Le mot d'équivalence (si cher aux traductologues) paraît à de multiples reprises dans les *Cahiers* dans une acceptation beaucoup plus large qui englobe de multiples aspects du fonctionnement mental. Valéry accorde une valeur très privilégiée à la symétrie dans les domaines artistiques et scientifiques – place qu'il réserve au *formel* (et non au *significatif* ou à l'*accidentel* dans son équation FSA (Formel/fonctionnel, Significatif, Accidentel). Et ce sont ces notions fort complexes (comme tant d'autres) qui sont à la base de sa recherche incessante d'une *structure* du fonctionnement mental.

Dans le *Cahier* XVII (p. 186), Valéry signale l'évolution de ses rapports avec la notion d'équivalence – notion qu'il développa à partir de 1892 dans le cadre de sa recherche sur le *fini*. L'importance des équivalences et la notion de substitutions qui émergent de ces réflexions se transforment progressivement en fonctions et accommodations, attention et modulations, pouvoirs et opérations, types de réflexes (demande-réponse, va et vient, échange, etc.) – et surtout en inégalité fonctionnelle, élasticité – et self-variance. Ce n'est pas l'équivalence en tant que telle qui l'intéresse mais le mécanisme d'un tel acte dont l'essentiel réside plutôt dans ses écarts que dans un jeu de rapprochements, et d'approximations.

Autrement dit, les principes d'égalité, d'équivalence ou de similitude sont toujours éclatés lors de toute form(ul)ation d'un ensemble de valeurs.

> Ces fonct[ions] sont des producteurs de phénomènes, les uns à-tous-observateurs ; les autres, à *observateur réciproque de leur production* (un *Moi*) – et ces phén[omènes] dans chaque fonction forment un ensemble de *valeurs* – qui s'excluent. Entre ces valeurs existent, dans cert[aines] fonctions, des relations – p[ar] ex[emple] : $a + a^{l} = 0$; $(a + a^{l}) \neq (a^{l} + a)$; $a - a^{l} = a^{ll}$ etc.
>
> Ces fonctions ne sont pas toutes préétablies. P[ar] ex[emple] il suffit que *JE prenne conscience* de telle *chose, que* cette chose se *sépare*, pour qu'une fonction nouvelle se dessine, qui a pour valeurs : *1 – cette chose ; 2 – le reste.*
>
> – Alors les combinaisons –
>
> C'est le problème. (Valéry, 1957-1961, XX, p. 14).

La connaissance pour Valéry est cette mise en relation du corps, du sensible et autres phénomènes réels avec l'esprit. Et dans l'exemple suivant, il élève l'acte de comprendre (entre guillemets, comme il se doit) au rang d'un travail sur l'équivalence dans les formules suivantes :

> « Comprendre » = $t(e(\propto)) = \propto \rightarrow [e^1(\propto) = e(\propto)$
> ou plutôt $t_x(e_y[\propto]) = \propto^1{}_x$
> $\propto^1{}_x \rightarrow e^1{}_x(\propto_x) = e(\propto)$
> $\propto$ *et* $\propto^1$ = choses toutes mentales
> e, e^1 = expressions.
> t transf[ormation] travail
> ($e^1 = e$) compréhension c-à-d. répétition ou reproduction, ou acte équivalent (Valéry, 1957-1961, XX, p. 496).

Et pourtant, « Rien n'est stable, rien n'a de signification – c'est là le réel – » (Valéry, 1957-1961, IX, p. 553). « Le réel n'a point de signification. Toute signification exige un certain point de vue, (visage, livre à l'*endroit* et non à l'envers) » (*ibid.*) car « Toute vie de l'esprit est écart. / Penser est s'écarter. Élongation. [...] » (*ibid.*, XXV, p. 587). Ceci est au cœur même de la pensée valéryenne. Il n'y a que des jonctions, des zones d'affleurement plus ou moins heureuses. Message important pour le traducteur. Et cette élongation serait le développement, le prolongement ou la trajectoire de la pensée dans la durée – une pensée se pliant sur elle-même à la recherche d'une impossible équivalence – ou la non-équivalence à la recherche de son équivalence. N'est-ce pas là du *Narcisse* tout pur ?

Pour lui, les pièges (liés à tous les attributs) sont amplifiés par l'emploi du verbe être au sens de A = B. D'ailleurs, tous les rapprochements ou comparaisons chez Valéry aboutissent à une mise à distance, à une séparation, et à une distinction nette... en dépit des deux tendances traductives qu'il avait énoncées dans ses premiers *Cahiers* : 1) par résumé : P+Q+R = A, et 2) par amplification : A = P+Q+R (voir Valéry, 1987-2016, II, p. 184-185). Mais dans toutes ses propres traductions, Valéry penche du côté de la concision.

Même le *principe d'équivalence* chez Einstein a un double effet paradoxal : d'un côté, reconnaissance de son importance ; et de l'autre, frustration chez certains de ses confrères devant ce qu'il entendait vraiment par cette notion. En physique, Valéry note quelques principes d'équivalence, d'abord séparés du temps et ensuite dans la mécanique ondulatoire.

Et encore dans le domaine de la physique : « L'univers est ce qui ne ressemble à rien » (Valéry, 1957-1961, XI, p. 508 ; XI, p. 584), « donc il ne se reproduit pas » – *cf.* principe de Carnot – « tu vas te perdre dans cette pensée-formule » (*ibid.*, p. 508), donc pas d'équivalence. En effet, dans l'ordre physique « un phénomène peut se répéter ou non selon le mode d'observation » (XXII, p. 160-161). Et si on « l'*isole*, pas de répétition » (*ibid.*). Le langage exige, par exemple, « conservation de certains possibles, conservation des signes et celle de leurs sens » (*ibid.*).

VIE ET ÉQUIVALENCE

Valéry cherche les relations entre « vie » et « conditions physico-*chimiques* » pour établir une « formule qui équivaut à celle-ci : » (Valéry, 1957-1961, XIII, p. 479).

> La vie dépend des conditions que n[ou]s savons.. et celles que nous *saurons* qu'on peut traduire encore ainsi, plus naïve ; La vie dépend de conditions connues et inconnues.. mais *non de toutes les inconnues* (*ibid.*).

Et l'équivalence se poursuit avec la concession ou mise en garde suivante :

> J'allais dire = en particulier, non de celles qui ne se raccordent pas aux conditions actuellement connues c-à-d. qui sont inconcevables à partir de et *incompatibles avec* la physico-chimie actuelle. Mais celle-ci est *déjà* inconcevable si on la prend dans toute son étendue et incompatible avec elle-même. Elle contient des contradictions qu'on ne peut lever qu'en exprimant les choses dans un langage qui, lui, ne se raccorde plus du tout avec le langage qui exprime le réel sensible et ses propriétés sensibles (*ibid.*).

pour aboutir au rôle d'une figure :

> Une *figure* est le réciproque d'un acte –
> Le faire une image physiologique ou fonctionnelle de l'homme –
> Milieux – Les milieux sont multiples.
> À chacun des cycles de transf. (dont l'ensemble et les relations, antagonismes, diff[érence] de phases etc. définissent *l'individu)* correspond un *milieu* – dont

> l'importance est aussi essentielle, pour ce cycle et ses propriétés, que celle du milieu (inconnu) pour une bobine ou un circuit en électromagnétisme – Tout milieu doit se changer en énergie et l'énergie être (*ibid.*).

Dans ses réflexions sur l'art de penser, on observe *in actu* sa manière de procéder par équivalence et en même temps par touches successives. D'abord pour lui, « Prévoir équivaut à user d'un capital d'associations ». Et ces associations agissent d'après lui « selon leur vitesse extrême ». C'est ainsi que l'esprit « devance le fait » et que « prévoir » devient « Savoir = répondre avant » (Valéry, 1957-1961, XIII, p. 523). Il précise aussi que « s'il n'y a pas d'*après*, il n'y a pas de *savoir* » (*ibid.*). C'est ainsi que l´équivalence chez lui se fond dans le successif.

SYMÉTRIE : PHILOSOPHIE ET LOGIQUE

Si la philosophie, pour Valéry, est « le lieu des pensées frontières entre la connaissance immédiate et la connaissance élaborée, symétrisée, *hétérodyne*, amplifiée » (Valéry, 1957-1961, XIII, p. 98) (et tout cela pour lui est une affaire de forme !), il garde des critiques très sévères pour la logique. Il se méfie des abus de ce mot – qui le limitent trop souvent à des tentatives de symétrie – piégées par une opération mentale (qui n'est, en fin de compte, qu'un simple point de vue des points de vue) avec confusion de termes et d'identités. Pour lui (1957-1961, XX, p. 152), « Le *Vrai* des logiques est hypothétique et ne concerne qu'une conformité – ». Il réduit également la logique à des jeux où « La valeur de la déduction (lato sensu) réside dans l'équivalence du *chemin* ψ *de nécessité* et du chemin de faits » (Valéry, 1957-1961, XIV, p. 692).

La logique formelle, pour lui, se limite aux caractères « d'une notation composée ou notation de notations qui sont – réciprocité [,] symétrie ou non – [...] » (Valéry, 1957-1961, X, p. 746-747) et « [l]'intellection logique est une *transformation conservative* / Le syllogisme conserve »

> Le raisonnement
>
> 1. Socrate est homme
> 2. Socrate est mortel

> 3. donc tous les h. sont mortels
>
> est *faux*, car il n'est pas conservatif. Il introduit dans (3) ce qui n'est pas dans (1) et (2) (*ibid.*).

Pour Valéry (1957-1961, XIV, p. 12), la logique est une sorte de « combinatoire générale symétrique ». Et

> Les « noumènes » sont des créations nécessaires de l'écriture, des êtres de calcul, des *besoins* d'une certaine fonction qui est fonction logique dont l'accomplissement et la régularité exigent la symétrie, comme l'algèbre, le zéro. Comme le symbole 1 (Valéry, 1957-1961, X, p. 295).

Mais que de *traductions* en fausses symétries. Après tout :

> Le noir n'est pas contraire du blanc.
> La douleur du plaisir
> Le chaud du froid – Mais l'un chasse l'autre –
> Comment l'esprit les associe-t-il ?
> On pourrait dire que le *souvenir* de l'un est bien le contraire de la *présence* de l'autre –
> Ce qui est *appelé* pour contrebattre, souhaité pour chasser ou pour.. rehausser.
> Le bien appelle le mal pour se rehausser.
> Le mal appelle le bien pour se diminuer – et parfois appelle le mal pire –
> (Valéry, 1957-1961, XIII, p. 427).

Ailleurs, il écrit, avec humour :

> On parle de la *logique* des Français. Et on veut dire symétrie (Valéry, (1957-1961, IV, p. 789 ; 1987-2016, XI, p. 147).

SYMÉTRIE :
MATHÉMATIQUE ET CRISTALLISATION

Dans le domaine des opérations mathématiques, « La symétrie est la production du zéro » (Valéry, 1957-1961, *Cahier* XVII, p. 55). Il en va de même pour le Moi pur – qui est équidistant, détaché de tout. « Moi pur = 0 », écrivait-il. Dans le cas de l'algèbre, Valéry trouve un mouvement de la dissymétrie à la symétrie sous forme de « non-donné résultat d'opération sur le donné – » (Valéry, 1957-1961, XIV, p. 336). Ce même mouvement se trouve également entre la question et la réponse. Et Valéry fut certainement fasciné par les travaux de Pierre Curie intitulés : *Sur la Symétrie dans les phénomènes physiques.* Il fait référence à la page 121 de cette œuvre (Valéry, 1957-1961, XII, p. 318) et aux « [230] types de symétrie distincts » (*ibid.*). Judith Robinson garde le chiffre « 230 » pour ce passage dans son édition de la Pléiade, ce qui n'est pas sans nous rappeller qu'en cristallographie, les chiffres 7 ; 14 ; 32 ; 230 sont à retenir. D'ailleurs, tout ce qui structure les périodicités est source de fascination chez Valéry – et ce, dès le premier *Cahier* (1957-1961, I, p. 39 ; 1987-2016, 1, p. 83) : « Les cristaux tendent par leurs macles à passer d'un degré de symétrie à un + élevé. » Parmi les équations de Pierre Curie, Valéry note : « $S_1F_1 + S_1F_1 + S_nF_n$ = minimum » (Valéry, 1957-1961, V, p. 867). Retenons deux choses dans cette citation pour le poème : une loi de construction de l'état solide et une loi de propagation. Et comme dans le cas d'un cristal, les « impuretés » sont « éliminées » (*ibid.*, XXV, p. 866). On peut dire aussi que les mots dans un poème se comportent comme des molécules intégrables en cristallographie. Ici, les concepts de réseau et de maille cristalline ainsi que celui d'une certaine constance sur le plan métaphorique et mésomorphique (en chimie) sont à la base de la conception valéryenne du poème.

Valéry fut toujours émerveillé par les multiples symétries dans la nature : cristaux, plantes, coquilles, taches sur les pelages etc. Ce qui lui rappelle la « symétrie d'une plumée d'encre écrasée dans le pli d'un papier » (Valéry, 1957-1961, XIV, p. 301) ainsi que la symétrie des rimes et tout autre passage d'accident à la loi dans la nature et dans le discours. L'idée d'« une plumée d'encre écrasée dans un pli de papier » est reprise par Valéry (1957-1961, XX, p. 314-315) pour rappeler les curieuses symétries « utilisables en ornements » (*ibid.*) mais aussi les abus par les « adeptes du venant-mental et les explicateurs de rêves » qui en font des révélations là où il n'y a que « *mutisme pur* » (*ibid.*). Il en va de même pour « le plomb fondu, le marc etc. » (*ibid.*) utilisé pour la divination ! Confusion totale ici de sens et de signes. Mais quand la « cloche sonne » il y a un passage direct, pour certains, à « *Repens-toi* ! » (*ibid.*). Les formes géométriques des réseaux cristallins, la maille élémentaire et la multiplicité des mailles ne peuvent que faire rêver le poète et le traducteur. Mais il existe toujours dans le langage… des vides – contrairement à ce qui se passe dans la formation des cristaux ! – sujet qui ne cessa de le fasciner ainsi que les multiples autres cas où il y a génération de formes et de symétries dans la nature. Pas de « *génération spontanée* » dans la vie. Pasteur en a fait justice ! (Voir Valéry, 1957-1961, XVI, p. 22) – même si on trouve quelque chose de comparable dans l'intuition. Ce serait donc une sorte de cristallisation rapide en milieu saturé. Et Valéry n'oublie pas qu'il y a depuis Pasteur « l'idée de la vie définie par un mode spécifique de la construction de l'édifice cristallin des molécules organiques contrastant par sa symétrie avec la molécule du même corps d'origine non biologique.. » (*ibid.*, XVIII, p. 73). On peut imaginer dans l'acte poétique un passage d'un état de liquide à un état de cristal ou (à un degré inférieur et surtout prosaïque) à une structure amorphe ou vitreuse. Le poème et la formation cristalline ont ceci en commun : l'unité, le rôle de l'attente, un germe cristallin, et un tout indéformable. (Voir : *ibid.*, V, p. 24.) Après tout, le poème se cristallise sur un modèle. En termes valéryens, la cristallisation serait une certaine manière d'utiliser des lois d'association d'idées, et de condenser les relations internes du texte. Le cristal de la forme agit sur l'onde sonore du poème… et une minime faute peut briser l'édifice. « L'espoir seul peut suffire à rompre ce cristal » (Fragments du *Narcisse*). Et comme la vie et le poème, le cristal a « une unité d'assimilation – reproduction » (*ibid.*, IX, p. 483). Me voici donc « Usant le seuil secret des échos de cristal… » (Féerie). Que de métaphores pour le traducteur qui travaille sur les facettes et la densité de la structure du poème, ou comme disait Valéry dans sa lettre sur Mallarmé, leur *réfringence* ! Mais évitons de « rompre ce cristal » (Fragments du Narcisse).

SYMÉTRIE : DES MATHÉMATIQUES À LA LOGIQUE

Quelques prémisses. D'abord, « Le nom de "Science" se refuse de plus en plus à tout savoir intraduisible en chiffres » (Valéry, 2016, 3, p. 923). L'équivalence paraît pleinement avec ses titres de noblesse dans les mathématiques. Ce qui fascine Valéry en mathématique, c'est son pouvoir d'isoler et de combiner des relations – « sans égard à leur signification, mais par la structure » (*ibid.*, XVI, p. 186). C'est pour cette raison qu'il considère cette science comme le véritable royaume de la logique. Valéry admire aussi le rôle capital des idées de symétrie et d'invariance dans le domaine de la cristallographie. Mais c'est dans le domaine de la logique que le bât blesse : « Logique = procédés pour remplacer un chemin d'expérience par un jeu de signes. » (Valéry, 1957-1961, XIV, p. 581) – ce qui me mène aux pièges dans les notions suivantes :

SYMÉTRIE : LE RÉEL, LE VRAI ET LA LOGIQUE

D'abord, il faut noter qu'il n'y a pas d'équivalence entre le réel et le vrai. Le réel c'est surtout l'intraduit – « réalité [...] signifie l'intraduit – le texte original même » (Valéry, 1957-1961, VI, p. 443). « *Réel* est réponse à une hypothèse » (*ibid.*, 1957-1961, XIX, p. 514). Et si la logique pour lui « est un moyen grossier de corriger un instrument grossier (qui est le langage) » (Valéry, 1957-1961, II, p. 283 ; 1987-2016, IV, p. 252), la métaphysique en abuse à outrance.

> La logique ne s'inquiète pas de la valeur des conventions mais seulement de leur conservation. Ce qui est faux logiquement n'est faux absolument que dans la mesure où une « définition » équivaut à quelque chose.
>
> C'est chose vaine que de penser réduit aux mots.
>
> La logique est une précaution, mais restreinte et seulement apparente ; trompeuse quand on ne s'avise pas de sa nature conventionnelle.
>
> *On ne s'accorde avec soi que par sacrifice de l'accord avec les réels* (Valéry, 1957-1961, XVI, p. 178).

Il reproche aux logiciens d'avoir « oublié de remarquer que tous les jugements réels sont sous la dépendance de la phrase, de l'échelle du point de vue – et changent de valeur » (*ibid.*, XI, p. 9).

En termes valéryens, la logique repose sur des conventions ; elle n'a qu'une valeur heuristique provisoire. Valéry rejette massivement l'ancienne « falsification philosophique » qui fut d'appeler « *Vrai, le logiquement correct* » (Valéry, 1957-1961, XX, p. 213). D'ailleurs, le *vrai* fut son « objection contre la littérature » (*ibid.*, XIII, p. 17). Rappelons aussi que Valéry sépare nettement le « réel » du « vrai » dans le cas des témoignages et des faits du passé.

> Il est des choses vraies qui ne sont pas *réelles* si l'on donne à ce mot *réel* le sens d'observable et vérifiable.
> Ainsi un fait du passé peut être *vrai* – il n'est jamais *réel*.
> Dire qu'il est *vrai*, c'est dire qu'il est attesté par plusieurs concordants et « dignes de foi » (Valéry, 1957-1961, XVIII, p. 94).

D'où le cas de Zénon, où il y a abus des termes d'espace et de temps et où l'on raisonne « rigoureusement avec des mots qui ne le supportent pas et n'ont aucune vocation à les supporter » (*ibid.*, VI, p. 285). Erreur également jadis concernant les notions de relativité et d'interactivité espace-temps.

> Il y a quelque chose par rapport à quoi toutes les *idées* sont équivalentes comme le *temps* et *l'espace* (de jadis) étaient indifférents aux *phénomènes* (Valéry, 1957-1961, XX, p. 23).

SYMÉTRIE ET CONSCIENCE

La conscience, pour Valéry, est une liaison « remarquable entre les images, idées, expression – (qui sont par là *aussitôt* des parties senties *arbitraires* d'un système) *et la sensation* du *corps*, et la ou les sensations isolées ou combattues » (Valéry, 1957-1961, XVI, p. 210). Et dans ce jeu spéculaire « Les ψ paraissent localisés et équivalents, accidentels. *Tout ce qui est* s'oppose *à ce qui est*, qui veut donner valeur finie et transitoire à tout ce qui est perçu – et reconnu comme perception – » (*ibid.*). C'est également une clé de l'étude des *Cahiers.*

> Le fonctionnement de l'esprit m'a paru devoir se représenter le plus fidèlement par le *contraste*, les *échanges*, les *symétries* et *asymétries*, les *alternances* de *primauté*, les *durées* et *relations* de ces deux ordres d'*objets-états-événements* – « mécanique » dont l'*acte* est le type complet et contient tous les principes (Valéry, 1957-1961, XVI, p. 666).

Valéry souhaite analyser l'esprit en tant qu'« activité locale » mais dans le contexte d'une « existence totale, équivalence du tout » (Valéry, 1957-1961, XVII, p. 93). Et ici surtout il ne faut pas basculer dans les pièges de la notion de valeur que l'on accorde à quoi que ce soit. Jusque dans la définition des mots auxquels il se réfère souvent, comme le mot « valeur » – source de problèmes immenses quant à son usage, et thème que je réserve à mon chapitre sur la *fiducia* – Valéry se méfie du signe d'égalité, surtout là où il ne s'agit que d'approximations ou de congruence. C'est ainsi qu'il aborde la notion de valeur.

> « Valeur »^{A} ≡ 1. détermination *complète* – force de fait
> 2. de Substitution crédit/échange (A = B ∞ < A
> 3. d'*inégalité* – intensité (usage)
> ^{A} (équivalent de *vigueur*) (Valéry, 1957-1961, XVII, p. 540).

Et pour ce faire, il faut battre sa propre monnaie !

Les équivalences se poursuivent faussement entre les mots et les choses comme nous le rappelle Valéry.

>)En quoi l'idée d'une chose *est* cette chose même, et en quoi elle ne l'est pas – ou : Dans quelles *formations*, la chose et son idée peuvent se substituer sans différence d'effets ?(
>
> Cette équivalence est la valeur même de l'idée –, et ne se conçoit que dans quelque *action* (Valéry, 1957-1961, XVIII, p. 514).

Ceci est du Narcisse pur – même s'il fonde son Narcisse dans *Charmes* sur des contrastes et non sur les équivalences ou sur la mêmeté. Dans son parcours autour du mot d'équivalence figure le cas suivant où il médite sur une locution qui a valeur de substantif :

> CE QUI EST On peut considérer *ce mot composé* ou bien comme équivalent à un mot *Tout* ; ou bien, à une *partie*. (le mot *Présent* est équivalent à *partie* ayant des propriétés.. contradictoires – puisque *changeante* et pourtant *permettant des* échanges réciproques.) – (Valéry, 1957-1961, XVII, p. 882).
>
> L'être soit *en état de vie générale* et *de relation réciproque N-UPLE* pour qu'il tire de *rien* de ce qu'il l'entoure (quoi que ce soit) des valeurs précieuses.
>
> « L'inspiration » n'est au fond que cet état d'*utilisation extrême* du moment. Elle consiste à profiter immédiatement (grâce à une faculté de transformation qui peut être d'une sensibilité et d'une promptitude incroyable,) de toutes les perceptions actuelles, des incidents et remarques quelconques, et à les

> faire servir à quelque « œuvre ». – quoique n'ayant souvent aucun rapport explicable simple, légitime – avec elle.
>
> – Tout se passe comme si un *germe* – intention, désir, excitation particulière, éveillait, attirait à soi tout ce qui dans le possible acquis pouvait le nourrir, le remplir, – lui donnait force et forme.
>
> *Alliance RARE de la force et de la forme, de l'énergie et de l'appareil moteur* avec réciprocité, équivalence de ces facteurs (Valéry, 1957-1961, XVIII, p. 33).

Développons ici cette notion de relation : une demande (inspiration, intention, désir, etc.) appelle une réponse. Pourtant, dans le système D.R. (Demande-Réponse) de Valéry, il n'y a pas de retour au « même » – la mêmeté est une impossibilité, car déjà un intervalle temporel (plus ou moins long) intervient nécessairement. D'ailleurs, penser un simultané exige, chez Valéry, un usage du successif. Et à un autre niveau, dans le domaine de l'écriture, l'équivalence (voire l'analogie) est toujours un successif, un succédané – et non un simultané – « réciprocité successive », disait-il (Valéry, 1957-1961, XIV, p. 196).

Valéry poursuit les équivalences et les écarts jusque dans les découvertes de son époque en chimie biologique où il songe à la pensée-connaissance avec son équivalent physico-chimique. (Voir Valéry, 1957-1961, XX, p. 24.) Et nous sommes toujours à la recherche, comme Paul Ricœur dans son livre *De l'interprétation* (1965, p. 14), d'« une grande philosophie du langage qui rendrait compte des multiples fonctions du signifier humain et de leurs relations mutuelles. » Valéry indique qu'un cours de philosophie comprendrait dans son programme les domaines suivants : « Le langage. Les sens des mots – Statistique – Combinatoire – » (*ibid.*, VI, p. 203). Se faire une idée du langage suffirait pour lui à épuiser la « philosophie » (*ibid.*, XVII, p. 667) et, par inférence, dans l'optique de la pensée valéryenne, la psychanalyse. Il n'empêche que Paul Ricœur et Freud ne sont pas insensibles aux insuffisances du langage – mais disons que Valéry pousse une telle étude à l'extrême. La « *philosophie* est une spéculation restreinte à un vocabulaire et à des questions traditionnels » (*ibid.*, XIV, p. 672). Mais c'est une « malheureuse spéculation » (*ibid.*, XVI, p. 560-561) à partir de « mauvaises abstractions » (*ibid.*, XVII, p. 445), surtout de la part de ceux qui se laissent leurer par de simples « effets de langage ». C'est le Léonard de Valéry qui lie la spéculation à une vérification « par la construction » (*ibid.*, XIV, p. 672). Et c'est par une étude des limites et des possibilités de cette immense combinatoire qu'est le langage qu'il faut commencer – et en particulier par ses possibles ou possibilités. C'est cette « *Conscience du* langage » (*ibid.*, XX, p. 189) qui nous permet d'aborder les problèmes du rêve tout en sachant que ce sont pour Valéry les « corps solides dans la veille qui servent d'étalon et jouent "le rôle de l'or" » (*ibid.*, XVII, p. 179). Dans une note où il nous renvoie à la « Physiol[ogie] et physiol[ogie] du langage » (*ibid.*, XVIII, p. 179) il souligne un autre rôle capital du langage et de son fonctionnement : « Celui qui saura nouer le langage à la physiologie – – saura beaucoup – et nulle philosophie ne prévaudra contre ceci ».

Et paradoxalement, les jeux d'équivalences autour du signe ont ceci pour limite.

> *Signe – Je ne suis pas ce que je suis* – dit le Signe.
> La beauté d'une chose en offusque la signification (Valéry, 1957-1961, XIX, p. 440).

BI-UNIFORMITÉ

Valéry cherche aussi « une notion plus générale qui doit englober égalité, similitude, analogie, équivalence, isométrie, etc. et qui comprend toutes les substitutions *nulles* possibles et observables » (Valéry, 1957-1961, X, p. 533). Tout ceci concerne son intérêt pour le développement, chez lui, d'une analyse de la bi-uniformité[5] – ce qui est à « rapprocher de la *bi-uniformité* caractéristique de la *vie psychique non réflexe* – » (*ibid.*, XVIII, p. 16). C'est, d'ailleurs, ce qu'il observe souvent dans la mémoire – une sorte de « mode de connaissance ou plutôt d'explication d'une connaissance non active. Correspondance bi-uniforme » (*ibid.*, II, p. 652). « Mémoire – correspondances bi-uniformes » (*ibid.*, XI, p. 603). Et : « La mémoire procède par réflexes – (mais bi-uniformes) » (*ibid.*, XIV, p. 424). Ici il y a une sorte de conservation qui, *par la suite*, se transforme en coupure et indépendance pendant la veille. Et si l'attention est dans un système de relation bi-uniforme, son fonctionnement ne fait émerger que des écarts. Dans le cas de la logique : « Ce sont les "définitions", qui finalement

5 « bi-uniforme » et « bi-uniformité » : toujours avec un trait d'union chez Valéry.

doivent une liaison *rigide* (bi-uniforme) entre les signes et leurs sens ou substituts » (Valéry, 1957-1961, XIV, p. 601). Et il précise ensuite que :

> Le signe est toujours de la nature d'un acte, productible par un acte. –
> Sa grande importance, clef de la pensée, est de permettre *d'agir la pensée;* de vouloir loin des choses et d'exercer le vouloir d'une pensée sur la pensée même (*ibid.*).

Mais loin de Valéry de s'enfermer dans le cadre d'une relation simpliste biunivoque avec description du langage d'un côté, et objets de la réalité ainsi construite de l'autre.

> Tout ne peut pas se désigner par un *Mot.*
> Il n'y a Mot ou Signe possible que s'il y a stabilité, retour possible, reconnaissance possible –
> Ainsi la description exclut les variations par continuité de la chose décrite – c-à-d. que la description la plus précise *convient à une* ∞ de choses *voisines* de la décrite – toutes les fois qu'il ne s'agit pas de caractères mesurables ou dénombrables.
> La première condition du *signe* est ce qui permet de décrire le « Toutes les fois que » –. *« Chaque fois que » — autant de fois que*
> C'est donc le *possible* institué, organisé ; et une relation transposée, tirée de l'accidentel et circonstanciel, pour devenir comme substantielle, fonctionnelle – indépendante de la suite totale –
> Propriété cardinale que celle-ci – À rapprocher de la *bi-uniformité* caractéristique de la *vie psychique non réflexe* – (Valéry, 1957-1961, XVIII, p. 16).

Et dans une liste des relations d'ordre, Valéry établit les distinctions suivantes :

> – séparation des hétérogènes
> – réunion des semblables
> – rôle des variables continues croissantes, –
> – Symétries – Homothéties
> – Équilibres – Contrastes – Antithésie
> – Correspondances – position – nature de choses
> – Minima – Moindre action
> – Corresp[ondance] uniforme – bi-uniformes (Valéry, 1957-1961, XIX, p. 235).

Mais pas de bi-uniformité dans les relations temporelles. Ceci est valable pour le temps et le « compteur homogène » où le temps est « grossièrement *uniformisé* » (Valéry, 1957-1961, XIII, p. 419). « Il n'y a pas de durée abstraite » (*ibid.*), disait Valéry. « Il n'y a que durées propres spécifiques qui sont des grandeurs physiques susceptibles de se transformer en grandeurs très différentes aux sens, par équivalences » (*ibid.*).

ÉQUIVALENCE ET TEMPS

> « Temple du temps, qu'un seul soupir résume, » (Le Cimetière marin)

Ici le « temps » d'une analogie fait du temps un temple d'illusions et de fausses équivalences autour d'un « concept » là où il n'y a rien de concret véritablement. (Et pourtant, le concret, c'est ce que l'on crée !) *« Gardons-nous toutefois d'hypostasier ici un concept ! » comme disait* Vladimir Jankélévitch. Et Valéry :

> *Espace. ?. – Temps ?.. Espace-Temps ?*
> Pourquoi ne pas *faire* autre chose ?
> Pourquoi toujours hypostasier ?
> La « matière » par exemple – Est-il besoin – fut-il heureux de la séparer de l'observation simple qui la montre toujours ingrédient d'un acte ou d'une transformation particulière ? (Valéry, 1967-1961, XVIII, p. 591).

Sur la même page, Valéry ajoute : « On n'explique que des fonctionnements ou par des fonctionnements » (*ibid.*). Ce fut la difficulté de l'explication de la notion de temps. « Qu'est-ce donc que le temps ? Si personne ne me le demande, je le sais ; mais si on me le demande et que je veuille l'expliquer, je ne le sais plus. » (Saint Augustin, *Confessions*, XI, 14. Et pour Jankélévitch (*Le Monde*, 13 juin 1978), « On ne peut pas vraiment parler du temps puisqu'on met du temps à parler et même à penser. Le temps est à la fois dedans et dehors, donc il n'est pas objet. » Et pourtant, Valéry répond à la question suivante :

>)))Demander qu'est-ce que le Temps ? c'est demander à quel *objet* d'*observation* comparer la *condition* d'*observation* ? Cette condition ou ces conditions constituent ce qu'on nomme le sujet.((((*Cahier* XIV, 52).

Une certaine choséification du temps existe également dans l'emploi du mot « pour ». Valéry chasse l'équivalence jusque dans les recoins de la logique grammaticale. Prenons les expressions telles que « il faut une heure *pour* / Il faut un certain *temps pour* ». Ici on met derrière le mot « pour » une certaine possibilité et l'équivalent d'une heure, etc. (Valéry, 1957-1961, XVIII, p. 523) sans oublier le rôle d'une certaine volonté –

> Quelque chose que n[ou]s *voulons* avoir, quelque but que [nous] *voulons* atteindre – etc. engage des actes, et ces actes sont en général subordonnés les uns aux autres – *Marcher POUR* aller *saisir Se coucher POUR dormir*, dormir *POUR* se refaire - - -
>
> Cette subordination est remarquable – Comparable à une algèbre. – *Faire POUR sentir*
>
>))Nos actes sont ou *pour* éprouver ou *pour* abolir une *sensation.*
>
> « Pour » équivaut à un signe qui assume le fait de l'excitation – et de l'écart.((
>
> L'*abolir* est peut être plus essentiel que l'éprouver – plus près de l'origine (Valéry, 1957-1961, XVI, p. 153).

Le RE et le SOI, chez Valéry font partie du même jeu d'équivalences qui ne sont jamais identiques.

> Le *RE* et le *SOI*
>
>)SOI. *Quelqu'un* n'est *soi-même* qu'au bout d'un certain « temps » de reprise, de reconnaissance.
>
> Ainsi le symbole RE – est équivalent à *SOI-MÊME.* (Mais *ensuite*, se fait nécessairement un nouveau pas. Comme le marcheur qui ayant retrouvé le sol avec le *pied 1* (temps fort) tombe de nouveau jusqu'au choc du *pied 2.*
>
> La « mémoire » – le mouvement du connaître et de l'être se fait entre un *venir* et un *souvenir*, entre vue et mémoire. Rythme (Valéry, 1957-1961, XVIII, p. 841).

Traiter ou représenter (quelque chose d'abstrait) comme une réalité concrète, c'est le problème que souhaite éviter Valéry.

> Ne pas prendre au sérieux ces mots d'espace et de temps –
>
> c-à-d. ne pas raisonner rigoureusement avec des mots qui ne le supportent pas et n'ont aucune vocation à les supporter (Valéry, 1957-1961, VI, p. 285).

Le temps fait partie des notions philosophiques que Valéry a le plus examinées et critiquées. Mais le *problème* mérite d'être énoncé : « – Et au fond – s'il y a problème du temps – il faut l'énoncer – » (Valéry, 1957-1961, X, p. 604) et de la façon suivante :

> Le temps, fonction des « choses » et de leur substitution.
>
> *Substitution* implique une place, qui est aussi un rôle *dans* quelque chose – et insinue que les choses les plus différentes ont une équivalence – p[ar] ex[emple] que *2 états contradictoires sont identiques sous quelque rapport* (Valéry, 1957-1961, XIV, p. 445).

Ce serait également pour Valéry en fonction des « Ravages causés par certaines locutions – comme "*le Temps ET l'Espace*" – Les catégories ont eu leurs inconvénients "la Matière ET l'Esprit" ; "la matière ET le mouvement" [...] » (Valéry, 1957-1961, XVIII, p. 365).

Le temps est une des ces notions grossières, digne d'un « dédain souverain » dans « le Cimetière marin » – car non tirée d'une observation de la perception. (Voir *Cahier* XVII, 153.) C'est la faible part d'observation que Valéry trouve dans ce mot qui pour lui est purement sémantique. Il en va de même pour « la "durée" fameuse de Bergson » (*Cahier* XV, 287). Où Bergson voulait-il la classer ?

> dans les sensations, dans les perceptions – dans les symboles ou notions introduites p[our] exprimer – ou dans les observations condensées – ou dans les métaphores.
>
> Si pas de définition précise, pas d'utilité réelle (*ibid.*).

Il en va de même pour le paradoxe de Zénon d'Élée dans « Le Cimetière marin ».

Ajoutons une gamme d'emplois du mot de temps chez Valéry : temps mental, plusieurs types la sensation du temps, son inégalité fonctionnelle, la perception du temps, l'attention, le transitif, temps-espace, l'horloge, etc. Plusieurs temps, ou modes différents, sont utilisés parfois en fonction d'un manque (une attente, etc.) ou associés à une durée. Et soulignons que le passé, présent et avenir sont conditionnés par le présent actuel de l'observateur. Dans tous ces cas, Valéry examine surtout les abus et les difficultés de la notation-traduction.

Pour l'essentiel, le temps est en contrastes plutôt qu'en équivalences. La sensation du temps est la sensation d'un écart. *Idem* pour les dualismes : « Temps étranger aux choses, et temps ingrédient, équivalent, signifiant » (Valéry, 1957-1961, XIX, p. 63). Et aussi, chez Valéry, sous forme d'analogies :

> Au lieu de temps – dire *succession, substitution* etc. et leurs négatives –

> et au lieu d'espace – dire *contact, juxtaposition, superposition* etc. (Valéry, 1967-1961, XIX, p. 623).
>
> Il y a quelque chose par rapport à quoi toutes les *idées* sont équivalentes comme le *temps* et *l'espace* (de jadis) étaient indifférents aux *phénomènes* (Valéry, 1957-1961, XX, p. 23).

Les analogies temporelles se poursuivent dans le cas suivant et introduisent le temps de l'horloge.

>)Tandis que pour le vulgaire comme pour le philosophe – *tel mot* signifie *telle chose* ou *quelque chose*, pour moi, il signifie *quelqu'un (…) pensant à cette chose* (Moi, par exemple) –
>
> Ceci admis, je n'ai plus affaire à l'indéterminé du *mot-chose*, mais au fonctionnement du *semblable* – (dont *Moi* est le *PLUS SEMBLABLE) (1892-1893)*(
>
> – Ceci ressemble à ce qu'ont fait les physiciens modernes quand ils ont substitué aux idées ou catégories qui servaient à parler *universaliser* des phénomènes, les idées des instruments et des actes de mesure Temps = horloge ; Espace = règle ; Force = ressort dynam[ique] (Valéry, 1967-1961, XVIII, p. 575).

Il note aussi les abus des horloges.

> Le temps t des horloges est l'une de ces durées qui par artifice est grossièrement *uniformisée* pour servir de compteur homogène à toutes les autres.
>
> Dans la chute d'un corps on considérera que le mouv[emen]t de l'aiguille de l'horloge ou les battements d'un pendule sont moteurs, *cause* de la chute et non influencés par elle (Valéry, 1957-1961, XIII, p. 419).
>
> Le « temps » progression arithmétique – équivariant – n'est pas une propriété intrinsèque des systèmes mais une condition de l'observation (Valéry, 1957-1961, XIV, p. 318).

Et pourtant, Pascal jugeait le temps par sa montre, et reléguait ce que nous appelons le temps mental, etc. à des fantaisies, comme nous le rappelle Brunschvicg (1924, p. 31).

ÉQUIVALENCE ET *NOMBRES + SUBTILS*

Développons cette formule N + S (Nombres + Subtils) que j'ai évoquée dans un chapitre précédent. Valéry a « pensé » et il a « cru avec foi »

> qu'il était possible de concevoir une sorte de science de tout l'esprit – c-à-d. simplement, de tout traduire en un langage selon lequel))*sensibilité et signification*, *durées* et *choses*, manifestassent des équivalences de substitution et de génération mutuelles((– lequels effets sont proprement *l'esprit même* – Et c'est en quoi la « création » artistique (elle est toujours *artistique*) est possible et consiste. P[ar] ex[emple] : un *temps d'attente*, sensible ou non, à des effets – (Valéry, 1957-1961, XV, p. 576).

Valéry cherchait forcément, dans cette « illusion utile » (*ibid.*, X, p. 106), des « relations d'équivalence "(n + s)" » (*ibid.*, XVI, p. 666).

> – *à des considérations d'évaluation*[x], de valeurs variables – et à des notions telles que celles des *interventions*, des *relais* et donc de quelque « implexe »
> [x]*Renvoi* : (sensibilisation aussi) (*ibid.*)

Et dans cette « évaluation » interviennent à la fois « le fait sensible » et « le fait mental ».

Mais la science pure, contrairement à la science de l'esprit que j'ai notée plus haut, a ceci qui les sépare : « On appelle Science l'ensemble des recettes qui réussissent toujours, et tout le reste est littérature. » (Valéry, 1957-1961, X, p. 679), ou avec cette variante : « Il faut n'appeler *Science* que *l'ensemble des recettes qui réussissent toujours*. Tout le reste est littérature » (Valéry, 2016, 3, p. 229). Il ne s'agit point ici de philo-patisserie ! car nous ne sommes pas loin de Poincaré et d'une certaine idée de la science en tant qu'« enregistrement d'innombrables recettes » (mais où l'on va « vers la variété et la complification ». (Michel Jarrety apporte (dans Valéry, 2016, 2, p. 382) un précieux complément d'information à cette position de Poincaré.) Rappelons tout simplement que, dans une recette, il y a au moins les bases d'une équivalence accomplie.

> [...] Il faut et il suffit que la recette permette de reproduire le fait – ou le phénomène. Son rôle est clair – Le *concevoir*, l'*imaginer* sont transition vers le *faire*.
> Le reste est – – poésie. Le poète – (Valéry, 1957-1961, XI, 204).

Ici le langage se confond, pour le bonheur de nos papilles, avec nos pouvoirs. Mais le poète se doit de ne pas créer une indigestion en refaisant sans cesse la même recette – comme certains romanciers !

Revenons à l'autre versant de la science, chez Poincaré : l'idéal de l'unité et de la simplicité. Idéal non sans ses immenses difficultés (pour réduire un phénomène complexe à sa quintessence dans une belle équation) – ce qui n'est pas sans son enchantement pour Einstein et Valéry. Mais c'est dans la « variété et la complification » que le bât blesse car, « Ce qui est simple est toujours faux. Ce qui ne l'est pas est inutilisable » (Valéry, 2006, 3, p. 384).

Valéry note ailleurs sur la science que – « ce qui se conserve d'une connaissance – c'est recette – » (*ibid.*, IX, p. 280). Mais ces recettes représentent « la partie *osseuse* – le squelette (*ibid.*, XVII, 51) et il y a aussi une partie vive – variable » (*ibid.*). Et ce dès que l'on cherche la « Liaison ψ de ces recettes / Leur disponibilité mentale / Leur transmission, *expression* et la recherche – » (*ibid.*). Valéry esquisse ici une sorte de métascience.

SYMÉTRIE AGITÉE CHEZ VALÉRY

Agitée certes, et de multiples façons, par nos puissances de transformation, jusque dans ses possibilités de répétition :

> (*Dessin de la symétrie agitée*)
> La conscience est répétition. Ce qui ne *peut* se répéter lui échappe.
> Ce qui se répète tend à lui échapper.
> Son affaire est dans la *possibilité de répétition* – non dans la répétition même.
> Il se fait une sorte d'adjonction qui est comme une prise de possession (Valéry, 1957-1961, XVIII, p. 627).

Cette symétrie agitée a aussi pour fond ses multiples accommodations.

> Contraste, symétrie, ressemblance, identité etc. – comparaison, *mesure* – tout cela est accommodation – c'est-à-dire déformation d'organe pour transformer une impression en une autre capable d'action réflexe correspondante –
> L'accommodation s'étend aux mouvements – aux travaux – à l'ensemble de l'être –
> On s'accommode au sommeil, au mal – (Valéry, 1957-1961, III, p. 221).

Cette agitation est composée de choses mêlées et opposées : hétérogènes, hétéroclites ; dérivation, similitude, contraste, symétrie…

> Esprit = *Puiss[ance]* de transformation
> Ce qui signifie que sous une excit[ation] *x* [A]une transform[ation] se met en train – –
> 1° par substitution hétérogène-hétéroclite
> 2° par dérivation – similitude
> 3° par contraste, symétrie
> [A] *Note marg.* : La pensée va toujours *d'autre* en *d'autre* (Valéry, 1957-1961, XX, p. 391).

La note marginale est révélatrice de l'impossibilité de retrouver le *même* ou d'aller *du même au même*. Exemple capital d'un abus de notation que critique Valéry. Notons toutefois que l'intellect procède toujours par une recherche d'égalités, de symétries et d'équivalences.

> En gros, *intellect* procède par égalités et *sensibilité* par *inégalités.*
> Celle-ci par *actuel*, asymétrique, instantané et succession. Retours.
> Et l'intellect, par *simultanés, symétries.*
> Tout ce qui est sensibilité peut se référer et comparer à des effets rétiniens d'un sens spécialisé, – et leurs annexes motrices – Le réflexe moteur et le « réflexe » complémentaire.
> Tout ce qui est *intellect* à l'espace articulé – moteur –
> Ce continu est borné (Valéry, 1957-1961, XX, p. 405).

En un sens, cette symétrie se résume dans le passage suivant sur la sensibilité (intellectuelle) sans cesse agitée et composée d'oppositions :

> De la « sensibilité » –
> Terme essentiellement ambigu.
> – Notion anti-quantitative – au premier aspect –
> Intervention – Peu *fait* beaucoup. Instabilité caractéristique
> Premier terme de l'acte
> Ensuite : demande et réponse
> Formes – Contraste – Similitude – Symétries –

Groupes – Cycles.
Fréquences – Résonances.
Écarts et retours.
|Division de l'un | réponses à l'un et au multiple
|Unification du divers |
La Répétition. Le *Répétable* et le Non-répétable
Fatigue – Usure de la responsivité –
Recevoir et produire –
Le Même en tant qu'Autre
))Fonction instantané
inséparable du présent((
Dation de valeurs =
)))*Toute valeur* est du *présent* essentiel(((
(Valéry, 1957-1961, XX, p. 318).

FONCTION DES MOTS

La fonction des mots est au cœur même de la méthode valéryenne (toujours en quête d'achèvement).

> Ô philosophe – ô philosophe ! Ce qu'il faut élucider ce ne sont pas les *Mots* – Ce n'est pas « dieu, cause matière, monde, volonté » – ce sont les *phrases* (Valéry, 1957-1961, VII, p. 152 ; (1987-2016, X, p. 21).

Rappelons aussi cette idée, maintes fois reformulée par Valéry, que

> Le sens d'un mot n'est que le rôle qu'il peut jouer dans une pluralité d'organisations dont chacune tend à une représentation et à s'évanouir dès cette représentation déterminée (Valéry, 1957-1961, V, p. 825).

Et c'est en quoi le sens du mot est purement transitif.

> On oublie le rôle uniquement *transitif* des mots, seulement provisoire. On suppose que le mot a un sens, et que ce sens représente un être –, c'est-à-dire que le sens du mot est indépendant de tout et de mon fonctionnement instantané, en particulier [...] (Valéry, 1957-1961, IV, p. 926).

Que ce soit dans une « Philosophie du langage » ou dans une étude sur « Philosophie et langage », Valéry nous rappelle sans cesse de « Ne jamais oublier que les mots ne sont (ici) que des moyens de transformation – et non des *choses* » (Valéry, 1957-1961, IX, p. 103). Quant à la poésie, c'est la polyvalence des mots qui compte (voir Valéry, 1957-1961, XII, p. 506) avec leur force mythique. C'est la nature même de cette polyvalence qui change dans le cas du poème traduit, mais rares sont les moments où l'on arrive à recréer son caractère magique ou incantatoire.

> Le *sens* même d'un très beau vers s'altère par la traduction en prose. Et c'est là le propre même du vers. Le sens n'est plus le même et on semble n'y avoir pas touché.
>
> Le vers doit avoir un caractère *magique* ou ne pas être. C'est l'état pur, repris par sélection, cultivé sans mélange d'erreurs, d'une propriété du langage, jadis vouée à des superstitions. L'incantation magique *rimée* dans l'*Apologie* d'Apulée. Tous ces *a* lugubres et comiques (Valéry, 1957-1961, V, p. 585).

Et c'est la partie mécanique ou technique de ces effets que Valéry étudie de près. C'est l'organisation des mots du texte en fonction de leurs rapprochements ou distances. Il y a également dans les jeux du combinable toute une chimie du langage que Valéry décrit dans les citations ci-dessous :

> Les mots sont *chargés* par leur rapprochement – distance
>
> Les comparaisons agissent en raison composée de la ressemblance et de l'inattendu de la ressemblance (Valéry, 1957-1961, XII, p. 506).
>
> Les mots d'une phrase se composent par ce qu'ils ont de combinable – Ils se gènent mutuellement à cause de leur rapprochement. La phrase est un système géné, ou de gènes entre les *champs* créés par les mots émis à la fréquence d'influence (Valéry, 1957-1961, XII, p. 632).
>
> Valences des mots – Chimie du langage –
>
> Des contradictions sur les valences des mots peuvent permettre une analyse de bien des choses – en particulier – de définir le « verbe » (invention remarquable)
>
> Le verbe – mimique (Valéry, 1957-1961, XIII, p. 549).
>
> Il n'y a pas de mots isolés (Valéry, 1957-1961, XIII, p. 888).

C'est la disposition et la disponibilité des termes au cœur d'une combinaison complexe et serrée qui compte – mais à partir des principes de sa grande découverte :

> Ma grande découverte, ce fut en 1892 – que les mots sont des mots ; les images des images, les sensations, des sensations ; et ces espèces ayant leurs temps et lois ou mœurs propres, toutes, d'ailleurs étant *transitives*, se succédant ou substituant [...] (Valéry, 1957-1961, XIV, p. 367).

Tout réside dans l'arrangeabilité et la combinabilité, voire la disponibilité des mots pour produire tel ou tel effet.

> On fait une patience, ou une réussite. Car la *disponibilité des mots* en fait un jeu de cartes. L'arrangement *A* doit satisfaire à des *conditions* qui tiennent à la distribution initiale des rôles ou valeur des cartes. Telle carte est *Moi* ; l'autre Connaissance ; l'autre, Vie, etc. – *Espace*. Et ainsi en toutes choses.
>
> C'est pourquoi, je suis Formel. C'est-à-dire – je vois qu'il s'agit d'un *jeu* et que l'*important* – le réel, c'est la mobilité et les dispositions des cartes – et non la « signif[ication] » de telle ou telle disposition – car aucun ne réagit sur les « choses » – Si ce n'est pas les conséquences d'action qu'elle peut en tirer. « Si telle disposition *P* satisfait à *G*, j'agirai pour amener un événement conforme à *P* » (Valéry, 1957-1961, XV, p. 606).

Ces jeux réglés, composés de conventions plus ou moins acceptables et de réduction de l'arbitraire sont à la base d'une véritable jouissance poétique, et ce au cœur même d'une connaissance technique que nous avons acquise, augmentée et améliorée, etc., aux antipodes de l'histoire de l'art. La « véritable jouissance doit résulter uniquement de la considération de l'œuvre elle-même, indépendamment de toute notice inscrite en dessous » (Valéry, 2016, 2, p. 873). On peut imaginer facilement ici une leçon importante pour les traducteurs – pour qu'ils restent solidement campés du côté de la connexité des mots – et éloignés, autant que faire se peut, de toute note du traducteur.

Valéry regarde de près ce qu'il appelle la « Quadruple variation des mots /sémantique/phonétique/graphique/ et fonctionnelle – » (Valéry, 1957-1961, XIV, p. 377) pour échafauder une « Philosophie des sens de mots » (*ibid.*, XIV, p. 471).

>)Le sens du mot – Le vrai *sens* est la réponse qu'il constitue à un certain besoin du moment, ou *tend* à constituer – (Ici le nom de *sens* est très bon.)(
>
> Ce besoin est local, individuel – (*ibid.*).

Pour lui, « Tout réside dans les combinaisons de mots » (*ibid.*, XVII, p. 565) et « *Tout ce qui est d'intellect se résout finalement en une combinaison de mots* – » (*ibid.*, XVIII, p. 87-88).

Bref, l'apprentissage, du côté de chez Valéry, facilite une meilleure connaissance de la matérialité *phono-dynamique et scripturale* du poème. Pourtant, réduire, purement et simplement, la musique ou la ligne mélodique d'un poème aux mécanismes rythmiques serait fausser son mystère et tuer une partie de la palette du plaisir sensible – ce qui, en amont, ne nous empêche pas de songer, comme Mallarmé, aux possibilités d'« une page blanche bien ponctuée » (Claudel, 1965, p. 634). Ici, la fonction de l'espacement (de la lecture), chez Mallarmé, ne doit pas échapper au traducteur, ni le rôle du « blanc » du désert de papier qui épouvantait le maître. Réhabilitons donc dans l'esprit du traducteur la fonction du *suspensif* visuel et sonore.

SYMÉTRIE ET MÉTAPHORE

Jean-René Ladmiral nous rappelle que, pour certains, la métaphore de la traduction « peut servir à tout et à tous, perdant ainsi sa signification spécifique » (1998, p. 978). Mais faut-il s'en plaindre ? C'est le sort de tous les mots qui, depuis des siècles, s'enrichissent et s'appauvrissent inlassablement. Pour certains, c'est un châtiment ; pour d'autres, c'est une chance ! Et même les mathématiques, chez Valéry, gardent une dimension (voire une fascination) métaphorique pour traduire l'activité mentale. Les mots n'ont pas, en général, de contours nets comme un cercle (voir Valéry, 1987-2016, IV, p. 40). On utilise d'ailleurs des cercles, dans l'étude des concepts et des notions, surtout pour signaler leurs zones de divergence et de convergence (ou de chevauchement). Mais pour Valéry, « La métaphore, c'est l'informe – l'état fluide » (1957-1961, III, p. 435 ; 1987-2014, VII, p. 256). Elle est associée implicitement à un *témoignage.* Témoigner, c'est *traduire/transformer* l'événement. Et donner un sens à des événements, c'est toujours contextualiser, encadrer, incorporer… Témoigner, c'est également prendre ses distances, se distancer inévitablement et laisser une trace séparatrice. C'est *narrer* ou *raconter* – à nos risques et périls ! (D'ailleurs, la narration et le témoignage s'accompagnent de plus en plus aujourd'hui de *dénis de responsabilité* !) Rappelons aussi l'immense écart entre témoigner et prouver. Un témoignage est toujours un point de vue des points de vue, né du hasard et de la nécessité, et repose inévitablement sur l'(in)adéquation référentielle.

Ici intervient chez Valéry le rôle du langage dans l'intelligence. Pour lui,

> C'est une substitution typique fondamentale.
> Substitutions de mots et subst[itutions] de choses.
> Comprendre est opérer une substitution-traduction (Valéry, 1957-1961, VI, p. 274) ;

C'est ainsi que le mot de traduction chez Valéry couvre un immense champ métaphorique de l'activité mentale. Ceci est capital et reste incontournablement en amont de la traductologie.

SYMÉTRIE : PHRASES/PROPOSITIONS

Valéry reprend à maintes reprises les immenses abus de la notation et de la symétrisation. Signalons ici le mauvais usage des connecteurs, des copules et des attributs, ainsi que leurs effets, et les excès de symétrie, d'équivalence, de contraste, d'approximation, etc. qui ont nourri à outrance (et ce faisant, démoli) tant de projets métaphysiques.

Prenons, à titre d'exemple, le cas suivant qui, à cause de sa richesse, mérite d'être cité intégralement, mais que nous allons réduire ici :

> [...]
> Si tu dis : *la Vie* Et[A] la *Mort* – ce petit mot ET emporte *symétrie, équivalence*, dans un premier « temps » mental ; *contraste* dans un *second*, et contrariété, incompatibilité – – – Ce qui résulte de la forme substantive donnée à ces deux idées – Or, elles sont de provenance expérimentale, et dans l'expérience, *vie et mort* ne sont pas du tout comme deux figures opposées et qui se peuvent composer dans un mouvement – – Ce sont, ou ce doivent être, des choses dont l'une est modification de l'autre, et *a besoin* de l'autre –Toute une rhétorique métaphysique est engendrée par la notation. De même, le *repos* ET[B] le *mouvement*. Le *Jour* ET[B] la *Nuit*, etc. Le *Bien* ET[D] le *Mal* – La *Matière et* [C] l'*Esprit* – Oui et Non – Pour et Contre.
> [...]
> – Tout ceci est éloignement de l'observation et est *abus* de la liberté de la notation par *substantifs, copule* – et *attributs.*
> On peut dire que cette simple énumération est déjà une *figure* (au sens grammatical). [...]
> [A] Et – *avec double soulignement.* [Note de D. Elder]
> [B] ET – *avec double soulignement.* [Note de D. Elder]
> [C] *et – avec simple soulignement.* [Note de D. Elder]

> [D] ET – *avec triple soulignement.* [Note de D. Elder]
> (Valéry, XVII, p. 585-587 ; Valéry 1971, I, p. 444-445)[6].

La nature même des soulignements ici va du simple passage de termes physiques (repos *et* mouvement) à des niveaux extrêmes d'incompatibilité – comme dans le cas des spéculations métaphysiques et morales (« le Bien et le Mal »).

> N[ou]s ne disposons que de *OU* et de *ET* pour désigner la relation de 2 ou *n* substantifs, verbes ou qualificatifs 1° par substitution indifférence ; 2° par addition simultanéité d'existence ou d'action, ou succession d'ordre indifférent
> Il s'agit de signifier la pluralité combinée à l'unité – –
> Mais tantôt la pluralité est *incohérente – Blonds ET perfides ; ils mangent ou dorment* – Tantôt *constructive ; Blonds et grands* – Cela se dessine. *Ils pleurent ou rient.* Le visage est le lieu de ces verbes.
> *Et* il pourrait y avoir des conjonctions correspondantes.
> D'ailleurs le *Et* a d'autres emplois – comme celui que j'ai souligné ci-dessus. Là, il désigne un pas de plus, un simple avancement de l'esprit qui n'entame pas, ne modifie pas ce qui précède.
> C'est un *Et* de mouvement, qui écarte le précédent objet, sans sommation.
> – Et tantôt ensemble simultané, tantôt successif, tantôt alterné – (Valéry, 1957-1961, XIX, p. 666-667).

Tout cela fait partie de l'activité mentale qui n'est qu'un véritable tissage de liens et de relations : D(emandes)-Réponses, échanges et recherche d'équivalences. Ce faisant, Valéry trouve qu'il « est absurde de classer "Et" et "*Pourquoi*" dans la même classe : *conjonctions* » (Valéry, 1957-1961, XVI, p. 669).

« COMME SI »

Dans l'ombre des équivalences (si chères à la logique et aux mathématiques) au sens strict du terme, il y a, chez Valéry, d'innombrables « comme si… » (*ut si* ou *quasi* pour les latinistes). Ici se profilent les démons de l'analogie, les propositions avec hypothèses, ou expériences sur

6 Texte repris dans l'édition de la Pléiade établie par Judith Robinson. Le texte ci-dessus comprend mes propres annotations.

apparences, et tant d'autres aspects de la rhétorique de la relativité et de la similitude qu'il utilise dans le domaine de l'analyse de la conscience. Et l'on risque de s'y perdre en conjectures, en spéculation, *spéculation* plus ou moins *restreinte* (dans le cas de la philosophie), et tant d'autres jeux d'*approximation* avec mise en garde ou petit bémol… Et n'oublions pas non plus, chez Valéry, les nombreux versants des expressions suivantes : « on dirait que… », « si l'on veut… », etc. D'ailleurs, les termes *associations* et *conventions* signifient « ce qui pourrait être autrement » disait Valéry (1957-1961, XI, p. 866). Le « comme si » est une manière de prendre une [ébauche d']équivalence avec des pincettes.

> Parfois je suis tout à l'opposite du penser à la moderne, par images, bonds, analogies – Mais au contraire, je fixe, je serre une chose mentale entre des pinces d'acier cérébral (Valéry, 1957-1961, XI, p. 119).

Le « comme si » révèle une image de la limite, de la borne, de l'inaccessible… Toutefois, Valéry cherche à serrer de près avec ses pinces d'acier cérébral « une chose cérébrale » (en la tenant de loin). Et parfois, le « comme si » est une manière d'accoucher d'une idée au forceps. Il en va de même pour ses innombrables « Tout se passe comme si […] » : ces jeux d'approximation où le « Tout » est annoncé avant d'être nuancé. Il faut noter aussi ces murs infranchissables qu'il décrit en utilisant des expressions négatives telles que : « Ce n'est pas tout à fait ce que je voulais écrire/dire. » « Ce ne sont pas des […] », etc. Cela fait partie aussi de ses multiples techniques pour rejeter, comme il le fait souvent, une notion illégitime.

Le courant suggestif et hypothétique en poésie est facilité par l'emploi des « si » comme c'est le cas avec Mallarmé dans son « Hommage à Debussy » – et le merveilleux « Valvins » de Valéry.

LES LIMITES, LE POSSIBLE, ET LES MOTS EN « IBLE » ET « ABLE »

On trouve souvent dans les *Cahiers* une certaine prédilection pour des mots en « -ible » en « -able » dont le plus important pour Valéry est certainement le mot *faisable* fondé sur un pouvoir ou une possibilité. Mais revenons à nos suffixes.

> *Espace* – Le possible [visible –] tangible | faisable par actes
> Le « *Ible* » et l'« *Able* » |
> à partir de ce qui est vu, touché –
> dépendance du vu-touché
> et du visible-tangible (1957-1961, XVIII, p. 729).

Et

> Possible – Propriétés. Facultés. ABLE, IBLE – *Si* – – Pouvoir. Puissance. Futur.
> Ce sont les modes selon lesquels *ce qui n'est pas* figure dans *ce qui est* – *Il y est* partiel et psychique. De plus, il y est toujours *plural à exclusion.*
> De plus, cela est lié à *ce qui est* par une.. présence (Valéry, 1957-1961, XXVIII, p. 782).

Disons aussi que les suffixes -able/-ible n'impliquent pas forcément que A soit changé en B. Mais c'est une possibilité des termes ainsi transformables, ou « assimilables » disait-il. (Valéry ne mentionne pas dans la citation ci-dessus les mots en « -uble » qu'il emploie dans ses *Cahiers* comme ré/in/dis/soluble et qui appartiennent au même groupe que ceux qu'il cite ci-dessus.) Rappelons également que son « Système » tend à envisager tant bien que mal « l'ensemble des possibles pensables, connaissables » (Valéry, 1957-1961, X, p. 277) et que « Comprendre une chose c'est ressentir la possibilité » (Valéry, 1957-1961, X, p. 335). Ceci est (ou devrait être) au cœur même du travail de tout traducteur (ou linguiste à la Valéry), qui ne sépare pas son étude du langage de celle du « fonctionnement de l'esprit ».

Et, ajoutons que « juger une science » passe aussi par « le rôle qui y tient le langage » (Valéry, 1957-1961, IV, p. 535 ; 1987-2016, X, p. 284). De même dans le domaine littéraire :

> La *forme* dans les arts et les lettres conduit à l'introduction d'un « idéal » du sensible, du tangible, visible, audible, dicible, concurremment à « l'idéal » du significatif lequel est *toujours* présent (Valéry, 1957-1961, IX, p. 704).

Mais la mise en scène de cette palette d'adjectifs en « ible » ne fait que renforcer sa nature impossible – ou idéal à l'état de potentiel ou de « pouvoir » (qui est aussi le domaine « SI.. ALORS. » (Valéry, 1957-1961, XXVIII, p. 814) et autres hypothèses). Mais le langage n'est fait que d'imparfaites symétries.

> Si le langage était formé systématiquement et symétrique, il permettrait (p[ar] ex[emple]) de former pour t[ou]s les verbes (au moins des actifs) un adjectif de *POSSIBILITÉ* et sa contradiction par ex[emple] : augmentable – répétable – par les opérateurs *able* et *ible* [...] (Valéry, 1957-1961, XX, p. 495).

SYMÉTRIE : LE VÉRITABLE ROYAUME DU POÈME (ET SA PART D'ÉQUIVALENCE)

Entrons en matière par une sorte de boutade de la part de Valéry (1957-1961, XX, p. 325) : « Équivalent poétique : *Ce lieu VAUT un poème.* » Il évoque ici une sorte d'équivalence recherchée entre effet ressenti et *effet à produire.* Et pourtant, nous savons que le poème est fait de mots... L'essentiel réside dans un travail sur une série de symétries internes du texte qui vise un *effet à produire.* Et pour peaufiner le thème de l'équivalence et du comparable dans le domaine de la poésie, mieux vaut passer par une étude du fonctionnement de la symétrie. Après tout : « Un bon écrivain ne doit rien à son sujet » (Valéry, 1957-1961, XIII, p. 760).

Le poème est le lieu par excellence de la symétrie et de la résonance, d'une « allure symétrisante, ou rythmique » (*ibid.*, XVIII, p. 694) ou, d'une certaine manière de tailler (dans) le texte (pour reprendre un terme en gemmologie). Tout est organisé dans le poème par un arrangement structurel de ses cristallisations ou moments de catalyse ou de symétrisation. Et cette cristallisation du texte est inséparable de ses effets de résonance. Il faut donc trouver cette symétrie qui renouvelle le désir/plaisir du texte poétique. Ceci est capital pour le traducteur mais aussi une source éternelle de frustration ! Ce qui importe pour Valéry, c'est la symétrie d'un beau vers ou sa symétrie, considérée « comme élément de construction un insécable, un tout » (Valéry, 1957-1961, IX, p. 206), un irréductible dans un état de résonance où il y a « commensurabilité – équivalence, – complémentarité – symétrie ou symmétrie – » (Valéry,

1957-1961, XVII, p. 259). (Notons, entre parenthèses, que la « symmétrie » est une allusion à *symmetria* des pythagoriciens par rapport à un point ou un plan.) Et dans la « Forêt mentale » chez Valéry (*ibid.*, XVII, p. 259), « chaque "point" est carrefour. » Le mot de « carrefours » est une notion capitale chez Valéry (*ibid.*, V, p. 700) car la phrase même serait « l'action monodrome entre 2 carrefours » et met en valeur des changements d'orientations comme c'est le cas des phrases avec « si », « mais … alors » (*ibid.*), etc. C'est le cas des phrases qui vont de carrefour en carrefour. En revanche, le « Moi pur » chez Valéry reste toujours à un point-carrefour. Et c'est ainsi que Teste serait l'esprit au carrefour – au centre de l'anneau. Quant au *poïein* de la peinture, de multiples chemins se relient à des points de passage au service d'un ensemble. Et comme Hermès, dieu de l'éloquence et gardien des routes et des carrefours, il nous faut ce point pur entre le passage du texte d'origine à sa traduction.

Quand Valéry écrit « Symétrie – Commensurabilité » (*ibid.*, XV, p. 268), il n'est point question d'utiliser le symbole « = » à la place du « – », car il n'indique qu'un seul aspect, par exemple, de ce qui crée la force du rythme poétique. « Et quoi de plus tentant ? de plus "poétique" que de passer de l'*observé, toujours fragment*, aux "formes" à la musique des symétries – et contrastes » (Valéry, 1957-1961, XV, p. 428). Mais Valéry reproche à Victor Hugo de faire de telles symétries (ou d'un pouvoir conservatif dans le domaine musical) une sorte de mécanisme d'horloge. (Dans de telles tentatives mécaniques il faut au moins, des exceptions !)

Ajoutons tout de suite que le roman, pour Valéry, est rempli de fausses symétries – loin du vivant (lieu d'un certain désordre) – que l'on ne transforme en *ordre* que pour créer un effet « esthétique » ! Mais ce sont surtout ces états de mélange qu'il proscrit de sa pratique littéraire :

> C-à-d. où il y a mélange de la *marche et de la danse*, des *choses* et *des résonnances*, des accidents et des symétries, de la ressemblance des objets et de la ressemblance de l'âme (Valéry, 1957-1961, XVI, p. 693).

D'après lui (1957-1961, IX, p. 206), le « vers régulier est édifice », donc symétrie par rapport à tout amoncellement informe d'éléments disparates. Ce qui compte c'est la multiplicité des symétries internes du texte poétique avec 1) dans l'ordre phonique : pieds, césures, rythmes, rimes, assonances, allitérations… 2) dans le champ sémantique, ses contrastes, écarts, équilibres et rapprochements organisés, figures…

Rappelons aussi que l'ensemble doit créer un *tout* insécable sur fond de symétrie au niveau du son et du sens – un tout organisé, comme dans le cas du rythme, par un pouvoir *conservatif.* Cette symétrie poétique est avant tout composée d'économie et d'élégance. En résumé, la difficulté de traduire les poèmes de Valéry réside dans la *syntaxe* (au sens large du terme) se nourrissant d'elle-même sur fond de symétries et de contrastes internes.

Dans le domaine littéraire, il note qu'il est des « œuvres/écrivains qui ne sont ou ne donnent qu'énergie – (excitation–excitants–surexcitants) ; ce qu'ils donnent est l'équivalent d'une crise – d'une passe de dépense intense – etc. – spasmodisme – furor brevis – etc. » (Valéry, 1957-1961, XVI, p. 408). Mais ce que souhaite Valéry sont les « œuvres/écrivains » qui transforment de telles équivalences en « aliments ou altérants » et qui « changent les sensibilisations – les réflexes acquis etc. – » (Valéry, 1957-1961, XVI, p. 408).

Examinons quelques-uns de ces mécanismes au service d'un tel effet.

ALPHABET, ÉQUIVALENCES

Dans la version de Z d'*Alphabet*, publié par Michel Jarrety, le Z désigne le Zénith : le pur, l'éclairé, l'incorruptible… la fin même du recueil…

> Zénith
>
> au sein de la profonde nuit.
>
> Une heure et demie. Je m'éveille et me lève et vais, et le manteau jeté sur mes épaules, ouvre la petite fenêtre carrée, basse. Tout le joyau désastre système Orion est en ascension, culminera dans une heure. Allez donc déchiffrer…
>
> C'est pourtant l'heure, l'éveil, l'éveille-toi où devrait parler ce qui a Quelque chose à dire…
>
> Voici une oreille, une bouche, un témoin, un poste ; une écoute ; de quoi traduire ; une intelligence en ordre de marche, une attention, un silence et une limpidité…
>
> L'eau profonde du monde à cette heure est si calme, l'eau des choses-Esprit si transparente comme espace-temps pur ; point troublée que l'on devrait apercevoir Celui qui rêve tout ceci.

> Mais il n'y a rien que ce qui est et rien de plus, rien que ce qui est et s'écoule – uniformément.
> Ô ceinture – *Zone* – À quoi riment Toi et Moi[7] ?

La première version du poème ci-dessus date de 1930 (voir Valéry, 1957-1961, XIV, p. 638), et la version publiée par Michel Jarrety (Valéry, 1999, p. 115-116 ; 2016, 2, p. 1079) est assez proche de celle des *Cahiers* qu'il cite également dans cette première publication d'*Alphabet* en 1999. Mais ce qui est capital pour le traductologue, c'est la présence, à la fin du recueil de poèmes, des expressions : « Allez donc déchiffrer », « un témoin » et « de quoi traduire ». Tout ceci résonne merveilleusement dans l'esprit du traducteur-lecteur et du poète. Une interprétation se cache aussi derrière le mot *zone* à la fin du texte et couvre de multiples domaines qui varient de la géométrie à la géologie, de la géographie à la biologie (érogène) : le monde des sciences (de la vie) qui s'enchaînent ensuite par ce qui relie, et font « rimer » *Toi* et *Moi*. C'est en effet le verbe *rimer* qui traduit le contexte sous forme de ceinture qui les *relie poïétiquement* dans ce réseau connotativement serré. Il s'agit d'une belle esquisse d'équivalence par effets de résonance du sens. D'ailleurs, « Ô ceinture » symbolise ici la beauté. « la beauté est un cercle » (Valéry, 1957-1961, XVI, p. 341) c'est-à-dire une forme complète faite de liens et de résonances connotatives.

Il existe un autre texte de Valéry intitulé Z qui fait partie d'une suite de réflexions sur son *Alphabet*. Z, c'est toujours la dernière lettre (sans les mots *zone* ou *zénith*) – et c'est plus explicitement l'heure où minuit sonne et tout s'achève, tout bascule dans un nouveau jour. Ici Valéry accorde une place privilégiée au moi pur détaché de tout et aborde pleinement le thème de l'Équivalence avec majuscule pour nous rappeler que le Moi pur = Non-Moi, ce point détaché de façon équivalente du monde, du corps et de l'esprit.

> Z Alphabet (z)
> L'heure de l'absolu – Heure où toutes choses se dépouillent de ce qu'elles doivent à l'habitude, à l'expédience, aux affections de crainte – et d'espoir, à la considération des autres et du monde, – et paraissent avec celles-ci et

7 Notons que dans le texte tiré des *Cahiers*, XIV, 638, il n'y a que « .. » et non « … » après les mots « déchiffrer », « dire » et « limpidité » – ce qui transforme une hésitation valéryenne en simple suspension. (« choses-Esprit » a un ajout, et devient « choses dans l'Esprit ») (Valéry, 1999, p. 115-116 ; 2016, 2, p. 1079).

comme à côté d'elles, qui leur donnaient *valeurs ;* mais à présent, on voit (pendant quelque peu de temps) que les valeurs aussi sont choses et que les inégalités font partie de l'égal –

Moi Pur – ou le sentiment de l'Équivalence totale c-à-d. (E.M.C)* sont Non-Moi

(Valéry, 1957-1961, XX, p. 704 ; cité aussi par Michel Jarrety dans son édition d'*Alphabet*)) (*E[sprit].M[onde].C[orps])

Le « Zénith » publié par Michel Jarrety résonne (et raisonne) mieux poétiquement à travers le système valéryen que le texte ci-dessus, également cité par lui, dans les notes de son édition de ce texte en 1999. Le jeu de l'équivalence dans « Zénith » fonctionne par la richesse des liens à l'intérieur de son tissu textuel.

LE FABRICATEUR D'ÉQUIVALENCES

Dans le domaine littéraire, Valéry « ne regarde que le fabricateur » (Valéry, 1957-1961, IV, p. 474 ; 1987-2016, X, p. 100). C'est un mot qu'il préfère au concept de « technicien » (tout en appréciant, à juste titre, celui de technique) – sur lequel est fondée une immense partie de sa dimension esthétique et créatrice. Il publia même *Quelques notes sur la technique littéraire* en 1889 où il qualifie « Edgar Allan Poe » de « mathématicien », mot que Michel Jarrety trouve excessif (Valéry, 2016, 1, p. 293). (Mais ne sous-estimons pas, en revanche, la grande qualité de la formation en science et en ingénierie à la *West Point Academy* que reçut Poe – ce poète capable d'assimiler dans ses textes la quintessence de tant de matérialités mécaniques de son époque.) Précisons surtout ici que si Valéry ne regarde que le fabricateur, c'est pour mieux déceler la main (du fabricateur) derrière le texte – et non le Moi historique de l'auteur. Ou plus précisément, il regarde ce que l'homme peut faire en tant que fabricateur avec ses matériaux – couleurs, mots, sens, etc.

Dans ses *Quelques notes sur la technique littéraire*, Valéry fait allusion à la *Genèse d'un poëme* de Poe – traduction fautive du titre de ce texte par Baudelaire, traduit depuis par *La Philosophie de la composition.* Valéry propose ci-dessous une variante du dernier vers du *Raven* traduit par Mallarmé – et avec guillemets…

> Et mon âme de cette ombre qui gît à terre, – ne s'élancera *Jamais plus ! Nevermore !* (Valéry, 2016, 1, p. 293).

Voici le vers dans la traduction de Mallarmé :

> et mon âme, de cette ombre qui gît flottante à terre, ne s'élèvera – jamais plus (Valéry, 2016, 1, p. 293 ; Mallarmé, 2003, I, p. 734).

et celle d'Henri Parisot :

> Et flottant sur le sol, mon âme de cette ombre
> Ne s'élèvera… jamais plus (Cité par Oseki-Dépré, 1999, p. 213-216).

Mallarmé et Parisot gardent le verbe « s'élèvera » au futur pour traduire « *shall be lifted* ». Valéry opte pour « s'élancera » qui rapproche davantage ce mouvement ultime ici à celui d'un oiseau qui se jette en avant. Mais étant donné qu'il s'agit d'un mouvement en négatif, « *shall be lifted—nevermore* », Valéry atténue les deux voyelles claires de « s'élèvera » de ses illustres prédécesseurs pour renforcer quelque peu le côté sombre de la fin du texte par « s'él<u>an</u>cera ».

Notons également que la tendance allongeante du vers suivant de Baudelaire est étrangère à Mallarmé et à Valéry dans leurs traductions.

> et mon âme, hors du cercle de cette ombre qui gît flottante sur le plancher, ne pourra plus s'élever, — jamais plus ! (Baudelaire, 1871, p. 337-344).

La traduction du *Corbeau* par Mallarmé a dû frapper Valéry par sa concision. L'art « implique et exige », chez Mallarmé, « une équivalence et un échange perpétuellement exercé entre la forme et le fond, entre le son et le sens, entre l'acte et la matière » (Valéry, 2016, 2, p. 258-259). Pas de place pour le délayage. Le traducteur de ces deux poètes doit rester sensible aux exigences de la forme. S'en écarter serait minorer l'extrême précision de l'acte de création chez eux.

C'est la *voix* qui est la véritable identité dans le domaine de la traduction (surtout poétique) mais elle ne pourra jamais être *la même.* Ici pas d'« équivalence, pas d'adéquation totale ». D'ailleurs, chez Valéry, le drame du *Narcisse* dans *Charmes* est avant tout celui des contrastes et de la non-équivalence ; il est générateur de l'imprévu et de l'inégalité – afin d'aboutir à un nouveau « choc de l'incomparable » pour reprendre à nos propres fins l'expression heureuse de Paul Ricœur (2004, p. 63), et d'autres.

Toute traduction est une « pâte à modeler » qui, à cause de l'immense plasticité du langage, entraîne des libertés de toutes sortes et nous renvoie sans cesse à des « *Autrement dit,...* » (Derrida 2005, p. 29-30). (Ces deux mots constituent la clé de la traduction chez Derrida.) Notons également la phrase de Paul Ricœur (2004, p. 33) : « Et *pourtant*, la traduction s'inscrit dans la longue litanie des "malgré tout". » *En d'autres termes*, les équivalences sont remplies de concessions et d'imperfections. Chez Umberto Eco, il y a l'objectif de *Dire presque la même chose.* D'après Paul Ricœur (2004, p. 65-66), la traduction est « *la construction du comparable* » ou ces fameux « équivalents sans identité ». Précisons que le rôle de l'équivalence chez Valéry repose sur une sorte de « foi » (Valéry, 1957-1961, V, p. 117 ; 1987-2016, XII, p. 170).

> dans un système, système de pensée, fondé sur l'équivalence de toutes choses ou de toutes catégories – de choses.
>
> Et cette équivalence s'oppose à l'identité.
>
> J'examine les propriétés des choses diverses au point de vue de leurs substitution – dans une structure qui est la connaissance (*ibid.*).

Valéry est très conscient de la confusion et des limites créées lors du traitement de ce qu'il appelle un « fait intérieur » par le truchement de fausses équivalences – là où il ne s'agit que d'accommodations, d'approximations, de substitutions et d'hypothèses. Je ne peux assez insister sur la notion d'exercice et la « valeur de pur *exercice* » qu'il accorde à « l'acte d'écrire ». Il s'agit en effet d'un véritable leitmotiv valéryen, leitmotiv aux multiples résonances dans l'œuvre de Valéry, qui nous renvoie, très justement aussi à la dédicace de *La Jeune Parque* à Gide : *Depuis bien des années / j'avais laissé l'art des vers* : */ essayant de m'y astreindre encore, / j'ai fait cet exercice / que je te dédie. / 1917* (Valéry, 2016, 1, p. 400). Exercice signifie, dans le domaine poétique, lois, contraintes, jeu réglé dans les menus détails afin de produire tel ou tel effet (de voix). Et dans ce « jeu personnel », le plus grand gain possible l'est « par calcul, avec volonté, suite et lucidité » (Valéry, 2016, 1, p. 1050). Ceci nous mène fort loin de toute « écriture libre ». *La Jeune Parque* est un exercice fondé et fixé par une attention suivie, par l'art de la perspective – et une écriture en une cinquantaine de questions (qui rompt l'équilibre). Il s'agit aussi du creusement de la perception dont l'équilibre est toujours rompu par des questions qui contribuent aux oscillations entre la symétrie et la dissymétrie.

Le poème est une sorte de combinatoire spécialisée au service de ce qui est ressenti au moment de sa fabrication. Et si « Le classique se restreint à ce qui est nécessaire et suffisant. [...] » (Valéry, 1957-1961, XII, 230), j'oserai proposer que l'équivalence dans le domaine de la traduction se restreint aussi à ce qui est nécessaire et suffisant. Dans tous les cas, et en extrapolant très librement à partir de certaines observations-clés de Valéry sur le fonctionnement mental, l'équivalence ne saurait être que le résultat d'opérations réduites ou réglées dans une aire restreinte, avec un *possible restreint* afin de produire un certain effet sur le lecteur. Et contrairement à la philosophie qui est « une spéculation restreinte à un vocabulaire et à des questions traditionnels » (Valéry, 1957-1961, XIV, p. 672), le Léonard de Valéry est une « spéculation vérifiée par la construction » (*ibid.*). Autrement dit :

> La vraie valeur de l'œuvre d'*art* est peut-être de donner valeur à la spéculation, de trouver les fabrications qui soient à la spéculation ce que les résultats pratiques sont à la géométrie, à la mécanique – *Ici*, il y a possibilité de prévision (*ibid.*).

La « possibilité de prévision » se rapproche ici de la création de l'attente dans le domaine de l'esthétique.

ART DU RHÉTEUR

Valéry fut considéré par Jean Paulhan (1987) comme un « Rhétoriqueur à l'état sauvage » et un « rhétoriqueur sans le savoir ». Arrêtons-nous sur ces remarques, et évitons de nous limiter au versant négatif du mot de rhétorique car, travailler un *effet de sens* est toujours travailler un *effet de rhétorique.* Les « diamants extrêmes » (loin des plus délibérés et artificieux des artifices dans le domaine de l'ornemental) ne sauraient exister sans l'immense concision que l'on obtient grâce au peaufinage de nos outils. Jean Paulhan (1987, p. 69) rejette sans appel la position suivante de Valéry :

> L'ancienne rhétorique regardait comme des ornements et des artifices ces figures et ces relations que les raffinements successifs de la poésie ont fait enfin connaître comme l'essentiel de son objet ; et que les progrès de l'analyse trouveront un jour comme effets de propriétés profondes, ou de ce qu'on pourrait nommer : *sensibilité formelle* (Valéry, 2016, 3, p. 259).

Et pourtant, *rhetoricus* (lat.) (oratoire) est dérivé de *rhetoricos* (grec) (oratoire) – et le *rhetor* (lat.) (maître d'éloquence). Les maîtres du *perfomatif* dans le domaine de la poésie, dirais-je, ont effectivement atteint, à l'époque des symbolistes, un niveau de raffinement très élevé. Mais le rhéteur valéryen est accompagné d'un sophiste qui s'oppose aux idolâtres. C'est la clé même de sa défense contre les excès de la rhétorique. Chez Valéry, il y a aussi le Gladiator (acrobate-artiste ou athlète intellectuel sans illusions, car l'art n'est qu'entraînement, un modèle d'ascèse) et ce, complété par celui qui s'oppose à la croyance naïve que les mots disent ou sont les choses.

> Le rhéteur et le sophiste, sel de la terre. Idolâtres sont tous les autres qui prennent les mots pour des choses, et les phrases pour des actes (Valéry, 2016, 3, p. 467).

Et il précise que

> Je n'ai jamais vu d'homme d'esprit dire du mal des sophistes et des sceptiques. Le mal qu'on en dit est l'expression de l'embarras où ils mettent les sots car le sot est celui qui est incapable de distinguer
>
> Application du langage au réel
>
> S'il faut plus d'esprit pour être sophiste, etc. (Valéry, 1957-1961, *Cahiers* X, p. 306).

En revanche, la philosophie et surtout la métaphysique pour Valéry n'existent pas sans un certain abus du langage, et en particulier de la rhétorique. « Philosophie de la Rhétorique. » (Valéry, 1957-1961, III, p. 212), disait-il, avant d'ajouter : « En cherchant l'épithète, je suis tombé dans la philosophie » (Valéry, 1957-1961, IV, p. 374). Valéry, en retournant la phrase contre lui-même, montre qu'il est très conscient des dangers de l'utilisation facile des épithètes, des attributs, de symétries et de contrastes :

> Poétique
>
> La Rhétorique a coûté cher à la Philosophie.
>
> Partout où paraît le contraste, et la symétrie, là se manifeste l'*action de la sensibilité* dans le langage = l'attribut s'*oppose* à l'attribut. Le repos ET le mouvement – La *vie* et la *Mort* – La matière ET l'esprit. La quantité ET la qualité[A] –
>
> Et ceci, *inventif aussi*, créant le second terme : Le Temps et l'Éternité – par négation (avec d'abord invention de l'idée générale de temps). Ce sont des besoins de la sensibilité (complémentarité). C'est trop beau p[our] être.
>
> [A]*Aj. marg.* : Tout ceci n'est que dichotomie, antinomie, symétrie DÉSIRÉE (Valéry, 1957-1961, XXI, p. 275).

Il n'empêche que le penchant pascalien chez Valéry vise à la fois la rhétorique et la science : à savoir la rhétorique (avec ses conventions ou raffinements utilitaires uniquement) et une science qu'il admire (tout en reconnaissant ses limites dans une sorte de métascience de l'esprit). Mais soulignons que, dans le domaine de l'esthétique, Valéry relègue Hegel, par exemple, au rang des « décorateurs » (Valéry, 1957-1961, XVI, p. 310) qui croient « apercevoir les lois de leurs "sujets" » (*ibid.*). Et, dans un jugement encore plus sévère, il nous rappelle que « Hegel, qui n'était probablement pas fichu de faire son nœud de cravate proprement, fait une théorie *esthétique* – » (Valéry, 1957-1961, XVI, p. 398). Il en va de même pour le théoricien de la traduction sans pratique confirmée. Et, à un autre niveau, il serait tout aussi erroné de parler de l'esthétique en oubliant de combiner la poïétique (le faire) et l'esthésique (le sentir). Valéry aurait placé l'esthésique *en amont* comme une sorte de préformé ou préfiguration dont la poïétique serait le lieu fusionnel. L'esthétique est aussi le lieu où l'on fait appel à toutes les techniques efficaces de la rhétorique.

D'ailleurs, tout écrivain digne de ce nom puise dans les ressources immenses de sa langue pour créer un tissu serré de connexions que l'acte de traduire affaiblit inlassablement, inévitablement. Et comment ne pas oublier cette tendance chez Derrida de vouloir écrire dans une langue qu'il tient à « garder très française, aussi idiomatique et donc aussi intraduisible que possible » ? (Derrida, 2004, p. 9). C'est cette « intraduisibilité » qui pousse certains philosophes des pays anglophones à prendre les œuvres de ce philosophe pour de la littérature. (Voilà une idée qui aurait enchanté Valéry qui ne cesse de traiter la philosophie comme une forme de littérature ! Il est vrai aussi que tout lecteur-traducteur de Derrida (en particulier) doit se munir des techniques littéraires les plus subtiles.)

Commençons par la question célèbre de Mallarmé : « *Qu'est-ce que cela veut dire ?* » commentée de la façon suivante par Claudel dans sa *Préface à une* émission radiophonique : « Il ne s'agit pas de peindre, il s'agit d'interpréter » (Claudel, 1965, p. 1466). Claudel se focalise ici sur « l'intérêt artistique et intellectuel » (*ibid.*) tandis que Valéry reste résolument centré sur le *moi*, le *faire*, et l'acte de *traduire* au sens le plus large du terme. Au lecteur-traducteur de reconnaître la valeur que Valéry accorde à ses *traductions/constructions* verbales de certains états de la conscience.

> Nous ne pouvons regarder une chose avec insistance sans essayer de la traduire en actes, sans la refaire, la définir au moyen de notre corps (Valéry, 1957-1961, IX, p. 247).

Et c'est le rôle du corps (verbal) dans l'emploi de la rhétorique qui sert d'étalon chez Valéry :

> Poét[ique] *Rhétorique*
>
> La racine des *figures* est dans le sentiment du corps ; dans les sensations, et dans les effets réflexes.
>
> C'est par là que la substitution est possible (Valéry, 1957-1961, XIX, p. 865).

Dans tous les cas, le traducteur est d'abord un lecteur-créateur (maître d'armes de la rhétorique) aux prises avec les « chaînes volontaires » (Valéry, 2016, 1, p. 732) imposées par la langue ou le genre littéraire d'origine. Et c'est grâce à sa gymnastique intellectuelle face à un tel « asservissement » (*ibid.*, p. 733) que le traducteur arrive à contourner ou à imposer de nouvelles contraintes ou libertés au cœur même des règles de cette combinatoire.

En revanche, la science procède par lois simples, étalons, mesures uniformes, et « se refuse de plus en plus à tout savoir intraduisible en chiffres » (Valéry, 2016, 3, p. 923), par rapport à la poésie qui se caractérise par l'immense variété de ses règles et contraintes – ce qui ne nous autorise pas à traduire sa richesse scripturale en platitudes. L'impression de richesse qui émane d'une lecture attentive d'un beau texte exige, chez le traducteur, une finesse créative équivalente – sans que nous puissions pour autant échapper aux *belles infidèles* évoquées par Paul Valéry (et beaucoup d'autres avant lui), ou à la « trahison créatrice » (Ricœur, 2004, p. 66) et inévitable dans cette « *construction du comparable* » (*ibid.*).

Revenons à Jacques Derrida… et à sa définition-clé de l'écriture qui évoque pour moi une partie-clé du travail préalable à toute traduction et qu'il convient d'appliquer à l'aspect aphoristique de la prose de Valéry, et restons un peu entre les mailles de la rhétorique :

> (…) toute écriture est aphoristique. Aucune "logique", aucun foisonnement de lianes conjonctives ne peut venir à bout de sa discontinuité et de son inactualité essentielles, de la génialité de ses silences "sous-entendus" (Derrida, 1967, p. 107).

Les mécanismes de la nature discontinue de tout écrit doivent rester au cœur des préoccupations du traducteur. Par exemple, pour traduire René Char, il faut regarder d'abord de près la nature des risques encourus lors de toute tentative de téléscopage équivalent des concepts et des images chez ce grand marieur de mots.

Mais il faut toutefois éviter de minorer ou de majorer la fonction aphoristique en se trompant sur les rôles spécifiques d'un écart, d'une brisure, etc. Et que de fois nous constatons que ces « lianes conjonctives » sont traduites à la légère et déforment toute tentative de continuité. C'est là un sujet que l'on trouve en filigrane dans tous les *Cahiers.* Dans le cas d'*Histoires brisées* de Valéry, le traducteur doit aussi rester sensible à la spécificité de l'écriture valéryenne : à savoir, une rhétorique du fragment et de la discontinuité. (Précisons que ces *Histoires* sont des esquisses plutôt que des fragments et que c'est l'art de l'esquisse qu'il s'agit d'observer.) Et pourtant, il y a un *Tout formel* dans son inachèvement au cœur de ces textes/fragments. Le traducteur de Valéry doit donc reproduire une certaine forme de concision cristalline et éviter de délayer le style aphoristique ou lapidaire des *Cahiers.* Un collègue avait voulu aller jusqu'à faire du style de Valéry une sorte d'« impressionnisme réfléchi ». Mais ce serait perpétuer une certaine confusion, comme dans ces propos cités par Valéry (2016, 1 p. 1675), où Victor Hugo, qui confondait encore un peu les écoles, disait lors d'une visite de Mallarmé : « Ah ! Ah ! voilà mon cher *poète impressionniste.* » Il y a, certes, une musique impressionniste de Debussy à Fauré, et même une merveilleuse décomposition de la résonance dans l'offrande à Debussy par Mallarmé…

Mais la poésie symboliste pousse à l'extrême un exceptionnel jeu de connotations rigoureusement cadencé jusque dans l'ambiguïté même des attributs.

> Le symbolisme n'est que la théorie rhétorique de l'*ambiguïté.*
> L'ambiguïté en tant que système.
> Ce mode équivoque est le plus grand rapprochement possible de la poésie avec la musique en tant qu'effet.
> En général le moyen repose sur la combinaison de 2 propositions l'une fournissant le sujet et l'autre l'attribut. – (Valéry, 1957-1961, VII, p. 69).

Et dans le cas de Mallarmé, le langage est au service de lui-même et de ses propres reflets internes.

> Mais *au fait, qui* parle dans un poème ? Mallarmé voulait que ce fût le Langage lui-même (Valéry, 1957-1961, XXII, p. 435).

Donc, afin de mieux situer certaines orientations de la rhétorique, disons : pour Mallarmé, l'Œuvre, et pour Valéry, le Moi – ou plus précisément

> Pour moi [Valéry] – ce serait – l'Être *vivant* ET *pensant (contraste ceci)* – et poussant la conscience de soi à la capture de sa sensibilité – développant les propriétés d'icelle dans leurs implexes – résonances, symétries etc.
> – sur la *corde* de la *voix.* En somme, le *Langage* issu de la voix plutôt que la *voix* du *Langage* (*ibid.*, p. 436).

Passons à quelques exemples pour illustrer certains effets verbaux sur le sens du texte.

Parmi les symétries et les résonances temporelles de Valéry, signalons ici l'emploi de l'imparfait de l'indicatif – ce temps si cher à Proust – dont les reprises renforcent l'idée d'actes répétés et le prolongement dans la durée. (Conférence de David Elder à l'université d'Artois en 2015.) Ce temps manque cruellement en anglais, et maint traducteur passe allègrement au prétérit ou aux formes en *would, used to + verbe*, etc., sans état d'âme, en gommant les effets du son et du sens. Dans le cas du *Robinson* dans *Histoires brisées* de Valéry, c'est une technique pour valoriser tout ce que ce solitaire intellectuel avait récupéré et accompli (dans le temps) par son labeur afin de se trouver, enfin, « pensif et pourvu ».

Pour pimenter nos réflexions sur les effets de l'imparfait et son impossible traduction en anglais, passons à *Monsieur Teste : lettre d'un ami*, un texte de Paul Valéry (publié en 1924, 1925, 1926) où se trouvent trois paragraphes qui comprennent *quinze* emplois de l'imparfait de l'indicatif suivis de deux phrases comme pour s'excuser de l'emploi de cette forme verbale. Ce passage (peut-être une des sources d'inspiration d'un texte de Claude Simon) (*Le Vent*, p. 3-4) renforce aussi, chez Valéry, une certaine impression d'agacement et d'indifférence à l'égard de la contemplation et des souvenirs confus de paysages (si arbitraires, et surtout en dehors de leurs virtualités).

> Et le train filait[8] toujours [...] comme s'il avait soif, comme s'il courait à la pensée pure, [...].
>
> Nous approchions de la nuée. Des noms s'illuminaient. Le ciel s'emplissait de météores politiques et littéraires. Les surprises crépitaient. Les doux bêlaient, les aigres miaulaient, les maigres rugissaient.
>
> Les partis, les écoles, les salons, les cafés, tout se faisait entendre. L'air [...] se chargeait de messages. On était assourdi, par le cliquetis d'un duel dont les épées étaient des éclairs, et bien des pauvretés se propageaient jusqu'aux extrémités du monde avec la vitesse de la lumière.
>
> Je vous prie de m'excuser de cet abus que je fais de l'imparfait de l'indicatif; mais il est le temps de l'incohérence, et je m'aperçois que je suis en train de vous peindre, si c'est là une peinture, la plus grande incohérence concevable. J'y ajouterai quelques traits au moyen de quelques autres imparfaits.
>
> (Valéry, 2016, *Monsieur Teste, Lettre d'un ami*, 1, p. 1057-1058).

Et dans le paragraphe suivant, on trouve encore huit emplois de l'imparfait de l'indicatif!

Il est difficile de ne pas voir dans le passage cité plus haut ce que l'on pourrait appeler une belle parodie par Valéry du « suremploi » de l'imparfait de l'indicatif dans la *Recherche* de Marcel Proust. Temps merveilleux chez Proust pour faire durer le moment de souvenir-écriture.

Notons, entre parenthèses, l'étonnement de Valéry devant certains emplois de l'imparfait en français.

> Bizarreries du français –
> Si – exprimant le futur au moyen de l'imparfait.

---

8 Mon soulignement. 24 emplois de l'imparfait.

> « Il serait content s'il pouvait chanter »
> s'il pleuvait
> La valeur principale futur est conséquence – donc passé relatif (Valéry, 1957-1961, XIV, p. 33).

Mais revenons à la lettre d'un ami de Monsieur Teste. Comment traduire en anglais le *cliquetis* du train créé par la répétition des « ε » des verbes à l'imparfait de l'indicatif pendant que le paysage défile rapidement devant le narrateur ? Toute traduction anglaise de ce passage par le prétérit ne pourrait que fausser *le mouvement dans la durée* – et augmenter démesurément l'effet d'agacement dans l'original comme dans le cas du texte de Claude Simon ci-dessous :

> Et tandis que le notaire me parlait[9], se relançait encore – peut-être pour la dixième fois – sur cette histoire (ou du moins ce qu'il en savait, lui, ou du moins ce qu'il en imaginait), n'ayant eu des événements qui s'étaient déroulés depuis sept mois, comme chacun, comme leurs propres héros, leurs propres acteurs, que cette connaissance fragmentaire, incomplète, faite d'une addition de brèves images, elles-mêmes incomplètement appréhendées par la vision, de paroles, elles-mêmes mal saisies, de sensations elles-mêmes mal définies, et tout cela vague plein de trous, de vides, auxquels l'imagination et une approximative logique s'efforçaient de remédier par une suite de hasardeuses déductions [...] c'est un peu comme si on essayait de recoller les débris dispersés, incomplets, d'un miroir, s'efforçant maladroitement de les réajuster, n'obtenant qu'un résultat incohérent, dérisoire, idiot [...] (Simon, Le Vent, p. 3-4).

FORME/FOND ET CONTENU FORMEL

Il en va de même pour « Le fond et la forme / ce qui est "pensé" opposé à ce qui est "énoncé" » (Valéry, 1957-1961, VIII, p. 218). Voilà encore un piège pour le traducteur/écrivain. « [L]e langage ne communique exactement que des *formes.* » (*ibid.*, IX, p. 471) que le traducteur de Valéry se doit de transposer, en se penchant sur la nature formelle *spécifique* et les mécanismes des multiples fractures, écarts, intervalles, distances, éloignements, rapprochements, agencements, voisinages, approximations,

9 Mon soulignement.

associations, et enchaînements au cœur même de cette écriture qui reste collée au fonctionnement de la pensée. Disons tout simplement ici que si, chez Valéry, *forme* = *fond* dans une sorte d'équivalence et de réciprocité, il faut poursuivre la pensée valéryenne jusqu'aux limites de sa partie *formelle-fonctionnelle*. Rappelons également que la forme/fond du conte chez Valéry se révèle en tant que cont[r]e-vérité avec son double enjeu : suppression temporaire de l'arbitraire et capture pure et simple de la nécessité, d'un état-fragment, d'un mouvement, d'un écart (purement mécanique) de la conscience (en autarcie simulée – loin des pièges ou illusions d'une *suite* ou d'une *fin*).

Si, comme Valéry le constate à de multiples reprises, la philosophie est une affaire de forme, c'est parce qu'elle est restée trop longtemps collée à une « distinction fatale entre *forme* et fond » (Valéry, 1957-1961, IX, p. 867). Après tout, elle n'est qu'« un genre littéraire qui se prend pour autre chose » (*ibid.*, IX, p. 793).

L'art de la rhétorique réside au cœur de la forme qui constitue l'ossature d'un poème – ce qui manque, par exemple, cruellement au roman. « La forme est le squelette des œuvres », disait-il, et « il est des œuvres qui n'en ont point » (Valéry, 2016, 3, p. 529). Ignorer la fonction de la *forme-squelette* dans l'acte d'écrire et de traduire n'aboutirait, sur le plan structurel, qu'à la conservation du flou, du mou sans son armature, sans son ossature essentielle. Selon Mallarmé (2003, II, p. 949), « le Mot présente, dans ses voyelles et ses diphtongues, comme une chair ; et, dans ses consonnes comme une ossature délicate à disséquer. » Évitons de faire dans nos traductions de l'ossature fonctionnelle du texte un simple ossuaire. Décomposer ou *désosser* le vers ne nous permet pas de *refaire* le vers car la forme du poème réside aussi dans son rythme, son timbre qui résiste à toute analyse ou traduction réductrice. La forme est à la fois *spatiale* (l'écrit) et *temporelle* (le son) et Valéry reste toujours préoccupé par l'architecture de l'œuvre avec ses symétries, accumulations, enchaînements et développements internes. Voilà ce que l'on doit *pouvoir traduire*, et ce faisant apporter les nécessaires modifications à l'œuvre.

Mais loin de Valéry de considérer la forme comme une simple façade du poème – façade que l'on ne saurait réduire qu'à un jeu de rhétorique pure. Le rôle de la forme est intégral et intégré au sens du texte.

> L'indissolubilité de la *forme* et du *fond* (Valéry 1957-1961, VIII, p. 578).

> Poète – Ton espèce de matérialisme verbal.
> Tu peux considérer de haut, romanciers, philosophes, et tous ceux qui sont assujettis à la parole
> par la crédulité ; – qui *doivent* croire que leur discours est réel par son contenu et signifie quelque réalité.
> Mais toi, tu sais que le réel d'un discours, ce sont les mots seulement et les formes (Valéry 1957-1961, VIII, p. 368).

En fait, le fond pour Valéry n'est que la forme et vice versa. Chez les romanciers, le fond se mélange parfois d'une facilité déconcertante avec l'informe et l'arbitraire de la vie.

> [...]
> Mon principe instinctif était que la recherche *dans* la forme était la seule justification de celui qui se mêle d'écrire.
> Cette recherche supérieure à toute pensée particulière, libère de la superstition de la connaissance, et replace à *chaque arrêt* (ou *instant*), le *réel du moment dans le possible* – (la *chose* qui veut s'exprimer dans la *faculté* d'expression, *l'inégalité* qu'est la présence dans le domaine ou le groupe des moyens etc.).
> C'est pourquoi, je formulai : la *Philosophie* est *une affaire de forme.* Le « fond » est une mauvaise forme (impure forme). Et autres axiomes (Valéry, 1957-1961, XXIX, p. 181).

Et,

> On ne comprend ce qu'est la *forme* en matière d'art que lorsqu'on a compris qu'elle donne (ou doit donner) *autant* de pensées que le *fond* ; que sa considération est aussi féconde en *idées* que celle de l'*idée-mère*, – qu'elle peut être, elle-même, – *idée-mère*, et que le problème inverse du problème naïf (« exprimer sa pensée ») existe et vaut (Valéry, 1957-1961, XVII, p. 611).

SYMÉTRIE ET ÉQUILIBRE

Traduire Racine, par exemple, c'est se concentrer sur l'unité « discours-mélodie » ; traduire Mallarmé, c'est réinventer une « mélodie-discours ». Rappelons ce vers admirable de Racine qu'adorait Valéry : « Le jour n'est pas plus pur que le fond de mon cœur. » (*Phèdre*, Acte IV, scène 2). Ce vers, « le plus beau des vers », « transparent comme le jour même » (Valéry, 1957-1961, VII, p. 511), sur fond de symétrie, syllepse et zeugma… crée de merveilleux « effets de résonance » un « infini esthétique » (*ibid.*, XVII, p. 21), ainsi qu'une inoubliable (dis-)symétrie entre le *même* et l'*autre*. Et devrait-on pour autant réduire de tels procédés rhétoriques à de simples excès liés au pouvoir de symétrie du langage ? Cette « équivalence ressentie a toutefois pour effet une production périodique *comme inépuisable*. L'*infini esthétique*, = régénération de la demande, du désir par la satisfaction » (Valéry, 1957-1961, XX, p. 88). Valéry est toujours soucieux du rôle de l'invisible architecture et de la mathématique secrète dans sa recherche d'une représentation du fonctionnement de l'esprit. Ce qui ne l'empêche pas aussi de pousser la symétrie jusque dans les plis de la rhétorique. (Il reproche, d'ailleurs, à Racine (et souvent à d'autres) le fait que la « psychologie » des personnages bascule dans la rhétorique.) En conclusion, l'infini esthétique n'est pas l'infini en mathématique (qui est avant tout impuissance, impossibilité de dénombrer) ; et dans son Système, « L'infini n'est pas quelque chose » (Valéry, 1957-1961, XVIII, p. 527).

RHÉTORIQUE AUX EFFETS SYMÉTRISÉS

Un excès d'images peut nuire à l'effet symétrique voulu.

> Trop d'images donne le vertige et la nausée –
> Trop peu supprime la présence – et laisse les images spontanées, secondaires du patient interrompre l'attente et l'attention (Valéry, 1957-1961, XI, p. 291).

Les fausses symétries sont toujours au niveau des attributs et des images que l'on utilise à tort pour qualifier quelqu'un ou quelque chose. De telles symétries montent (un peu trop facilement) à la surface de la rhétorique. Et leur puissance reste toutefois au cœur de la logique (pure) – avec ses risques et périls.

Le grand souci de symétrie chez Valéry (en dehors de ses préoccupations véritablement poétiques) fait de lui un des meilleurs rhéteurs ! Et jusque dans les opérations même de la logique, Valéry est sensible aux effets de symétrie pure et simple.

« L'on ne saurait être trop *subtil* ; et l'on ne saurait être trop simple. »
[9 / 9]

« L'on ne saurait être trop s*ubtil* ; / et l'on ne saurait être trop simple » (Valéry, 2016, 3, p. 207). (Mon soulignement.)

Toute chose qui est, si elle n'était, serait énormément improbable
[4 / 4 / 9]
(Valéry, 1957-1961, V, p. 633).

Valéry, en tant que rhéteur, est fort conscient des deux versants de l'emploi du mot « si » qui servent à mettre en évidence, sous sa forme binaire, des effets soit *unitifs*, soit *séparatifs*. De tels jeux de la rhétorique sont plus ou moins faciles à reproduire (souvent en fonction de la proximité des aires linguistiques) – jeux que Valéry pratique avec aisance dans ses œuvres publiées et dans ses *Cahiers*.

Symétrie :

[…] si l'État est fort, il nous écrase. Si l'État est faible, nous périssons
[9 / 9]
(Valéry, 2016, 1, p. 1460).

Si je vous rencontrais demain, ce me serait une grande surprise…
[8 / 8]
(Valéry, 2016, 1, p. 1054).

Il ne vomirait pas le monde s'il ne l'avait déjà gâté
[8 / 8]
(Valéry, 2016, 1, p. 800).

Si tu savais ce que je jette, tu admirerais ce que je garde
[8 / 9]
(Valéry, 1957-1961, V, p. 368 ; 1987-2016, XIII, p. 185).

Si tu peux penser Dieu, il n'est pas grand-chose –
[6 / 5]

Et si tu ne peux, il n'est rien
[5 / 3] *(la chute)*
(Valéry, 1957-1961, V, p. 15 ; 1987-2016, XII, p. 76).

Toute chose qui est, si elle n'était, serait énormément improbable
[4 / 4 / 9]

(*Conclusion en développement.*)
(Valéry, 1957-1961, V, p. 633 ; 1973, I, p. 533).

Si nous aimons faire le Bien, nous faisons ce que nous aimons
[7 / 8]
(Valéry, 2016, 3, p. 367).

Équilibre avec valorisation de la chute

À Rome, les hommes libres, s'ils étaient nés de parents libres, s'appelaient « ingénus »,
[14]
s'ils avaient été libérés, on les disait « libertins »
[15]
(Valéry, 2016, 1, p. 1453).

[...] Si l'incroyable a été cru longtemps, il est croyable
[4 / 6 / 4]
(Valéry, 1957-1961, XI, p. 83).

Et encore, cet aphorisme dans les *Cahiers* où l'essentiel réside dans son graphisme et sa mise en page avec équilibre syllabique parfait dans la première ligne (5/5), avec valorisation de la chute dans la seconde, et écho sonore du mot « corps » dans « ignore » pour clore le passage.

Le corps a son but *qu'il ne connaît pas*
[5 / 5]
et l'esprit a ses moyens – *qu'il ignore*
[7 / 3]
(*Double trait marginal à gauche allant du début à la fin du texte.*)
(Valéry, 1957-1961, XV, p. 411).

Question/hypothèse avec symétrie et même équilibre ou « égalité » dans l'opposition.

Pourquoi le rire si rare dans la solitude, si fréquent dans les réunions ?
[7 / 8]
(Valéry, 1957-1961, XI, p. 287). (Mon soulignement.)

Et j'oserai voir dans la célèbre allocution de Charles de Gaulle à l'Hôtel de Ville de Paris, le 25 août 1944, une certaine filiation sur le plan de la rhétorique qui remonte au moins jusqu'à Valéry – ce qui échapperait fort probablement à de nombreux traducteurs !

Charles de Gaulle (1944)

Paris outragé ! Paris martyrisé, mais Paris libéré ! libéré par son peuple avec le concours des armes de la France, avec l'appui et le concours de la France toute entière, de la France qui se bat, de la seule France, de la vraie France, de la France éternelle.

Paul Valéry (1937)

PARIS, valeur d'un site, ouvrage de vingt siècles : PARIS, produit des mains, des biens et de la politique d'un grand peuple ; foyer de délice et de peine ; objet de vœux de tant de conquérants, les uns forts, de leurs noms, les autres de leurs armes ; PARIS, trésor ; PARIS, mêlée ; PARIS, table de jeu où tous les visages de la fortune, tous les lots du destin brillent à tous les yeux ; et PARIS, œuvre et phénomène, théâtre d'événements d'importance universelle, événement lui-même de première grandeur, création semi-statistique, semi-volontaire ; mais sur toutes choses, PARIS, Personne Morale du plus haut rang, très illustre héritière des titres les plus nobles, et qui joint à la possession des plus beaux et des plus noirs souvenirs, la conscience d'une mission spirituelle permanente (Valéry, 2016, 1, p. 1508).

En conclusion, il y a chez Valéry un rhéteur, un orfèvre littéraire féru de τέχνη ῥητορική (téchnē rhētorikḗ), qui, pendant toute sa vie, cherchait à déterminer et à développer les possibilités du langage. Et il est important que le traducteur suive de près ces filiations (extra-)textuelles.

TRADUIRE LE POÈME

> Le poète cherche le vers magique – celui dont le *sens* lui soit à lui-même mystérieux et donc tel que le *vers se conserve* et se répète.
>
> Si un vers produit un sens exact – c'est-à-dire qui puisse être traduit soit par une autre expression, soit par une représentation unique – ce vers est aboli par ce sens
>
> Valéry, XVIII, p. 782.

PROPOS SUR SES LIMITES

Commençons par la limite de la traduction d'un poème ou d'un vers et sa fonction-clé de résister à la reformulation que ce soit dans la langue d'origine ou d'arrivée.

Le véritable défi lancé au traducteur des vers de Valéry est de saisir le fonctionnement de l'extrême matérialité du texte poétique valéryen ; à savoir la richesse de ses résonances sémantiques, étymologiques, connotatives, phoniques, graphiques… au cœur même d'un mariage exceptionnel de son et de sens. Valéry évoque aussi la fonction de « l'accroissement des connexions » (Valéry IX, p. 118) – qui aboutit à la densité diamantine du texte loin du carbone commun du quotidien. Ses poèmes (œuvre-empreinte ou *emprunt de l'être*) se nourrissent également d'un tissu de *tensions* à la fois résolues et ouvertes, *tensions vers* un objet absent *dans le cadre* d'un acte sensuellement combinatoire – ou combinatoire sensuelle et sensorielle – où une certaine forme de vie synthétique tente de se concrétiser. Pour cet écrivain fasciné par le *poïein*, le fonctionnement de l'être vivant et les problèmes de langage et d'écriture restent fondamentaux. C'est toujours le faire qui domine l'esthétique valéryenne et non la chose faite. « J'ai toujours fait des vers en m'observant les faire » disait-il (*Calepin du Poète*). En d'autres termes :

> Quant à moi, qui suis, je l'avoue, beaucoup plus attentif à la formation ou à la fabrication des œuvres qu'aux œuvres mêmes, j'ai l'habitude ou la manie de n'apprécier les ouvrages que comme des actions (Valéry, 2016, 3, p. 835).

Cette prise de position est incontournable pour le traducteur qui mène sans cesse un combat contre le sens seul. Il doit rester proche de la valeur du rythme comme moteur sémantique et suivre les multiples mouvements du sujet dans le discours. Une maîtrise des mécanismes d'éclairage et d'amplification est essentielle à une connaissance de la poésie mais elle est souvent bafouée dans d'innombrables traductions des textes poétiques. Le traducteur fait face à l'impossibilité d'inventer un tissu relationnel identique. Il passe par des équivalences et des approximations, tout en essayant de rester dans les plis du texte. Les poèmes de Valéry foisonnent de rapprochements et de résonances serrés. Et il serait fastidieux de faire ici une typologie des multiples techniques poétiques qu'il maîtrise avec finesse et esprit. (Mais nous aborderons dans un autre chapitre une étude de textes pour exemplifier nos propos de façon plus concrète.)

En tant que traducteur ou lecteur on tire le texte vers soi – et on tient toujours à un fil au risque de défaire la toile et la trame du texte. Pour Valéry, la traduction est « une *belle infidèle* » (2016, 3, p. 272). Ailleurs, dans « Tel Quel », il note que les « traductions des grands poètes étrangers [...] sont des plans d'architecture qui peuvent être admirables ; mais elles font évanouir les édifices mêmes, palais et temples... » (2016, 3, p. 487). Une raison de plus pour ne pas réduire Valéry à un structuraliste. Je mettrai toujours en exergue son approche formaliste et fonctionnaliste qui va bien au-delà du structuralisme. Ce qui importe dans la citation ci-dessus de Valéry, c'est qu'on y trouve une des raisons principales qui empêchent la traduction d'être « fidèle et belle » (Mounin, 1976, 145). La fidélité, chez lui, est remplacée, en un sens, par la prise en considération d'un réseau de ramifications textuelles *fonctionnelles*. Il va de soi que réduire l'analyse textuelle ou la traduction à des plans d'architecture ne saurait que tuer l'essentiel : à savoir l'*enchantement* – ce qui est magistralement sous-entendu dans le titre : *Charmes*. Et il y a toujours des crises de fidélité, des trahisons devant l'innommable, la nomination et le nominable.

Notons que le traducteur des poèmes de Valéry se doit de consulter les multiples variantes des manuscrits pour mieux comprendre la valeur du mot et des groupes de mots dans les versions « définitives ». Et, plus précisément, en termes valéryens, la poétique se rapporte toujours à une analyse incontournable du *dire.* L'exemple suivant est d'une importance capitale.

> Poét[ique]
>
>)La théorie de la poésie doit se déduire d'une analyse du *dire.*
>
> Or le dire comporte 3 constituants indépendants par nature – (en ne le considérant que dans l'émission)
>
> A. Élément auditif pur. Complexe d'ailleurs, les sons
>
> B. Élément communicatif – imitatif – les tons – accents (significatif borné)
>
> C. Élément *significatif (autre complexe)*
>
> B. (On peut entendre une voix qui signifie colère ou tendresse – sans comprendre les *mots.*)
>
> A+B combinés d'une certaine façon, permettent certaines valeurs et possibilités de C. – (images, figures, exagérations –)
>
> A donne le non-réel, le non-*sérieux* – Car *la pratique exclut la musique.* ((Valéry, 1957-1961, XIX, p. 624).

L'expérience valéryenne se trouve surtout devant l'impossibilité de dire et l'irréductibilité de l'expérience esthétique – et il ne cesse de poursuivre la forme jusque dans les moindres recoins de la syntaxe et de l'organisation phrastique – comme le fit avant lui, Mallarmé, le génie syntaxier aux prises avec l'orchestration verbale. (Poète aux prises également avec le hasard que l'on ne peut jamais abolir.) Ajoutons que « La *Syntaxe* est, entre autres choses, l'art de la *perspective* dans la pensée » (Valéry, 1957-1961, VIII, p. 272). Et on peut poursuivre cet art de la perspective jusque dans « la *clarté* de la structure » (Valéry, 1957-1961, VI, p. 437) du vers mallarméen – mais ce, bien au-delà des confins syntaxiques traditionnels du type : « Le principal, l'accidentel, le circonstanciel » où « les relations sont ordonnées par elle, et rendues possibles par elle. » *(ibid.* VIII, p. 272*)* Il nous rappelle l'importance d'« une sorte de rythme syntaxique » (*ibid.*). Puis,

> dans l'*intérieur* de chacun des compartiments, [il faut] chercher les mots principaux (et leur emplacement), noter leurs substituts, les combinaisons heureuses : choisir parmi les réflexes soit verbaux, soit exprimables en termes du vocabulaire. Songer alors aux surprises, aux éléments d'intérêt (*ibid.*).

Si, pour Valéry (1957-1961, XX, p. 675), « ce qu'il y a de plus important dans un poème est la *Syntaxe* », c'est avant tout la « syntaxe de l'action verbale » (*ibid.*). Ou plus précisément, l'essentiel réside (comme dans le cas d'un diamant) dans la « petitesse de l'angle de réflexion totale » (*ibid.*, XIV, p. 76) et par analogie, dans ce « retour du rayon verbal aux mots d'entrée » (*ibid.*).

Nous avons vu dans un autre chapitre qu'il n'y a « Rien de "négligeable" dans un rêve » (*ibid.*, XV, p. 902). Et ceci a des « conséquences esthétiques » (*ibid.*) pour Valéry. « *Négliger* mène à l'inconsistance » (*ibid.*). Ajoutons qu'il y a même une sorte d'extrême dans la veille que l'on pourrait appeler la folie des *Kleinigkeiten*, ou plutôt l'extrême concentration sur de menus détails.

> Voltaire pense avec une grande justesse : La poésie n'est faite que de beaux détails –
>
> C'est de même en chirurgie – (Carrel – technique minutieuse) (Valéry, 1957-1961, V, p. 30 ; 1987-2016, X, p. 91).

Dans le passage ci-dessus, rien d'étonnant que Voltaire et le chirurgien Alexis Carrel se trouvent ensemble. Alexis Carrel, prix Nobel de médecine en 1912, utilisa le premier la « triangularisation » pour faire des sutures en chirurgie vasculaire – une technique toujours valable aujourd'hui. Mais il doit une partie de son agilité technique à la plus célèbre des brodeuses de Lyon, Madame Leroudier. La technique minutieuse s'applique non seulement à la chirurgie mais aussi à la broderie fine, poésie et beaux détails. Madame Leroudier nous permet de rêver d'une poésie-broderie bas-relief, ronde-bosse, de la poésie-broderie en passé, en chenille, en couchure, en gaufrure, en guipure, en jaïs, en paillettes, en taillure, en tapisserie ou au points comptés ! Mais n'exagérons point ! Le travail dans les *Cahiers* de Valéry est plutôt un travail de Pénélope (ou de Sisyphe) :

> Mon travail est de Pénélope – ce travail sur ces Cahiers – Car il est de sortir du langage ordinaire et d'y retomber, de sortir du langage – en général – c'est-à-dire – passage et d'y revenir.
>
> Comme l'aiguille pique et repique dans les deux sens la surface tramée, ainsi l'esprit pique et reparaît et trace et joint de son brin, le monde qui est surface, le canevas de catégories. Il y forme des dessins et des commencements de dessins.. Broderie (Valéry, 1957-1961, XII, p. 606).

Non seulement il s'agit de piquer et de repiquer, de faire et de défaire sans cesse en fonction de la nature des surfaces, et d'un schéma préétabli – mais surtout de

> Ne pas se croire –
> Ces cahiers représentent la nature provisoire et perpétuellement telle, de tout ce qui me vient à l'esprit
> Pénélope. (Valéry, 1957-1961, XVIII, p. 201).

Valéry a voulu développer avec Carrel (mais sans résultat), lors d'une visite chez lui, ses réflexions sur la physiologie du système nerveux, (*ibid.*, 1957-1961, VII, p. 545). De toute façon, Valéry soupçonnait déjà que plus nous travaillons sur cet inconnu qu'est le fonctionnement du cerveau, moins il y a de détails. Je pense qu'il aurait aimé aborder avec Carrel un sujet du type suivant :

> *A-t-on jamais délibérément regardé en face et mis en œuvre* cette *pensée : Pensée – connaissance a un ÉQUIVALENT physico chimique.*
> Ce qui positivement se ramènerait à ceci : modification connue d'ordre phys[iologique] aurait corrélatif psych[ique] connue (Valéry, 1957-1961, XX, p. 24).

Revenons à la chirurgie. Ce qui fascine aussi Valéry dans ce domaine, ce sont les « mille précautions » qu'il faut prendre, et la nécessité de « s'exercer à des opérations infinies, méticuleuses » (Valéry, 1957-1961, V, p. 30 ; 1987-2016, X, p. 91). Encore un beau prolongement de cette histoire de détails !

Valéry reprend la phrase de Voltaire que nous avons citée plus haut pour l'intégrer dans le fonctionnement musical de la poésie (*ibid.*, 1957-1961, VI, p. 687).

> Je dis que la poésie est faite de « beaux détails » comme une musique n'est faite que de *sons* (par opposition aux *bruits*). Les sons ni les beaux détails ne suffisent pas.. Ils sont simplement *nécessaires* et le sont continûment (*ibid.*).

Ne sous-estimons pas le rôle de l'organisation des sons – ou du rythme qui, pour Valéry, est « la compréhension propre à l'audition – et à l'action » (*ibid.*, XX, p. 232).

Plongeons toutefois dans les tentations de l'hétérologie herméneutique et de l'hétérotexte. Mais ne cédons pas aux excès de la conjecture et de l'extrapolation qui se profilent au-delà de l'*intentio dicendi* ou de la « volution expressive » pour reprendre les expressions de Jean-René Ladmiral (2014, p. 116-117). Si nous quittons le *vouloir dire* de Danika Selekovitch (pour rester un peu plus près du *vouloir-dire* (« le sens qu'il prend » (*ibid.*) – avec trait d'union judicieux). Méfions-nous de l'*interprétation* (le vouloir dire), et précisons que le vouloir dire valéryen est surtout au niveau des *besoins.* L'essentiel, pourtant, reste pour lui du côté du *pouvoir dire* et du potentiel des mots dans leur contexte – contexte qu'oublient souvent les philosophes « qui donnent aux *mots* une importance qui n'appartient qu'aux phrases » (Valéry, 1957-1961, IX, p. 793).

Valéry est aux antipodes des poètes-philosophes qui mélangent à outrance les genres littéraires pour créer à la Vigny un vers tel que « J'aime la majesté des souffrances humaines » (Valéry, 1957-1961, V, p. 698). Cependant, « majesté » et « souffrances » créent un « bel *accord* de deux mots *importants* » (*ibid.*) et non un raisonnement.

Le poème pour Valéry est avant tout « *un langage dans le langage* » (Valéry 2016, 3, p. 830) que je conseille au traducteur d'étudier en tant que tel. Et c'est surtout « un art du langage » (*ibid.*) et de son *pouvoir* (sonore, sensoriel, etc.). Ceci est capital. Pendant trop longtemps la traduction des *idées* a dévalorisé la texture des mots et la valeur sonore d'une séquence de mots au service du sens. Dans la traduction d'un poème, toute la richesse du son et du sens doit entrer en jeu.

Nous ne visons pas ici sa *chantabilité* comme dans les œuvres opératiques, mais son profil plus fondamental (et modeste par rapport au chant) – ce que Jean-René Ladmiral définit par sa « réalité phonétique et articulatoire » (2004, p. 37) – et ce, par l'organisation du texte en tant que partition (minimale). Et c'est précisément ici que réside un gouffre entre l'original et sa traduction. Ou, en termes beaucoup plus généraux, ce qui manque dans une traduction c'est *le parfum de la musique et la musique du livre... La fraîcheur et... la musique d'une première lecture...* Ce fut aussi une intention symboliste (et très mallarméenne) de « reprendre à la Musique, leur bien » (Valéry, 2016, 1, p. 759). Et que dire de la tâche (absurde, ou non absurde) de « traduire une mélodie en poésie-langage ? » (Valéry, 1957-1961, VIII, p. 123).

C'est toujours l'effet de voix qui prime sur toute la machinerie cachée du texte – qui ne doit pas non plus étouffer une certaine connaissance de son mécanisme. Mais une lecture critique de la partie technique du texte reste incontournable pour le traducteur. Et comme l'a souvent dit Valéry, dès que la main de l'auteur (ou du traducteur) devient trop voyante ou visible, elle gâche la lecture.

Valéry poursuit cette idée jusque dans la construction de la phrase en vers.

> La phrase en vers doit partir, finir et renaître, plus marquée dans la voix que dans la prose.
>
> C'est faire sentir chaque fois l'intervalle de la note initiale, sa place dans le registre et faire prévaloir la distance à couvrir d'un seul mouvement (Valéry, 1957-1961, VI, p. 932).

Nul ne saurait ignorer l'importance pour Valéry du registre et du timbre des mots dont la traduction réside dans une recherche d'effets équivalents dans la langue d'arrivée *en fonction de leur rôle.*

> Au lieu du *sens* des mots, mieux vaudrait dire *leur rôle.*
>
> Le sens serait la croyance que ces *rôles* ont un invariant (Valéry, 1957-1961, XXII, p. 254).

Nul ne saurait sous-estimer, dans la traduction littéraire, ce que l'on pourrait appeler le rôle du souffle et du rythme – et je ne vais pas me limiter ici simplement aux œuvres dramatiques et poétiques. (Il reste aussi tout un travail à faire sur l'importance de l'intonation depuis Mallarmé.) Et comment reproduire ou traduire la tentative valéryenne d'élever le vers décasyllabique à la puissance de l'alexandrin dans *Le Cimetière marin* ? Il faut mettre en scène une prouesse *comparable* ou renoncer à la traduction du poème en tant que poème.

Le poète est « un homme pour qui les sons du langage ont une importance égale, (égale, vous m'entendez bien !) à celle du sens [...] » (Valéry 2016, 2, p. 477). Et « La valeur d'un poème » « réside dans l'indissolubilité du son et du sens » (Valéry, 2016, 3, p. 840). Pour Valéry, « C'est un préjugé très remarquable que de croire le *sens* du discours être plus élevé en dignité que le *son* et que le *rythme* – » (1957-1961, XI, p. 230). « La poésie sur le papier n'a aucune existence. Elle est alors ce qu'est un appareil dans l'armoire, un animal empaillé sur un rayon » (1957-1961, XXVIII, p. 512). Et il ne cesse de valoriser ce qu'il appelle « l'état de diction » (*ibid.*).

Ne sous-estimons pas la ponctuation et les équilibres rythmiques/phonostylistiques des différentes parties du texte. Car « L'écriture dans le poème joue le rôle de partition. L'essentiel n'est pas écrit » (Valéry, 1957-1961, IX, p. 98). Dans la poésie, il y a, bien entendu, des unités de son et de sens qui renforcent autrement les unités phrastiques ou strophiques. Ce sont ces unités syntagmatiques que les linguistes regardent de près aujourd'hui avant de se laisser tenter par la traduction d'un mot. (Il en va de même pour le mot dans un vers, ou telle ou telle unité strophique, groupement syntagmatique etc.) La traductologie reconnaît de plus en plus l'importance du *profilage syntagmatique* – une phase-clé de la construction du sens, parmi d'autres, de la démarche analytique et traductive de Florence Lautel-Ribstein et du regretté Pierre Cadiot (Cadiot, 2001). Lors de la transposition en langage des faits psychiques, il y a dans cette phase verbale ou scriptuaire, comme dans la traduction, une objectivation du sens, une sorte de *profilage* ou d'*usinage* au niveau des syntagmes qui fait partie intrinsèque de tout travail sur la *narratabilité.*

Et à la limite du style de l'écriture, on étudie surtout le *timbre*, le *ton* de la voix. Mais « Pourquoi pas des signes comme en musique ? (où il en manque aussi) » (Valéry, 1957-1961, XXVIII, p. 925). La lecture d'un poème avec son rythme et ses équations phonétiques est semblable à celle d'une partition orchestrale où l'on cherche la *valeur* d'une suite donnée. Un mot en appelle un autre dans l'univers poétique – et c'est la *fonction* des *jeux de correspondances* et de relations qui sont souvent laminés par le traducteur du poème. Il est important de souligner le faux débat entre traducteurs sourciers et ciblistes car, en reprenant et en prolongeant la pensée de Jean-René Ladmiral, on ne peut sourcer ou remonter au texte d'origine que pour mieux cibler la traduction. C'est ainsi que l'on peut se centrer sur une meilleure *convertibilité* du texte dans une langue étrangère.

Dans son *Léonard et les philosophes*, Valéry insiste à la fois sur « l'*hérédité* du texte » et sur son « essence » qui est de *différer* (Valéry, 2016, 2, p. 368). Il y a ici une leçon importante pour tout traducteur, car une étude fine de la filiation du texte et de la nature spécifique et précise de ses écarts dans le domaine littéraire est incontournable. *Idem* pour « l'élégance idéale de l'acte créatrice » (Valéry, 2016, 3, p. 1236). Le traducteur passe par une connaissance fine du tissu des mots. Ce fut le cas de Léonard de Vinci grâce à une étude anatomique qui précède et accompagne tant de tableaux. Je noterai ici, entre parenthèses, que la traduction par Louise Servicen des *Carnets* de Léonard de Vinci est qualifiée par Valéry, dans sa préface, surtout par le mot « complète ». Et je serai tenté de nuancer, d'une manière assez valéryenne, cette idée de complétude (dont il se méfie d'ailleurs) : « L'artiste me dit : *Je dessine ce que je sais.* » (Valéry, 2016, 3, p. 1192) par « Le traducteur me dit : *Je traduis ce que je sais.* », avec toute la rigueur des drapés de Léonard qui sont « traduit[s] » merveilleusement « en langage de mine de plomb » (Valéry, 2016, 3, p. 1192). Rigueur donc du trait, des ombres, du relief, etc. au service d'une harmonie d'ensemble, etc. Ajoutons aussi que le ψ (psychique) + le φ (physique/sensoriel) constitue le royaume de Léonard de Vinci et de Valéry.

Remonter aux sources proprement historiques du texte d'origine attirerait les foudres d'un Valéry qui considère l'histoire comme la pire des formes littéraires. Et pourtant, une étude génétique du texte et des manuscrits en tant que tentative archéographique (à savoir, sourcer ses possibilités) nous permet surtout de mieux cibler notre traduction, de mieux connaître certains aspects de ce qui fut rejeté, et de mieux saisir les points de convergence.

> Un poème – comme bien d'autres choses – peut se regarder quant à sa fabrication – comme limite des modifications successives d'un état initial.
>
> La « forme » (des choses engendrées par des actes) résulte d'une convergence et d'une conservation – convergence résulte de la réaction de chaque état sur le suivant – (Valéry, 1957-1961, XVI, p. 9).

Passons de la création d'un poème en tant que fabrication avant toute chose chez Valéry à la création qui doit littéralement germer à nouveau dans sa traduction chez Shelley.

> *Hence the vanity of translation; it were as wise to cast a violet into a crucible that you might discover the formal principle of its color and odor, as seek to transfuse from one language into another the creations of a poet. The plant must spring again from its seed, or it will bear no flower—and this is the burden of the curse of Babel.*
> (Shelley, Percy Bysshe, 1821, In Defence of Poetry)
> [http://www.poetryfoundation.org/learning/essay/237844?page=2 (Consulté le 22.5.2015)]

La traduction est, au moins depuis Shelley, non un travail d'alchimiste, mais une recréation au sens le plus fort du terme comme c'est le cas d'une plante qui repousse à partir d'un « noyau dur » – mais, elle ne pourra survivre qu'en fonction de son adaptabilité au nouveau terrain que l'on prépare pour l'accueillir. Elle doit garder aussi ses qualités de produit d'exception sur le plan langagier et culturel grâce à l'adéquation de ses transpositions et transformations dans la langue d'arrivée. Insistons ici sur le fait que le poème se réalise en tant que « créature d'exception ». Et le poème, une fois traduit, doit se conformer aux mêmes exigences, contraintes ou limites. (Tout cela est évident chez Valéry, surtout dans sa traduction des *Bucoliques* de Virgile.)

Les limites que Valéry s'impose comme traducteur-lecteur de textes et de phénomènes vitaux expliquent, partiellement au moins, l'intérêt qu'il porte à Edgar Poe et à sa notion de *Consistency* dans ses travaux. Selon Eveline Pinto,

> La consistance, c'est l'ordre, la structure, la perfection interne d'un univers logique, cosmique, artistique. Ainsi, découvre-t-il [Poe] en l'ordonnance du poème l'avenue la plus majestueuse pour parvenir à la vérité (Pinto, 1983, p. 292).

La non-contradiction et la consistance ont leur place privilégiée en mathématique et dans le monde de la cohérence et de résonance en musique. En revanche, Rimbaud navigue entre la cohérence et le chaos ou plutôt, il se campe au cœur même d'une sorte d'« incohérence harmonique » qui, selon Valéry (1957-1961, XXVI, p. 918), définit l'art poétique rimbaldienne. Et poussée à l'extrême, chez Rimbaud, « la discontinuité en règle fondamentale » (voir Lawler, 1974, p. 70) n'est jamais absolue, même libérée de tant de traditions du passé, elle reste en tant que *règle*, comme nous le rappelle Todorov. On peut parler aussi de la discontinuité harmonique chez Apollinaire : une harmonie au service d'une discontinuité. Mais une substantivation de l'incohérence et de la discontinuité ne peut ici que minorer l'harmonie d'ensemble que le traducteur ne peut ignorer. Claudel, grand disciple de Rimbaud, fit remarquer : « Mes pensées ne se suivent pas logiquement, elles se provoquent harmonieusement. », tandis que, pour Valéry, « la musique [est] belle par *transparence*, et la poésie par réflexion » (Valéry, 1957-1961, V, p. 148 ; 1987-2016, XII, p. 197). Nul traducteur ne doit ignorer ces principes.

Si Valéry insiste, dans le domaine de l'harmonie poétique, sur les notions de cohérence et de résonance, il évoque, dans le cas de Rimbaud, une certaine fascination pour l'« incohérence harmonique » qui qualifie l'art poétique de ce dernier. Valéry souligne

> Le don (très cultivé) de Rimb[aud] est de saisir dans l'à peu près initial des produits verbaux d'une impression – ou du souvenir d'impressions – les termes qui forment un accord dissonant de « sens » et une bonne consonance musicale. Le remarquable *pouvoir excitant* d'une certaine « incohérence » – – – *Oblige à créer.* C'est tout le symbolisme. (Malheureusement, rien n'est plus imitable.) [...] (Valéry, 1957-1961, XXVI, p. 871-872).

Il est donc essentiel pour le traducteur de Rimbaud, de rester à l'écoute des mécanismes de cette incohérence rimbaldienne afin de mieux faire émerger une musicalité « comme des lyres » (délire) dans « Ma bohême » (sans oublier « Délires I » et « Délires II »), ou surtout dans le cas de « Départ » une musicalité disloquée (à ne pas confondre avec la discontinuité harmonique d'un Apollinaire). (Voir mon étude de « Départ » dans Elder, 2007, p. 207-232.)

> Tout ce qui est *très beau* en littérature, tient à une certaine *incohérence.*
> Mais ce n'est pas le mot. Incohérence me fait penser à Inconscience, et ce n'est pas de quoi il s'agit (Valéry, 1957-1961, IV, p. 611).

Cette notion d'incohérence perdure dans ses définitions de la poésie de Rimbaud comme c'est le cas dans une lettre à Jean-Marie Carré, le 23 février 1943 (Valéry, 1952, p. 239-240), partiellement reproduite dans les *Cahiers* :

> J'écris à Mr J.-M. Carré sur Rimbaud, – qu'il créa, adopta – une sorte d'*incohérence harmonique*, en somme des dissonances étonnamment exactes et des complémentaires verbales – ceci sur un fond d'observation sensorielle. Un très subtil sens musical aussi. Et d'ailleurs, tout ceci en liaison initiale (Valéry, 1957-1961, XXVI, p. 918).

La traduction de la poésie de Valéry passe essentiellement par une application des mots suivants : combinatoire, connexité, cohérence et résonance. Et je vois se profiler ici la critique bonnefidienne qui réduit Valéry, un peu trop hâtivement à mon avis, à celui qui « cherche les lois de fabrication d'un poème » (Bonnefoy, 1970, p. 200). Pourtant, la technicité du poète et du traducteur est au service de sa créativité, et vice versa. Et il va sans dire que, dans le cas de la traduction d'un poème, l'objectif est toujours de *créer un poème*. Il importe toutefois que la main du fabricateur qui guide la précision mécanique et technique soit toujours cachée. Il en va de même pour tout créateur-écrivain-(traducteur). Comme disait Valéry : « Si tu veux me séduire ou me surprendre, prends garde que je ne voie ta main plus distinctement que ce qu'elle trace. », avant de conclure, (Valéry, 2016, 1, p. 797) « Je vois trop la main de Pascal. » De la même manière, il est essentiel que l'artiste, à la fin de son travail, « [efface] toute trace des échafaudages » (Valéry, 1957-1961, XVI, p. 423). Nous connaissons, par exemple, de nombreuses traductions de poèmes qui sont le fruit d'une écriture de précision – disons d'une certaine précision, mais qui n'apportent que très rarement l'élan ou la force de l'original. Et trop souvent, le résultat « final » ressemble à un bâtiment en train d'être ravalé. (Mais, on ne manquera pas de me rappeler ici qu'il existe des techniques pour en finir !)

Valéry a une double casquette de poète et de traducteur. C'est d'abord un poète conscient du fait que « L'écrit cache la voix » (1957-1961, XXII, p. 482). Et Roland Barthes (1973, 104-105), qui suivait les cours de Valéry au Collège de France, évoquait le rôle d'« une écriture à haute voix » qui nous permet d'entendre « toute une stéréophonie de la chair profonde ».

EFFETS DE VOIX

Étudier la *voix* d'un texte, au sens strict du terme, peut se limiter à une analyse de certaines qualités vocaliques – à condition de ne pas ignorer le côté *graphique* de l'écrit (avec ses forces et ses faiblesses) en tant que *partition*. (Le dernier mot ici est capital pour la compréhension de la poésie chez Valéry.) D'ailleurs, « Le poème n'a pas de *sens* sans SA VOIX » (1957-1961, XXVI, p. 807). En d'autres termes, c'est « La voix, clef de la poésie » (1957-1961, VII, p. 164). Et « On fait les vers de sa voix » (1957-1961, VII, p. 538-539). Les effets de voix sont inséparables des effets de sens exactement comme la forme est indiscernable du fond, car même « La forme est une sorte de signification » (1957-1961, IX, p. 557). Dans un poème, les idées sont « une sorte de matière » (1957-1961, V, p. 668) – « matière plastique » de sa présence, disait-il (1957-1961, VI,

p. 761). Valéry fut sensible au « timbre » et aux « attaques de voix ». Pour lui, la « façon de parler en dit plus que ce que l'on dit… Le fond n'a aucune importance… essentielle » (Valéry, 2016, 2, p. 225). Et la page suivante de cet extrait met l'accent sur l'importance de la forme par rapport au fond.

Nul ne peut ignorer que la voix est espacée, modulée par ses hésitations, ses pauses, ses arrêts et ses différentes intonations et inflexions. Elle répond, malgré certains rapprochements évidents, à une dynamique qui est en grande partie autre que celle de l'écriture. Ce qui est intraduisible, c'est surtout la voix de l'auteur, le tissu d'équations sonores, le souffle et le rythme des vers. Et pourtant, il n'est pas de traduction d'un poème sans son tissu sonore.

>))Traduire un poème c'est – 5ou plutôt – ce *serait* reconstituer dans une langue B, l'*indissolubilité de sens et de sons* sans laquelle le texte choisi dans le langage A ne mériterait pas le nom de poème. Il faut de plus que((le sens séparé soit conservé, et que la relation du son et du sens (dans A) soit au moins *imitée* (dans B). 3 conditions donc :
>
> $\Sigma = \Sigma^{1}$; $\Sigma/S \equiv \Sigma^{1}/S^{1}$ et $\Sigma^{1}/S^{1} = S^{1}/\Sigma^{1}$
>
> Σ = (sens) (Valéry, 1957-1961, XIV, p. 4).

Effets et tentatives de miroitement du contenu formel, du son et du sens, équivalences ou tentatives d'imitation.

La traduction aboutit à une série de pensées ajour(n)ées par les limites de la voix et par son invisible architecture au niveau de l'écrit. Le traducteur-lecteur fait face à une « déchiffrabilité » et à une « lisibilité » sans limites. Ceci ne nous empêche pas de trouver des pistes et des traces d'une méthode qui sont utiles lors de la traduction d'un poème. Ajoutons également que la traduction ne fait pas partie des formes nouvelles de relativisme ou même d'une relativité ontologique. (De toute façon, la relativité ontologique est une thèse épistémologique.) Certains aiment citer la phrase de Valéry : « Mes vers ont le sens qu'on leur prête. » Mais au lieu de vouloir dire – *Mes vers signifient n'importe quoi* (une forme de relativisme sans limites), il souligne surtout le fait que le sens de ses textes, une fois entrés dans le domaine public, échappe à l'autorité de son auteur et se prête à des lectures plurielles. Il n'est point question d'amener le lecteur à l'auteur ou l'auteur au lecteur – car ce que l'on met derrière ce mot d'« auteur » est déjà suspect. Et *idem* pout le lecteur ou lectorat particulier. À la rigueur, on découvre la volonté de servir une certaine idée de l'archi-lecteur…

LE RYTHME

> Traduire n'est pas traduire si on ne rend pas le rythme qu'on a reçu.
> MESCHONNIC, 2001, p. 22-25.

Depuis fort longtemps le rythme est resté collé à son sens traditionnel d'alternance formelle ou de mesure, ordre, proportion, etc. Et lors d'une intervention à l'université d'Arras, à la suite d'une question posée par une jeune doctorante, j'ai suggéré qu'une étude du rythme et de la mélodie passe par les notions suivantes – si sensibles dans la poésie de Valéry : la périodicité, le synchronisme, le temps et le tempo, la résonance et la cohérence (résonner et raisonner), les équations sonores, la fréquence, la continuité, la répétition, la durée, l'attente (de tel son, de tel rythme et de tel mot), le développement, le carrefour (ce sont les mots que l'on met à la croisée des chemins), l'intervalle, l'écart, la proximité, l'éloignement, la rupture, la fracture et la discontinuité (c'est le propre de tout texte d'être truffé de brèches), le souffle, (le souffle oui, et non la « prose soufflée » que Souday (1928) reproche à Claudel), les positions-clés (les débuts et les fins de vers, de strophes et de textes poétiques)…

« La modulation généralisée », selon Valéry, « est le comble de l'art. » (Valéry, 1957-1961, XIV, p. 435) surtout quand il s'agit de transformations finement contrôlées et ciselées. Rappelons que le français, selon David Paul, est un violon avec son *vibrato*, tandis que l'anglais reste un instrument à clavier fort complexe, impur, « *omnifarious* » (divers, varié) (Voir Valéry, *Poems* 1971, p. 391).

Passons à la célèbre définition du rythme par Yeats au début de son texte : « The Symbolism of Poetry, III ».

> *The purpose of rhythm, it has always seemed to me, is to prolong the moment of contemplation, the moment when we are both asleep and awake, which is the one moment of creation, by hushing us with an alluring monotony, while it holds us waking by variety, to keep us in that state of perhaps real trance, in which the mind liberated from the pressure of the will is unfolded in symbols. If certain sensitive persons listen persistently to the ticking of a watch, or gaze persistently on the monotonous flashing of a light, they fall into the hypnotic trance; and rhythm is but the ticking*

> *of a watch made softer, that one must needs listen, and various, that one may not be swept beyond memory or grow weary of listening; while the patterns of the artist are but the monotonous flash woven to take the eyes in a subtler enchantment* (Voir Yeats, W. B., 2007, p. 113-121).

Qui dit mieux ? Ce passage en anglais de W. B. Yeats contient, jusque dans son organisation technique et phrastique, les clés du rythme en même temps que sa définition proprement dite. Mais je me permettrai d'ajouter ici que, pour Valéry, c'est le poème *dans son entier* se repliant sur lui-même qui *prolonge la contemplation* (Voir Valéry, 1957-1961, V, p. 524 ; 1987-2016, XIII, p. 345).

Et précisons aussi que cet état d'enchantement est prolongé musicalement, chez Valéry, sur fond physiologique, et au service d'une « suite – ou pluralité dont les éléments sont liés d'une seule manière – et dans un seul sens » (Valéry, 1957-1961, XIII, p. 914). À ceci il faut ajouter les techniques en français pour faire attendre les mots-clés situés en fin de phrase.

Un certain état rythmique précède souvent la création du poème et fait partie de la création de la voix du texte. Et voilà le hic. Le traducteur ne peut partir qu'à la recherche d'une voix qui *conviendrait* au poème d'origine.

Dans son article sur Paul Valéry et la recherche du rythme poétique, David Evans, (2010, p. 158-176) estime que le rythme, selon Valéry, est indéfinissable. Mais il reste au cœur même de la poésie. La théorisation et la définition du concept de rythme chez Virginia Woolf échappent également à la définition. Valéry souligne, de temps en temps, dans ses *Cahiers*, les limites incontournables de toute définition du rythme auxquelles il se heurte sans cesse. Voici au moins cinq citations capitales de Valéry pour confirmer la position de David Evans : « Ce mot "rythme" ne m'est pas clair. Je ne l'emploie jamais » (Valéry, 1957-1961, V, p. 541).

Ce constat est à la fois excessif et juste, car le mot de rythme reste, pour lui, à la limite de nos tentatives de définition tout en étant une clé incontournable de la poésie dont l'essentiel contient toujours une part énorme de subjectivité et de difficultés comme dans les quatre cas suivants :

> 1
>
> Il ne faut définir le rythme car ce mot tel quel est suffisant, convenable, excellent même pour le discours libre (solution)

Il est inutile, inefficace, pour le raisonnement – (Valéry, 1957-1961, XIV, p. 7).

2

Le rythme est cas particulier de l'obscure question de la composition d'événements successifs –

La continuité est un autre cas – (Valéry, 1957-1961, XIV, p. 877).

3

Expérience – Il est impossible de *penser* un rythme – Immobilise-toi et essaie de te représenter un rythme. Impossible. J'ai vu quelqu'un croire le pouvoir de battre le rythme avec les paupières. Ou bien par impulsions dans les muscles de la bouche (Valéry, 1957-1961, XV, p. 7).

4

)Le rythme – difficulté de défin[ition] car défin[ition] *externe* comme celle des m[ouvemen]ts périodiques est insuffisante – En effet, l'élément n'est pas *ponctuel* – Les mots : À CHAQUE INSTANT(ne sont pas à employer ici. L'état n'est pas divisible c'est une affaire de *sensibilité* – laquelle est *inégalité.*

Liaison du *temps* avec le phénomène – ce *temps* perçu et relation de l'acte avec la puissance – avec consevartion du système – Élongation maxima

Le rythme est une loi en tant que perçue (Valéry, 1957-1961, XVII, p. 265).

Et parfois ceci, teinté de noir, à la limite de toute définition : « Noter qu'il n'y a pas de raison p[our] que le mot *rythme* ait une importance réelle » (Valéry, 1957-1961, XVII, p. 872). Et malgré de nombreuses pages de réflexions, Valéry semble récuser toute définition qui l'enferme dans un cadre spécifique. Ces jugements sévères n'empêchent point le poète de revenir sans cesse à ses tentatives de définition du rythme. C'est la clé même de la difficulté de toute définition du poème – qui ne serait que le produit d'un travail incessant, non achevé et surtout non achevable.

RÉFLEXIONS SUR LE RYTHME ET LES ÉQUATIONS PHONÉTIQUES

Valéry fonde toute une théorie de la poésie sur la *vox in actu* – là où Henri Meschonnic base sa théorie de la traduction sur le rythme ou, plus précisément, l'organisation du mouvement de la parole. Et en ses termes :

l'organisation dans le langage des marques par lesquelles les signifiants, linguistiques et extralinguistiques (dans le cas de la communication orale surtout), produisent une sémantique spécifique, distincte du sens lexical (Meschonnic, 1982, p. 216-217).

Le sens qu'accorde Meschonnic au mot de rythme est loin de celui de Valéry – mais on peut trouver, dans leurs propos, des points communs autour du thème de la voix. Le poème est fondé sur la *vox in actu*. Mais dans le cas de la définition du rythme, Valéry est hyper-conscient des limites de tels efforts. Si *vox* (mot qu'il emploie à de nombreuses reprises) est qualifiée par *in actu* – c'est qu'il représente le faire, le mouvement, et toute l'artillerie de la fabrication orale orientée vers un effet à produire ou un processus en cours. Mais ce processus, c'est le vivant, c'est la boîte noire du cerveau. Nous avons de plus amples prises sur les procédures à mettre en place (et qui se peaufinent dans les brouillons de ses poèmes et ses réflexions sur la poésie dans les *Cahiers*).

Que de fois, chez Valéry, les images scientifiques – physique, mécanique, chimie, temps, etc. reviennent dans les *Cahiers* pour étayer la richesse de sa pensée esthétique et surtout son travail d'artiste-artisan aux prises avec les « effets d'action ».

> Consonnes
> Configuration – et tensions ou pressions
> Effets d'action r gr gl – st –
> Comparer aux divers dispositifs de la main quand (par ex[emple] elle se dispose pour une torsion – tourner une clé –; pour une torsion-rotation avec translation – comme pour visser (Valéry, 1957-1961, XVIII, p. 89).

Le vers, pour Valéry, correspond à une « – Équation instinctive – comme chimique où sens, sons, et rythme sont équilibrés » (Valéry 1957-1961, VI, p. 202), « durée organisée » (Valéry, 1957-1961, V, p, 505 ; 1987-2016, XIII, p. 327). Le rythme est l'organisation du *son*, du *sens* et des *figures*... Mais même en travaillant sur cette organisation, le traducteur perd toujours la *voix* de l'auteur. Lire un poème aujourd'hui, c'est *ré-oraliser* le poème – c'est aussi, par nécessité, *invalider toutes les théories du langage*, comme nous le rappelle Meschonnic (2006, p. 138).

RYTHMES ET OSCILLATIONS

> Poésie – – Mécanique ondulatoire !
> Elle est en somme l'usage, le fait de suivre, etc. les événements perceptions par leur onde – Percevoir l'onde physique le corps le rayonnement engendré par le passage de l'impression dans le milieu qu'elle crée
>)usage et combinaison des valeurs de résonnance, des harmoniques et de leurs rapports – au détriment des valeurs de substitution finies ((Valéry, 1957-1961, XII, p. 275).

Mécanique ondulatoire (au sens large et métaphorique du terme) ainsi que résonance et harmoniques constituent une des clés de l'analyse du rythme que doit posséder le traducteur des poèmes de Valéry. Le rythme est lié à la physique de son temps (non sans humour) dans le passage ci-dessus avec allusion à Louis de Broglie.

Insistons sur cette « mécanique ondulatoire » (Valéry, 1957-1961, XII, p. 275) avec son emploi valéryen qui en tant que théorie poétique du rythme reste, pour l'essentiel, une belle métaphore. Mais on aurait tort de limiter la « mécanique ondulatoire » simplement aux « résonances » (sous forme de prolongements sonores des mots, etc.), aux « harmoniques » (Valéry, 1957-1961, XII, p. 275), aux modèles purement mécaniques ou même à la notion d'amplitude. J'oserai y voir aussi la nature à la fois ondulatoire et corpusculaire du poème (une substance sonore) – le tout modulant une sorte d'onde porteuse avec sa vibration interne en phase avec l'unité du texte. Ma remarque n'est pas gratuite car il n'est pas rare de trouver ensemble, chez Valéry, les termes suivants : « La poésie, la voix et l'*onde porteuse* » (Valéry, 1957-1961, XIII, p. 822). Et encore,

> La Poésie exige donc une construction d'un langage dans le Langage – une seconde *Loi*, analogue à l'onde modulée sur l'onde porteuse (Ceci vu *non historiquement* – mais *actuellement*) (Valéry, 1957-1961, XIX, p. 673).

Autrement dit, « onde porteuse et onde modulée » font partie du « style » (Valéry, 1957-1961, XV, p. 305). Soulignons également que l'« onde porteuse » est liée dans ses analyses du formel aux notions d'ordre, de symétries, de cycles et de phases. (Voir XVII, p. 88.) Valéry ne confond pas « onde portante / ou porteuse / et modulations » (*ibid.*,

XVI, p. 361). D'ailleurs, la régularité et la monotonie de l'*onde portante* n'est pas sans risque dans le domaine stylistique sans ses modulations. Valéry connaissait bien les théories de son ami, l'éminent physicien Louis de Broglie, et indirectement celles de Schrödinger, sur les particules et les ondes. En d'autres termes, le fond est la forme et vice versa, comme pour la dualité particules/ondes. Les dualismes du type fond/forme se résolvent toutefois, chez Valéry, du côté de la forme et contre « l'arbitraire littéraire », avec sa part d'arbitraire inconscient – qui guette aussi le traducteur.

Chez Virginia Woolf, et beaucoup d'autres, le rythme et la mer (les vagues) sont fortement liés. Pour Valéry (1957-1961, XVII, p. 872), le rythme du poème est « toujours une action du vivant », loin de la redondance des vagues (au sens étymologique du terme). Dans ses définitions de la notion de rythme il dépasse de loin le cadre des images équines et maritimes si chères à Virginia Woolf.

> Si le rythme est un phénomène de résonance ?
>)Tout ce qui se communique et se reproduit par résonance ~~est~~ serait rythme.
> Transport de forme, d'énergie (rythme des vagues n'a de sens que pour un enregistreur qui les superpose. [...] (Valéry, 1957-1961, VIII, p. 318).

Selon Valéry (1957-1961, IV, p. 485 ; 1987-2016, X, p. 110), le vers régulier doit dépasser l'état d'un simple « mécanisme automatique » pour donner l'idée d'une « improbabilité de plus – d'une coïncidence plus merveilleuse » (*ibid.*). Valéry reproche à Victor Hugo son côté « strictement mécanique » (Valéry, 1957-1961, V, p. 667) et sa manière de « vocifér[er] avec une régularité d'horloge » (*ibid.*). La question-clé pour Valéry n'est pas de se dire : Qu'est-ce que le rythme ? Il s'agit plutôt de

> chercher le système qui éveille, définit, organise « en nous » un type de mouvements harmoniques – c-à-d. multiples d'une même unité et *tous exécutables par le même muscle* ou le même groupe et se commandant l'un l'autre, – *isolent* ce fonctionnement, prennent une loi séparée d'échanges entre actuel et potentiel – créent une mémoire instantanée par cette relation – instituent des figures fermées, avec *commencement* et *fin indivisibles* formant unités, quanta complexes – donc capables de reproduction identique – et engendrant besoin de reproduction avec l'économie (Valéry, 1957-1961, p. XII, p. 654)

Peaufinons cette recherche des mécanismes rythmiques spécifiques dans les textes à traduire pour recréer, par exemple, une *poésie vibratoire* dans la cas de Claudel. Chez Ponge priorité aux mécanismes fortement ancrés du côté des choses qui trouvent leur « reflet ». Essayons aussi de retrouver la minéralité et la *sententia* dans les poèmes de Char. Notons également que, depuis fort longtemps, la poésie moderne s'est éloignée du délayage et des développements hugoliens au profit de vers plus finement ciselés et diamantins. Il serait utile de tracer ce parcours jusqu'aux poètes contemporains. Le vers suivant de Char rappelle fortement l'idée d'« Imminence éternelle de toute ma pensée. » chez Valéry (1957-1961, III, p. 680) comme c'est le cas de tout son projet poétique en devenir (ou en attente du dernier mot, comme nous l'avons indiqué ailleurs).

> Le poème est l'amour réalisé du désir demeuré désir (Char, 1962/1967, p. 73).

Il existe une sorte de solidité substantive ou « minéralité » dans ce vers-aphorisme de René Char ainsi qu'un courant de voyelles claires et aiguës que la traduction anglaise ci-dessous d'un de mes étudiants efface inévitablement. Pire encore, la véritable force et la fonction de l'attribut sont délayées par un deuxième verbe (*meets*) dans sa traduction.

> *A poem is love fulfilled that meets unmeetable desires.*

La symétrie interne du texte, son état de résonance au sens plein du terme, et surtout son irréductibilité – voilà ce qui constitue le point de départ de toute recherche d'un effet poétique identique.

Dans le cas de la traduction de la poésie, c'est l'acte d'une véritable transmutation de valeurs langagières qui prime. La traduction est un jeu de réciprocité successive partant d'une image mentale ressentie, en quête de son équivalence verbale, et qui remplirait les conditions nécessaires et suffisantes qui en découlent. Et une des difficultés majeures dans la traduction réside dans la recherche du mot *attendu* dans l'original du poème que l'on doit placer à l'endroit équivalent prévu par le poète. Ceci n'est jamais facile pour le poète.

> Il s'agit alors de chercher par ce mot x – véritable inconnu défini par ses coefficients phonétiques, métriques, harmoniques et significatifs le mot réel qui s'en approche le plus (Valéry, 1957-1961, VII, p. 99).

De telles exigences de fabrication chez le poète s'amplifient davantage chez le traducteur à la recherche d'équivalences. Équivalence de conditions techniques indépendantes réunies, équivalence de propriétés formelles et significatives, et tout cela en tant que problème à résoudre par le truchement des possibilités du langage au service de tel ou tel effet à produire. L'erreur est toujours de sous-estimer le nombre de conditions formelles qu'il faut réunir à l'intérieur d'un vers en tant qu'unité complexe et composée – et surtout les conditions qui le séparent du langage ordinaire.

> Écrivain – cherche son mot.
>
> Il l'attend, Il veut une certaine sonorité, une certaine étrangeté, une certaine conformité, etc.
>
> Il donne rendez-vous à ce mot, au carrefour de ces conditions indépendantes désirées.
>
> Il est prêt à le saisir, à le reconnaître dans le noir des termes au moyen de trois ou quatre sens spéciaux bien éveillés.
>
> [...]
>
> L'écrivain cherchant le mot – non le mot qui préexiste – celui qui doit exister pour telle impression – besoin – ressemble étrangement à la mathématique cherchant avec ses entiers et ses fonctions rationnelles à désigner toute grandeur.
>
> Les trouvailles, chez qui trouve assez souvent, *deviennent* résultat d'une opération à peu près sûre, et quoiqu'elle ne se fasse toute consciente, elle est bien déterminée, attachée à une attitude.
>
> L'exception se fait habitude, s'apprivoise (Valéry, 1957-1961, IV, p. 777).

Créer donc « l'unité de *compréhension* phonique-motrice » (Valéry, 1957-1961, XV, p. 189) où le rôle de la respiration est capital. La densité du vers dépend du nombre de conditions (formelles et significatives) réunies à condition que le résultat ait la même clarté et densité qu'un diamant.

POÈME, RYTHME, RIME ET ÉQUIVALENCE

Il est déjà difficile de traduire dans un poème le rythme associé à une *sensation* particulière – mais retraduire le même texte dans une autre langue est un travail de transmutation grâce à une nouvelle palette de formes, de figures et de sons.

Parmi tous les emplois de l'équivalence, Valéry évoque le rôle cardinal au niveau de la production d'un poème de ce qu'il appelle « la transformation conforme ou équivalente ». La transformation conforme n'est pas une copie carbone ou une photocopie d'un document certifié conforme – mais un véritable acte de traduction du ressenti *vers* un état de poème. Voici ci-dessous le fragment dans son intégralité.

> Le vers dit « classique » exige une véritable traduction de ce qu'il y a à dire (dans un poème) de non immédiatement « poétique » (quant à la survenue dans l'esprit c-à-d. suite logique suffisante etc.) – dans une autre manière de *penser par mots* – et celle-ci suppose chez l'auteur la faculté de considérer autrement la même chose – tellement que d'autres mots deviennent la transformation conforme ou équivalente (Valéry, 1957-1961, XVIII, p. 505).

En d'autres termes, « La Poésie est le discours où le maximum d'équivalence entre les effets psychiques et les effets sensoriels est admis/exigé » (Valéry, 1957-1961, XX, p. 427). Ici, je noterai surtout le rôle de cette équivalence en tant qu'*exigence*. Et ce qui est *admis*, c'est le rôle du synchronisme et de la résonnance (thème que je développerai ailleurs).

> Le rythme n'est que synchronisme, résonnance –
> Le pas et la musique rythmée se tempèrent l'un sur l'autre,
> Se syntonisent, se renforcent.
> Deux pendules sur le même socle prennent peu la même période. L'un retarde, l'autre avance (Valéry, 1957-1961, IX, p. 514).

Valéry opte de temps en temps pour cette forme orthographique ancienne du mot de résonnance qu'il associe aux sons qui se renforcent et se syntonisent. Et l'exigence principale de l'équivalence dans le cas du vers c'est de « partir de la voix ».

> Il existe une manière de dire – grâce à laquelle le discours émis (de cette manière) est perçu par fractions successives *telles* que chacune nous fasse *ATTENDRE* la suivante en tant qu'équivalence.
>
>))L'attente (auditive motrice) est fondamentale en poésie
>
> C'est à fonder la poésie sur la probabilité intuitive (Valéry, 1957-1961, XVII, p. 517).
>
>)Le rythme est l'équivalent perçu (ou dans la perception ou dans le sensible) – d'un acte accompli dans le moteur – et bien achevé.
>
> Il y a un principe d'équivalence. ((Valéry, 1957-1961, XIV, p. 269).

Il va jusqu'à évoquer dans le cas de la production poétique la notion de « complémentaires ». Et tout ceci doit suivre une loi d'« équivalence substitutive. Complémentaire. »

>)Il y a peut-être quelque analogie entre le rythme et le phénomène des complémentaires.
> Production de ce qui complète, achève, ferme une *inégalité*, un déséquilibre –(
> Ce sont des introductions locales centrifuges.
> La *cause* externe cesse.
> Dans le rythme, la *couleur* aurait p[our] analogue un dispositif moteur
> Attente – détente
> Pendant l'attente rythmique, la sensibilité est croissante – Puis détente = le mouvement.))*Mouvement et sensibilité sont en échange.*
> C'est une loi d'équivalence, substitutive. Complémentaire(((Valéry, 1957-1961, XVI, p. 517).

Et sur la même page il évoque la conscience en tant que « théâtre de substitutions ».

Revenons au poème. L'inspiration, pour Valéry, « consiste dans l'embrayage d'une loi rythmique » (Valéry, 1957-1961, XV, p. 253). Et cette « loi ou gène doit figurer dans le contenu à titre d'équivalente » (*ibid.*) ou même d'équivalence successive.

Cette équivalence dans le cadre d'une succession ne peut s'établir qu'à partir des trois étapes suivantes :

> Rythme – acte – Phases de l'acte – définissent la *succession*
>))Compter *Un* – *deux* – *TROIS !* – Équivalents de 3 temps de verbe – Si on veut distinguer ces 3 coups, identiques en force externe, – en termes explicites on dira :
> 1. attention ! = opérez la division des fonctions – en celles qui doivent agir et les autres et coordonnez-vous.
> 2. tension – chargez ! poussez l'énergie
> 3. détente = déclenchez. « Envoyez » !
> Mais ces 3 sont la succession elle-même – qui est la *différenciation par les états de l'acte* – Là où il n'y a pas *Acte* – ou bien acte incomplet, *fragment d'acte*, point de *succession*.
> Il en résulte que nous fournissons ce qu'il faut pour référer à l'acte, une pluralité(((Valéry, 1957-1961, XX, p. 324).

Chez Valéry, « Toute loi perçue d'une succession est rythme » (Voir Valéry, 1957-1961, V, p. 500-501 ; 1987-2016, XIII, p. 322-333). Et ce successif se trouve dans le cadre d'une certaine dépendance. Le rythme ou « durée organisée » (Valéry, 1957-1961, V, p. 505 ; 1987-2016, XIII, p. 327) est au service de la sensibilité intellectuelle. Elle dépasse le raisonnement et rend difficile toute définition, malgré de multiples efforts pour décomposer ses éléments-clés. Citons par exemple :

> Rythme
> 1° cas – – Les « coups » sont identiques en intensité, durée et toutes qualités.
> 2° cas Les intensités et durées distinguent ces éléments
> 3° cas Les « accents » – action des « hauteurs »
> [4°] cas Les hauteurs. Le registre – les éloignements, écarts de la *base* « humaine » (Valéry, 1957-1961, XX, p. 233).

Toutefois dans le cas de la traduction de la poésie, le rythme que l'on cherche est une reproduction approximative que l'on obtient en jonglant avec le succédané et le successif pour fermer une *inégalité* tout en recréant la dépendance des différentes parties de la phrase-vers-strophe, etc.

Valéry aborde les écarts et les limites de la poésie entre un pays et un autre : « [...] La poésie ne peut pas être entièrement comparable d'une nation à l'autre – Ce n'est pas tout à fait la même chose dont on parle. Les possibles ne sont pas les mêmes » (Valéry, 1957-1961, IX, p. 47). Et « Comparer les littératures de deux pays, c'est comparer non deux nations, mais les *exceptions* de deux groupes » (*ibid.*, p. 48). (Il importe au traducteur de faire valoir de telles exceptions.)

Au point limite de telles comparaisons figure le problème, souvent mystique, de la traduction en prose ou en vers de la musique – et, en particulier, de la musique de Wagner et du prélude de *Lohengrin* que Valéry a tant admiré :

> En fait de « mystique » rien ne me convient mieux que le Prélude de *Lohengrin*. Là, *pas de mots*. (Baudelaire traducteur.. ?) (Valéry, 1957-1961, XXVIII, p. 217).

Il est vain de vouloir élever la poésie au niveau de la musique, et il est impossible de traduire l'effet d'une musique particulière en prose ou en vers. Valéry ne peut *traduire* de tels effets mystiques de la musique sans retourner à ses préoccupations techniques et fonctionnalistes pour les transformer en regard sur un regard, ou point de vue d'un point de vue. Et ce, de manière « suspensive », avec emploi des « .. » pour appuyer ici, comme ailleurs, ses hésitations devant l'inexprimable, avant d'y ajouter un point d'interrogation final dans la citation ci-dessus.

> Musiciens n'aiment pas Wagner.
>
> W[agner] inventeur – C'est autre chose que « de la Musique ». Ex[emple] : le prélude de *Loh[engrin]* (qui saisit aussitôt les Baudelaire etc.). Emploi des durées, et des hauteurs de notes et timbres pour fixer au plus tôt l'état d'attente « infinie », et le *fermer* – État analogue à une *obscurité-silence chargée* (*cf.* un homme qui s'éveille dans les ténèbres – et écoute..) – alors *tout est possible.* Le maximum de production, de « *foi* », d'écart, de « profondeur » est créé. –
>
> Ce ne sont pas les mêmes.. nerfs qui sont excités et *entretenus* – et les mêmes modulations exercées (Valéry, 1957-1961, XXII, p. 699).

Impossible pour Valéry de traduire (ou de trahir) son impression du prélude de *Lohengrin* comme le fit Baudelaire (1961, p. 1213-1214) qui cherchait à cerner, avec « raison » et « comparaisons », une « traduction inévitable » que son « imagination » fit de ce « morceau » dès les « premières mesures ».

> [...] Je me sentis délivré *des liens de la pesanteur*, et je retrouvai par le souvenir l'extraordinaire *volupté* qui circule dans *les lieux hauts* [...]. Ensuite je me peignis involontairement l'état délicieux d'un homme en proie à une grande rêverie dans une solitude absolue, mais une solitude avec *un immense horizon* et une *large lumière diffuse* ; *l'immensité* sans autre décor qu'elle-même. Bientôt j'éprouvai la sensation d'une *clarté* plus vive, *d'une intensité de lumière* croissant avec une telle rapidité, que les nuances fournies par le dictionnaire ne suffiraient pas à exprimer *ce surcroît toujours renaissant d'ardeur et de blancheur.* Alors je conçus pleinement l'idée d'une âme se mouvant dans un milieu lumineux, d'une extase *faite de volupté et de connaissance*, et planant au-dessus et bien loin du monde naturel (*ibid.*, p. 1213).

Les italiques de Baudelaire, ici et ailleurs dans ce texte, renforcent le désir ainsi que la difficulté de « *peindre* l'espace et la profondeur, matériels et spirituels » (*ibid.*) chez Wagner. Recherche, une fois de plus, chez Baudelaire, d'« une ténébreuse et profonde unité » (*ibid.*, p. 1213), et une tentative de synesthésie entre l'*ouïr* et le *voir* grâce aux couleurs.

Mallarmé, dans son « Hommage à Richard Wagner » – hommage assez boudeur, selon Bertrand Marchal (Mallarmé, I, 1998, p. 1197-1198), avait essayé aussi de traduire cette « *obscurité-silence chargée* » évoquée par Valéry : « Le silence déjà funèbre d'une moire » (Mallarmé, I, 1998, p. 39, p. 99). Merveilleux prolongement du silence par les « e » muets qui valorisent chaque mot ainsi que les consonnes sonores – mais ce silence, non sans ironie, à la fin du sonnet est « un sacre » / « Mal tu par l'encre même en sanglots sibyllins » (*ibid.*, p. 40, p. 99). Sacre, où la liquidité de cette fin de texte (l'encre), et surtout des « sanglots » (4 « l » dans ce vers) montent nécessairement à la surface pour clore le poème.

Pas d'équivalent ou de traduction verbale possible de Wagner pour Valéry, mais une réflexion sur « l'esprit seul » qui ne voit que « combinaisons, possibilités, équivalences.. » (Valéry, 1957-1961, XVI, p. 506) qui « peut transporter les transports » (danse, musique, etc.) « dans un domaine extra-ordinaire » (*ibid.*). À la fin de ce passage, Valéry résume la force de la musique wagnérienne : « W[agner] et son Tristan. Passion + méditation technique » (Valéry, 1957-1961, XVI, p. 506). Une fois de plus, Valéry met en scène l'essentiel de *son Wagner* : la force du ressenti captée par la technicité de l'artiste.

RYTHME ET RIME

Le traducteur à la recherche de rimes trahit souvent leur fonction en choisissant des mots qui colorent autrement le rythme et la rime du texte d'arrivée – et qui l'éloignent radicalement de l'original.

Chez Valéry la rime joue le rôle (mécanique) d'un « ressort » (Valéry, 1957-1961, IX, p. 292) ou « d'accumulateur de *facteurs d'attente*, – et de l'idée d'*identité* – de retour au même. – » (*ibid.*). Il est question aussi d'une « répétition prédéterminée » (*ibid.*) où il faut passer par tel ou tel son de tel ou tel mot – mais l'acte de traduire ne nous permet pas de passer par n'importe quel mot (du texte d'origine) !

La fonction de la rime participe à une sorte de « loi cyclique » qui est source d'enchantement pour maints poètes. Citons le cas de Baudelaire.

> L'arrangement rythmique et l'ornement (presque musical) de la rime sont pour le poëte des moyens d'assurer au vers, à la phrase, une puissance qui captive comme par un charme et gouverne à son gré le sentiment (Baudelaire, 1961, p. 1220).

Si la rime fait partie d'un système qui a fait ses preuves dans « *nombre* de langues, qui a été suivi par *nombre* de *grands* poètes, et *auquel on n'a rien opposé* » (Valéry, 1957-1961, XVI, p. 414), il n'empêche que l'on peut : « 1° contester une *convention* sans en apporter une autre, 2° contester les *conventions* en général (quand le langage même en est une) » (*ibid.*) ou « 3° produire des résultats » (*ibid.*). Mais là où le bât blesse, c'est au niveau de la traduction des résultats. « Le marchand de rimes » (Valéry, 1957-1961, V, p. 7) risque de devenir un marchand de sable.

Terminons ces propos sur la rime en soulignant qu'elle est inséparable du rythme – et que la construction du poème, chez Valéry, ne commence jamais par un catalogue de rimes, même si, dans les manuscrits de ses poèmes, il en reste la trace, comme c'est le cas du Finale des « Fragments du Narcisse » que nous avons publié, à savoir, « endurée »/« adjurée » ; « (contente)/(distante) ».

Pour Valéry, la *vox in actu* repose sur un ensemble ou pluralité *composée – vivante* ! centré sur « *le mot en acte* » et non sur « le mot arrêté » (Valéry, 1957-1961, XX, p. 723), et dont la tâche principale est la suivante : « Peignez le mot au moyen d'une phrase. » (Valéry, 1957-1961, IX, p. 879) car c'est toujours le contexte qui caresse, qui apprivoise et qui accorde le son et le sens du mot dans tel ou tel poème. Les poèmes de Valéry, tout comme ceux du maître, Mallarmé, sont ancrés sur le *dire* et non sur le *dit* – et le texte doit être lu comme une partition musicale.

HÉRITAGE VALÉRYEN : CONTEXTE ET ACTE DE TRADUIRE

Rappelons quelques jalons ou poteaux indicateurs de l'héritage valéryen, tout en sachant que le domaine de l'expérimentation langagière et poétique reste, inlassablement, à la frontière du possible verbal et sonore. Et pour ce faire, une analyse génétique du texte poétique est incontournable. Une étude des manuscrits permet de mieux comprendre les mécanismes du *poïein* chez Valéry au cœur même d'une lecture plus vaste centrée sur le langage dans ses *Cahiers*. Il faut commencer par la « *Consistency* » ou consistance que nous trouvons chez Poe et qui se transforme, chez Valéry, en paradigmes fondés sur les notions suivantes : combinatoire, connexité, cohérence et résonance. (Tout cela concerne également sa quête inachevée d'une science universelle qui permettrait de modéliser les opérations de l'esprit et de déboucher sur une topologie mentale analytique.) Faisons, dans ce travail sur la poésie, une extension essentielle des quatre mots-clés que nous venons d'évoquer pour souligner l'importance d'un triptyque son–figure–sens (voir aussi Valéry, 1957-1961, XII, p. 832) qui dépasse, à mon avis, le duo *son-sens* si souvent décrits dans les *Cahiers.* La figure contient les mouvements qui forment un tout sur le plan sonore et significatif. Bref, la nature spécifique de la connexité et la disposition des unités linguistiques, surtout chez les poètes, est souvent source d'écart sensible (et donc de nouveauté) par rapport à l'usage. Et que de fois les (figures de) connexion représentent un écart à la limite du traduisible.

Dans mes cours sur la traduction des poèmes symbolistes français, je reviens (comme dans ce livre) à l'importance de l'héritage de The *Philosophy of Composition* chez Edgar Poe que Baudelaire traduisit par *La genèse d'un poëme* – texte sur la *technique d'écriture poétique.* Cet essai fit de Poe « l'ingénieur littéraire » tant admiré par les symbolistes, et dont le but, selon Mallarmé dans « Le Tombeau d'Edgar Poe », est de « Donner un sens plus pur aux mots de la tribu ». Les notions de « combinaison » d'éléments, avec toute la rigueur des mathématiciens, comme dans le cas du joueur d'échecs de Maelzel, ou d'une machinerie, constitue une source de fascination chez Mallarmé, et Valéry en particulier…

L'ingénierie littéraire peut être poussée à l'extrême – comme dans cet hommage à Debussy où le poète nous appelle à bien écouter et à bien regarder le texte. Ce poème nous rappelle la délicate « décomposition de la résonance », si chère à Debussy, que Mallarmé arrive à reproduire sur le plan sonore autour du nom du compositeur, et qu'il faut tenter de respecter intégralement dans la langue d'arrivée. (On trouve le même projet esthétique autour du mot « si » (mallarméen) dans le poème « Valvins » de Valéry. Voilà, le véritable contexte intraduisible en anglais.

La force de ces deux notes pures et aiguës est tissée à l'intérieur de l'hommage à Debussy par Mallarmé.

> [Mallarmé] m'expliquait qu'il voulait prendre pour point de départ de chacune des parties de son grand poème typographique et cosmogonique une invitation grammaticale encore plus simple, par exemple ces mots : *Si tu*, « pareils à deux doigts qui simulent en pinçant la robe de gaze une impatience de plumes vers l'idée ». Projet bien digne de ce charmant esprit, de cette oreille en lui, de ce génie qui était en lui de la danseuse ! (Claudel, 1965 p. 15).

Rappelons également que le « si » est la note pénultième de la gamme : *do, ré, mi, fa, sol la* si *do* – et la septième note transformée également dans ce poème en vers de sept syllabes. C'est le mot *Debussy* qui se trouve en filigrane à l'intérieur du poème – et j'ai, dans une étude précédente, mis en évidence deux traductions (Elder, 2011, p. 339-350) – celle de Marion May Campbell et la mienne, pour montrer, l'incontournable traduction et la délicate décomposition de la résonance autour des consonnes et des voyelles du nom de Debussy en anglais et du mot « si » qui servent également d'ouverture et fermeture au poème.

Pour Valéry, et par inférence pour le traducteur, « Chaque mot est un assemblage instantané d'un *son* et d'un *sens*, qui n'ont point de rapport entre eux. Chaque phrase est un acte si complexe que personne, je crois, n'a pu jusqu'ici en donner une définition supportable » (Valéry, 2016, 3, p. 834). Et les quelques vers que nous venons de citer à titre d'exemple soulignent à quel point pour lui le « Poème est le discours dont les effets auditifs et les effets significatifs sont ou paraissent se combiner au point de ne pouvoir se séparer sans dommage pour un effet d'ensemble » (Valéry, 1957-1961, XIV, p. 855). Et plus on analyse le *contenu formel* des textes à traduire de Valéry, mieux on comprend que la clé du *sens* se situe dans la matière tissulaire du texte. Je noterai ici que le formel est le contenant et que le significatif est le contenu. C'est une des bases essentielles de toute étude ou traduction des textes de Valéry.

Cela dit, le poème valéryen n'est pas un simple agencement de vers tout aussi « brillants » les uns que les autres. Il y a certes des modulations d'intensité à l'intérieur du poème que le traducteur se doit de respecter. Et les cas que nous venons de citer en sont des moments de synthèse et d'éclat extraordinaires par rapport à, et à l'intérieur d'une suite de vers. Ce sont en fait des moments-clés où le traducteur doit être beaucoup plus attentif à cette concentration de forces et d'énergie.

La fonction de la mélodie reste primordiale, même si les surréalistes ont majoré quelque peu l'importance de l'image. Mais, pour certains, leur « écriture automatique » ne fut qu'une sorte de parenthèse ou d'épiphénomène anti-valéryen.

Rappelons que, pour Valéry, « la clé de voûte de la "création poétique" – c'est la création de l'attente » (Valéry, 1957-1961, XII, p. 660). Et nous pourrons évoquer également ses techniques pour faire attendre les mots-clés (en fin de phrase ou de vers, etc.) ou le retour d'un rythme…

Il s'agit de rester fidèle, autant que faire se peut, aux principes que nous venons de citer tout en s'affranchissant totalement du calque. Tous les agents stabilisateurs : strophe, mètre et rythme sont en question.

Ausculter le vers avant de le traduire, oui, à condition surtout de rester attentif aux procédures à mettre en place dans le vers vivant à venir. Ausculter le vers, oui, à condition de ne pas tomber dans le numéraire. Soulignons ici que, pour Meschonnic (1973, p. 355) : « Traduire un poème est écrire un poème et *doit* être cela d'abord. » Ou, comme disait William Marx (2002, p. 259) : « Traduire un poème, c'est d'abord créer un autre poème. Autrement dit, en termes géométriques, la traduction est une transformation ayant la poésie pour invariant. Plutôt la littérarité que la littéralité. » La création poétique et la traduction poétique sont des activités jumelles. Valéry aurait mis à la place du mot « création » – mot qu'il n'aimait pas (Valéry, 1956-1961, XVI, p. 247) – ceux de formation, transformation ou transmutation. Le traducteur vise surtout des symétries au niveau des effets poétiques. Rappelons aussi que le poème dans sa langue d'origine est une créature d'exception. Il va de soi que la traduction du poème respecte pleinement les mêmes exigences d'« exceptionnalité ». (Ce qui ne peut qu'augmenter, en un sens, une certaine distance entre l'original et le texte d'arrivée.) La traduction restera toujours une incessante recréation (ou transformation). Dans la citation suivante sur l'art poétique, Valéry insiste sur la nécessité de tester les transpositions qui permettent de faire émerger cette « créature d'exception » qu'est le poème.

> Un poème doit imposer une perfection du langage complet – paraître toujours une créature d'exception ; et il n'y a qu'à prendre le contraire des caractéristiques *communes*, 5 *utiles,* ⍰ vulgaires, immédiates du langage ordinaire pour soupçonner des significations et éprouver des transpositions qui signalent les approches de la *poésie* (Valéry, 1956-1961, XVI, p. 247).

Ce sont ces mêmes exigences que Valéry met en œuvre pour que le poème soit poème dans la langue d'arrivée. Et ne croyons pas que la tâche du traducteur soit facilitée dans le cas des poèmes en prose !

Si les premiers poèmes en prose furent une manière de dynamiter le vers traditionnel, ils ont ouvert un nouveau champ d'expérimentation en travaillant d'autres structures rigoureuses, finement architecturées tout en créant une nouvelle musicalité et fluidité dont la concision reste entre les marges d'autres limites du texte. Ces libertés se trouvent amplement illustrées dans *Alphabet*, et les *Petits poèmes abstraits* de Valéry – et dépassent amplement les artifices de la prose poétique. Il est possible toutefois de trouver des échos d'anciennes pratiques métriques à l'intérieur de techniques pour nous « affranchir l'oreille » comme disait Claudel (1965, p. 29). Si Meschonnic insiste pour que l'on parle de *poème libre* et non de *vers libre* c'est surtout pour moi une manière de rappeler que le rythme dans sa totalité organique monte autrement en grade dans de tels textes.

Soulignons aussi que Valéry lisait Goethe et Rilke en traduction. En 1940, il lisait le *Faust* de Goethe (Valéry, XXIII, p. 894), traduit par Henri Lichtenberger. Je ne crois pas qu'il ait tenté de lire la traduction de ses propres poèmes par Rilke – une traduction qui, pour les germanistes, contient trop d'« approximations lointaines », piégées en particulier par « le maintien de la rime » qui peut être une trouvaille mais qui, plus souvent, n'est qu'une source d'imprudence stylistique par rapport à l'original. Pourtant, le lecteur des traductions de Valéry par Rilke saurait reconnaître la re-création d'une certaine « volupté auditive ». (Voir aussi Angelloz, J.-F., 1955.) Rappelons également que Claudel fut très sensible à cet aspect essentiel de l'œuvre poétique valéryenne.

VALÉRY ET SAINT JEAN DE LA CROIX

La beauté des vers du père Cyprien (dans sa traduction de saint Jean de la Croix) a tellement séduit Valéry qu'il tenait absolument à trouver le texte d'origine. Voici donc les deux textes cités par Valéry :

> *À l'ombre d'une obscure Nuit*
> *D'angoisseux amour embrasée,*
> *Ô heureux sort qui me conduit*
> *Je sortis sans être avisée,*
> *Le calme tenant à propos*
> *Ma maison en un doux repos…*
> (*Traduction du père Cyprien dans* Valéry, 2016, 3, p. 854).

> *« En une noche oscura*
> *Con ansias en amores inflamadas,*

O dichosa ventura !
Sali sin ser notada
Estanda mia casa sosegada »
(*ibid.*, p. 855).

« Il n'est pas possible d'être plus fidèle. » dit Valéry (2016, 1, p. 855) au sujet de ce texte en français (en dépit de toutes ses réflexions sur « les belles infidèles ») ! Et il y a ceci de curieux : Valéry ne fut pas traducteur de l'espagnol ! Il est vrai que, dans le cas ci-dessus, les aires poétiques sont proches. Dans tous les cas, les rimes-clés : « Nuit »/« conduit » sont autrement valorisées par rapport à *oscura/ventura.* Mais ce qui impressionna Valéry fut certainement la qualité rare de cette contribution à la poésie *française.* Il admire, surtout dans l'acte de traduire, la reconstitution « au plus près » d'un certain « *effet* » (*ibid.*). Et qui ne saurait admirer la beauté de la forme rythmique proposée par le père Cyprien, et ce désir d'éviter certaines techniques du texte d'origine qui auraient pu appauvrir au lieu de valoriser la traduction ? Je ne sache pas de meilleur hommage au traducteur (le père Cyprien), que celui de Valéry.

VALÉRY ET LIANG TSONG TAÏ (OU LIANG ZONGDAÏ)

Dans le cas de la traduction française des poèmes en chinois par Liang Tsong Taï, publiés en 1929 (*Commerce* XXII) il y a un *a priori* évident, inévitable (mais étonnamment excessif – à première vue) de la part de Valéry (préfacier), basé sur son absence de connaissances de la langue d'origine – ce qui risque d'irriter de nombreux traductologues. Mais j'oserai naviguer à contre-courant ici pour défendre Valéry, car il fut toujours soucieux de rendre accessible d'excellents textes en langue étrangère au public français. Son jugement favorable sur Liang Tsong Taï (ou Liang Zongdaï) est fondé sur une écoute, certainement très attentive, lors des visites de son ami, au moment de parler de la composition poétique. Et nous connaissons l'importance que Valéry accordait à la beauté de l'architectonique et de la musicalité du texte d'arrivée en français. Citons ce passage-clé.

> *Ses vers étaient positivement meilleurs* que la plupart de ceux que l'on me prie ou que l'on me somme de lire. J'y trouvai quelque chose de plus. Ces petites pièces étaient visiblement écrites sous l'influence des poètes français d'il y a quarante ans. Il parut alors, entre le Parnasse et le Symbolisme, une recherche d'accommodement entre la rigueur extrême et l'extrême liberté ; et cet effort de composer l'architectonique des uns avec les musiques des autres conduisit ceux qui s'y complurent à étudier, inventer ou multiplier divers artifices parfois délicieux.
>
> [...] Monsieur Liang Tsong Taï semblait, dans ses vers et dans ses propos, non seulement instruit, mais friand de ces finesses fort spéciales. Il en usait, il en parlait étrangement bien (Valéry, 2016, 1, p. 1291).

Ajoutons à cet architectonique l'admiration que porte Valéry aux formes poétiques très brèves qu'il pratique et préconise, qui trouvent leur reflet et prolongements particuliers dans l'orient.

Je ne saurais oublier de rappeler au lecteur que nous fûmes, encore à cette époque, au début de ce qui sera par la suite, en France, le passage de multiples textes en français traduits du chinois, et du japonais, pour ne citer que ces deux langues. Adrienne Monnier, Valéry, et beaucoup d'autres, jouaient certainement un rôle capital de passeurs de textes étrangers. Et l'importance de ces personnes ne cesse de se prolonger (souvent dans l'ombre) dans un monde qui est devenu un véritable village global.

D'après Michel Jarrety, Liang Tsong Taï rentra en Chine en 1932, poursuivit son œuvre poétique et devint professeur d'Université. Il traduisit « Hugo, Rilke ou encore les sonnets de Shakespeare en même temps que la poésie de son pays. » (Jarrety, 2008, p. 668). Et sa réputation fut internationale.

TRADUIRE

Quelques cas concrets

L'objectif de ce chapitre est d'exemplifier la partie théorique de mes propos en m'appuyant sur les traductions de certains textes de Valéry, et d'étudier un échantillon de son propre travail de traducteur.

LES *CAHIERS* EN TRADUCTION ANGLAISE

Les *Cahiers* représentent un véritable laboratoire de pensées pour Valéry. Il en va de même pour tout écrivain-lecteur-traducteur aux prises avec l'acte de traduire ces merveilleux textes repliés sur eux-mêmes, et qui varient sur le plan stylistique de la concision aphoristique, de l'impression d'immédiateté, de la légèreté du ton aux élans lyriques et à la rigueur d'une analyse soutenue. Tel est, globalement, le projet de la traduction anglaise des *Cahiers/Notebooks* (vol. 1-5, 2000-2010) soucieux de respecter toute la palette stylistique des textes établis dans l'édition de la Pléiade par Judith Robinson. Pas de simplification de la ponctuation valéryenne dans la traduction anglaise ici pour nous éloigner de l'original car la « normalisation » de ce que certains appelleraient la *surponctuation* (pour appuyer les différentes formes de bifurcations de sa pensée) ne saurait que réduire l'étrangeté du texte, voire l'originalité du style spécifique et la nature même des *Cahiers.*

Regardons de près l'espace de la page dans les *Cahiers.* C'est un ensemble actif où, selon Robert Pickering (1996, p. 321) « la résonance de motivation cratylique comporte un aspect d'ébauche active, de mise en jeu qui brasse les assises du graphisme expressif. » Tout traducteur des *Cahiers* se doit de respecter l'espacement et l'organisation de la page où le texte se *pro*page de manière multiforme (toujours au-delà de la page) en étendue scriptible et inscriptible, passant au crible et au filtre de l'esprit avec ses arrêts et inachèvements inévitables. Et si pour certains, l'écriture de Valéry dans ses *Cahiers* serait une sorte de « mimique » ou traduction de sa démarche intellectuelle – je préférerais dire qu'elle *est* sa démarche intellectuelle en mouvement – pensée-traduction en train de se saisir avec tout ce que cela comporte de visible et de lisible.

Toute tentative de traduction de la prose valéryenne se heurte aussi à des problèmes techniques associés aux qualités de son style aphoristique finement ciselé. Et n'oublions pas la densité de sa pensée et la structure spécifique des relations qu'il établit entre tant de termes abstraits. Notons aussi que les insuffisances de la ponctuation le poussent à employer dans les *Cahiers* toute une gamme de stratégies pour mettre en valeur la nature de tel ou tel type de bifurcation ou pause de la pensée par l'emploi des « ; – », « , – », « –, ». Ajoutons que la particularité de la ponctuation dans les *Cahiers* aboutit, chez le lecteur, à une confusion parfois entre le « . » et souvent le « – » en tant que pause-prolongement du « . » sur le papier). À ne pas confondre avec le « .. » et le « … ». Les « .. » ont un rôle réel loin des « … » – source véritable de suspension de la pensée qui se prolonge indéfiniment dans le vague, ou coupure/interruption plus complète. Les « .. » constituent une véritable hésitation intellectuelle au niveau du sens, et non une pause abrégée, fantaisie ou erreur. La nature spécifique de la ponctuation chez Valéry est scrupuleusement respectée dans la traduction anglaise des *Cahiers*.

Rappelons également quelques fonctions bien connues de la « surponctuation » dans la poésie française que nous avons abordées dans une précédente publication sur Rimbaud (Elder, 2007) :

! – amplification de l'exclamation par une pause supplémentaire ;
. – présence d'une rupture ou d'un changement radical de la scène et de la voix ;
, – prolongement de la pause ;
; – bifurcation de la pensée – amplifiée par le tiret.

L'édition anglaise des *Cahiers* n'accorde pas suffisamment de place – et ce dès les premiers volumes – au mot de ponctuation, contrairement à celle de Judith Robinson dont la priorité fut de respecter minutieusement (en dehors de certaines erreurs évidentes) la spécificité même du texte valéryen. Elle nous rappelle dans sa présentation typographique à l'édition de la Pléiade des *Cahiers* le point de vue de Valéry à l'égard de la ponctuation. Et ce passage mérite d'être cité en entier car il met en évidence la nécessité de toucher aux conventions même du langage pour mieux saisir l'articulation du sens et le mouvement de la pensée.

> On critique mon usage (ou l'abus que je fais) – – des mots soulignés, des tirets, des guillemets.
> Cela n'est, en somme, que dire ou manifester que je trouve insuffisante la ponctuation ordinaire.
> Si n[ou]s étions véritablement « révolutionnaires » (à la russe), nous oserions toucher aux conventions du langage.
> Notre ponctuation est vicieuse.
> Elle est à la fois phonétique et sémantique et insuffisante dans les deux ordres.
> Rien n'indique à la lecture qu'il faille (par exemple) reprendre un certain ton du commencement de la phrase, après en avoir pris un autre pendant q[uel]q[ues] mots (interpolant une remarque).
> Pourquoi pas des signes comme en musique ? (où il en manque aussi).
> Signes de vitesse, de fortement articulé – des arrêts de différente durée. Des « vivace », « solenne », staccato, scherzando.
> Ce serait un exercice d'école de donner aux élèves à annoter ainsi un texte. (Valéry, 1957-1961, XXVIII, p. 925).

Dans deux ajouts marginaux de ce même texte, il révèle sa sensibilité aux points d'interrogation en tête de la phrase en espagnol, et aux lignes qui séparent les vers.

Valéry souhaite réformer « l'actuelle ponctuation » et refondre ses bases « phonétiques et sémantiques » (qui pour lui sont insuffisantes) afin de voir émerger le fruit de sa recherche d'une « ponctuation rationnelle » (Valéry, 1957-1961, XII, p. 539) qui prendrait aussi en considération sa fonction musicale. Et quant à l'emploi des guillemets :

> Je mets entre guillemets « » les mots qui, dans une phrase, sont définis non par le seul *sens* – mais par l'emploi de ce sens – Je veux dire que je vise alors non le seul « sens » – mais l'usage qu'on en fait (Valéry, 1957-1961, XVIII, p. 21).

Et encore, c'est une manière pour lui de mettre un mot « non tant en évidence, qu'en *accusation* » (Valéry, 1957-1961, XVIII, p. 68), « un suspect » ou ce que l'on tient pour « provisoire » (*ibid.*).

La ponctuation est une « matière » *temporelle* et *spatiale* ainsi qu'un état-clé de la respiration que trop de traducteurs relèguent à de simples curiosités. Le nombre insuffisant de signes est une préoccupation forte chez Valéry (comme chez beaucoup d'autres écrivains). Malheureusement, nos étudiants collent souvent les unités phrastiques les unes après les autres sans réflexion adéquate sur la fonction de la voix – ce qui dévalorise la nécessaire mise en relief des différentes parties de la phrase et du paragraphe.

La normalisation « terrorisante » de la ponctuation – surtout dans le domaine poétique – a des conséquences énormes, en particulier sur le fonctionnement d'un poème. Mais, en fin de compte, il y a toujours un minimum de compromis avec les conventions du langage. Certains, comme Claude Simon, exploitent autrement les carences liées à une conception traditionnelle de l'unité phrastique. Notons qu'à l'écrit, on met la virgule au bon *endroit*, mais à l'oral, il est question de maîtriser la respiration et de l'arrêter au bon *moment*. Le côté *statique* de l'écrit nous fait oublier que son rapport avec l'oral est un phénomène *dynamique* et, dans le cas des *Cahiers*, l'inachèvement d'une phrase ou d'un passage coexiste avec les passages finement ciselés.

Nous regrettons pourtant que l'édition anglaise des *Cahiers/Notebooks* n'ait pas inclus tous les ajouts (marginaux), et autres variantes et renvois de l'édition de la Pléiade. Leur absence a, hélas, minoré considérablement l'activité *en cours* de cette expérimentation de la pensée. La *readability* (lisibilité) et une certaine idée d'un *clean text* (un texte clair et propre) furent un souci constant des traducteurs des *Cahiers* en anglais – ce qui a entraîné à tort, à mon avis, la suppression d'une certaine étrangeté particulière de l'écriture valéryenne. Il en va de même pour les traits marginaux (jusqu'à quatre !) qui disparaissent dans cette traduction. Les éditeurs émérites de ces textes de Valéry sont fort conscients des limites de leur compromis – et parfois compromissions – et nous renvoient toujours aux éditions de la Pléiade et de la Collection Blanche chez Gallimard, ou à celle des manuscrits du CNRS pour combler toute lacune éventuelle. Mais personne ne devrait sous-estimer l'importance de la masse des annotations marginales, renvois, ratures, sigles, abréviations, etc. qui méritent une attention particulière du traducteur pour faciliter, autant que faire se peut, toute étude génétique ultérieure de ce laboratoire de l'esprit comme je l'ai indiqué au début de ce livre. Ne s'agit-il donc pas dans les *Cahiers/Notebooks* en anglais d'une certaine faiblesse de la traduction au profit toutefois d'une plus grande clarté pédagogique et éditoriale ? Il reste à noter l'écart important entre la « pensée-traduction » personnelle de Valéry dans les *Cahiers*, et la traduction d'un effet destiné, dans ses multiples textes publiés, à un lectorat français particulier – qui se traduisent aussi dans toute analyse de ses vers et essais, sans oublier la nature même des multiples traductions du moi dans sa correspondance privée et professionnelle.

En dernier, il faut noter que, même au cœur de ce travail où j'appuie sur de multiples notes dans les *Cahiers*, je ne fais qu'un acte de traduction en les sortant de leur contexte qui paraîtrait tout aussi différent aux autres.

QUELQUES CAS DE TECHNICITÉ POÉTIQUE ET LE *POÏEN* À L'ŒUVRE

Passons maintenant à quelques exemples de la technicité poétique et du *poïen* de Valéry où le fond et la forme se fondent pour créer un ensemble unique de l'extraordinaire combinatoire qu'il peaufinait toute sa vie.

Nos silences longtemps de leurs songes s'instruire,	« Fragments du Narcisse » (Valéry)
[l l l] [R *ge* R R]	Mouvement d'une forme de liquidité vers un courant vibratoire.
(s) (s) (s) (s) (s)	Silences.
s s s s	Enlacements
n (s) s (n) (s) (s) (s) s (n)(s) s(n)s	Échos et silences (consonnes non prononcées)
3 « e » muets	La fonction des « e » muets en français est capitale ici pour « décolorer » ou « espacer » le vers et pour donner l'impression d'un ralentissement du rythme.
si s[(i) st i] s s R s s R R	Espacement du « si » avec percée du « i » à la fin du vers.
s+« e » muet « e » muet+s	Inversion
o ⇒ *on* *on*	

en em	
en on em on *en*	La moins voilée des voyelles nasales se trouve en dernier. Écho du sens. Noter aussi que la clarté des voyelles est voilée par la nasalisation.
Our long silences learning each other's dreams, (Paul, p. 157). *Our silence with our dreaming self-enjoyed* (Dale, p. 77).	Le deuxième *our* (Dale) ne respecte pas le sens du vers. Il en va de même pour *each other's* (Paul).

Ô forme obéissante à mes yeux opposée !	« Fragments du Narcisse » (Valéry). Ici, toute une gamme d'oppositions vocaliques.
s-----------------------> z	Fricative sourde qui se transforme en fricative sonore. Écho sonore d'une fricative sourde
b----------------------> p	Occlusive sonore qui se transforme en occlusive sourde. Écho sourd d'une occlusive sonore.
Les « o » ouverts et « é » se reflètent et s'opposent comme dans un miroir	Les subtils échos et symétries de ces voyelles renforcent le sujet.
Form compliant, still adamant to my wishes ! (Paul, p. 149). *O form swayed by my hopes, opposite, you !* (Dale, p. 67).	Meilleure tentative de la part du poète, Peter Dale, de reproduire les reflets sonores du vers en français.

Et que la nuit déjà nous divise, ô Narcisse,	« Fragments du Narcisse » (Valéry). Jeu de divisions par excellence
[n [n] n]	Divisions.
[a i] [a i i] [a i]	
[a a] [a]	Réduction du registre des voyelles pour évoquer l'éclatement du mot « Narcisse ».
[i i i] [i]	
Must night already divide us, Narcissus, (Paul, p. 149). *Narcissus, night now splits us into two* (Dale, p. 69).	Une fois de plus Dale voit la nécessité de reproduire les effets sonores – reflet ici de la division du mot *Narcissus.*

[...] une voix qui se meurt...	« Fragments du Narcisse » *(Valéry)*
y [e muet] *a* i [e muet] œ	Relâchement progressif des tensions. Double ouverture *expiratoire* : une voix / qui se meurt...
[...] a voice that is dying...	Non, cette traduction serait ridicule sur le plan phonostylistique. *(a dying voice* passe mieux sur le plan mélodique).
[...] an expiring voice... (Paul, p. 147). *[...] a voice that dies...* (Dale, p. 67).	Ces traductions – tout en étant moins mauvaises sur le plan mélodique – sont ratées sur le plan phonostylistique. *[...] a voice that fades away* ... serait préférable.

Temple du temps qu'un seul soupir résume, t(m) t(m) s s R R *z* *em em*	*Le Cimetière marin* (*Valéry)* Le rôle de la symétrie (*espace* [Temple]-*temps)* se résume ici. Cristallisation (illusoire) du temps philosophique et du rythme poétique qui fonctionne comme dans un milieu saturé.
Temple of time a single sigh resumes (McGrath).	*Resume* en anglais signifie recommencer ! et non ce soupir résumant évoqué par Valéry – rappel aussi du rythme du texte.
Epitomised in a single sigh, Temple of Time ! (Attal)	Échos équilibrés : « *Epitomised* », « sigh » et « Time ».
Temple of time, within a brief sigh bounded (Lewis).	Multiples échos internes pour reprendre le sens chez Valéry. Un lien consonantique se tisse entre « Brief » et « bounded » avec d'autres échos dans « *surrounded* » à la fin du vers suivant. Mot qui reprend la valeur du mot « entouré » : le début d'un autre vers.
Time's temple, summed up in a breath (Paul, p. 147).	Version trop prosaïque.

Summed in one sigh, Temple of Time (Dale, p. 67).	Écho équilibré de « sigh » et de « Time » mais écho non voulu : « *climb* » à la place de « m'accoutume ».

Et comment trouver une équivalence aux vers suivants dans « La Jeune Parque » ? Le poète-traducteur se doit de respecter les multiples enfermements, séparations et ouvertures : aucun problème pour la parenthèse, les italiques…, mais que faire pour reproduire les effets créés par les voyelles ouvertes « a/*a* » ?

(La porte basse c'est une bague… où la gaze
Passe… Tout meurt, tout rit dans la gorge qui jase…
L'oiseau boit sur ta bouche et tu ne peux le voir…
Viens plus bas parle bas… Le noir n'est pas si noir…)

Il est évident que la traduction suivante ne saurait se passer d'une énorme note explicative et phono-stylistique – pour combler ses immenses lacunes :

(The low door is a ring…where gauze filters….
All dies away, laughs, in the babbling throat….
The bird sips from your mouth, you cannot see it….
Come lower, speak low…. The dark is not so dark….)
(Valéry, 1, 1971, p. 101, traduit par David Paul).

Dans tous les vers ci-dessus, le fond et la forme sont dans une relation symétrique : « – le *fond* devient l'*acte* de la *forme* » (Valéry, 1957-1961, XV, p. 881) et reste intraduisible. « Leur puissance tient à une harmonie *indéfinissable* entre ce qu'ils *disent* et ce qu'ils *sont*. "Indéfinissable" entre dans la définition. / Cette harmonie ne doit pas être définissable. Quand elle l'est – c'est l'harmonie imitative – et ce n'est pas bien » (Valéry, 1957-1961, VII, p. 151).

Notons dans ces vers la place que l'on peut accorder au mot grec *rhythmos* ou *-us*, ῥυθμός, symétrie, harmonie, rythme. C'est avant tout, une certaine symétrie des effets qui prime, sous ses formes multiples, dans les poèmes de Valéry – ou plutôt sa résonance, terme qui correspond encore mieux à sa poïétique pour aboutir à ce qu'il appelle « un langage *intraduisible* ». « Car le *vers véritable est le discours incapable d'une* *transformation qui conserve le sens.* [...] » (Valéry, 1957-1961, VII, p. 124). Notons qu'il existe à l'intérieur d'un poème des *degrés* de symétrie qu'il faut respecter à tout prix. Disons aussi que tout réside dans la manière d'inclure ou de distribuer ces symétries. Et si la prose est « l'écrit qui a un but exprimable par un autre écrit » (Valéry, 2016, 3, p. 262), c'est parce que cette affaire de symétries y pose moins de problèmes – heureusement pour le traducteur !

Tout ceci mérite un long développement. J'ajouterai un petit bémol au mot de « résonance », car il y a toujours le risque de friser la cacophonie, ou de tomber dans le ridicule intentionnellement, grâce, par exemple, à une concentration extrême de « n », comme dans le vers bien connu de Voltaire : « *Non, il n'est rien que Nanine n'honore* » (Voltaire, *Nanine* III, p. 8).

OUVERTURE ET FERMETURE

Poème *[...]* *(Ligne continue séparatrice)* .... Ferme les yeux, me dit mon cœur, Oublie les Bêtes et les Anges : Sens-tu ta présence frémir, Et ta chair n'être plus la même ? Ouvre tes bras, me dit mon cœur, Et que tes mains dans l'étendue Devinent, touchent et saisissent, Empoignent, palpent et caressent Comme une lyre, comme une urne. [Etc.] (Valéry, 1960, II, p. 462).	Poem *[...]* *(Pas de ligne continue séparatrice)*[1] And my heart told me : Close your eyes, Forget the Beasts and Angels ! Does Your frame not tremble, and your flesh Not cease to be the same ? And my heart told me : Open your arms. And let your hands in the stretch of space[2] Guess and finger the caress, Clutch and handle, pluck and seize, As if a lyre, as if an urn[3]. (Valéry, 1975, p 147).

Hilary Corke traduit ce petit fragment (tronqué) d'un poème à partir de l'édition de la Pléiade (II, p. 462). Michel Jarrety (2016, 3, p. 1394-1396) présente « Poème » dans sa forme plus développée.

1 Mon soulignement.
2 *May your hands in the stretch of space* [...] (Elder)
3 Traduction de Hilary Corke dans Valéry, 1975, p. 147.

Cet extrait de « Poème » commence explicitement par une fermeture. « Ferme les yeux, ». Valéry n'a pas écrit, contrairement à la traduction anglaise : « Et mon cœur me dit : ferme les yeux ». Priorité ici au cœur qui parle (renforcé deux fois dans le texte). Priorité à une ouverture en fermeture. À la fin du poème, le cœur fait appel au corps jusque dans ses extrémités (« bras » et ensuite, « mains ») – dont la dextérité (sujet de fascination constante dans les *Cahiers*) donne vie à un instrument de musique (lyre) ou modèle un récipient (urne) dont la fonction est aussi de contenir le texte *façonné*, *terminé*. Chacun de ces deux noms-attributs (lyre) et (urne) comprend une seule voyelle aiguë – et le texte qui commence par une clôture (« Ferme ») se termine en corps/objets, (« lyre ») et surtout en récipient, en contenant triplement amplifié ici – et réduit à « *une* » : (« une », « une », « urne »). Ajoutons aussi que les deux « e » muets du premier et du cinquième vers reviennent avec plus d'intensité dans les trois derniers vers. Leur fonction est d'abord d'espacer, de ralentir le rythme afin d'accorder une valeur supplémentaire aux six verbes. Le dernier vers, « Comme une lyre, comme une urne », garde l'essentiel de cet espacement pour la partie attribuée à la musicalité (« Comme une lyre, ») avant de terminer doublement en clôture – (« comme une urne. ») sans l'espacement d'un « e » muet, comme il se doit ici pour un texte « fini ». Valéry nous avait bien prévenus dans son *Avertissement* qu'il y aurait dans ces *Histoires brisées* « quelques pièces finies de caractère poétique ». Ajoutons que c'est la fonction de la voix qui ouvre et qui ferme le texte ici au cœur même d'un rythme syntaxique que le traducteur ne réussit pas à rendre en anglais. L'idée même d'un texte en fermeture vocalique disparaît dans la traduction. Ce poème est un véritable modèle-modelé de la *vox in actu*.

Restons dans le cadre de la recherche d'ouvertures, de fermetures et ses *exceptions* en étudiant quelques vers des « Fragments du Narcisse » que je reprends ici (voir Elder, 2011) mais en français, cette fois-ci, pour prolonger mon analyse.

Que tu brilles enfin, terme pur de ma course !
k   k

[Les deux 2 « k » ouvrent et ferment le début du premier et du dernier mot du vers.]

t   t   m   m
Passage d'un sujet « tu » à l'objet « ma »

Échos partiels du « tu » et de « ma »

b --------------------> p

[passage d'une consonne sonore à une consonne voilée « b/p »]

Et échos aussi :

t t

R R R R

[courant vibratoire]

z --> s

[*idem* pour cette consonne sonore et sa forme voilée : « z/s »]

enfin = finalité voilée (« en »/« in »

k t f t p k s

bRz R R d m R

[Équilibre entre consonnes sourdes et sonores.]

tu ma [passage du sujet à l'objet]

How you finally gleam, pure goal of the race I run ! (David Paul) (Valéry, *Poems*, 1971, p. 141).

At last you shine, pure end of all my course ! (Peter Dale) (Valéry, 2007, p. 61).

L'erreur principale dans la traduction de David Paul est de ne pas voir les raisons qui poussent Valéry à éviter le sujet « je » dans ce vers. Il ne s'agit pas ici du passage d'un sujet à un autre – (*you/I*) mais d'une situation qui existe entre un sujet objectivé et un objet. Le but, la fin (ou la volonté) dans le premier vers (séparés du reste du poème – mais attachés à cause de la rime) masquent les moyens mis en œuvre, par la suite, pour évoquer le cheminement difficile de la conscience (sous forme de contrastes) dans ce long poème. Le « je » reste *absent*, en attente, décentré et suspendu au début du texte, et n'apparaîtra qu'au sixième vers (et accompagné d'une forme négative au futur). Peter Dale garde les « mêmes » mots-rimes (*course* et *source*) en dépit d'un écart important au niveau de leurs sens. Je préciserai aussi que c'est *la voix du sujet du poème* qui prime et « une sorte de réciprocité entre le besoin et l'objet (ou l'image de l'objet qui le satisfera). Ces phénomènes sont symétriques, – à la différence près qu'il y a entre une chose et son image » (Valéry, 2016, 3, p. 606).

Notons, entre parenthèses, une autre interprétation erronée commise par David Paul lorsqu'il introduit un jeu supplémentaire précoce autour de l'appartenance à un *je* dans sa traduction du troisième vers de « La Jeune Parque » :

Cette main, sur mes traits qu'elle rêve effleurer,

« *This hand of mine*[4], *dreaming it strokes my features,* »

« *This hand of mine* », c'est trop dire, car il s'agit ici de *traduire* un état de demi-veille de la jeune Parque qui découvre peu à peu *sa* main (*engourdie*, peut-être pour l'instant, au début du poème). C'est une perception sur le mode de l'écart. Et c'est un éveil qui commence par les « membres » « *les plus mobiles* » – comme le constate le célèbre entomologiste, Jean Henri Fabre cité par Valéry (1957-1961, VI, p. 661). Et ajoutons que, « [l]a localisation des sensations actuelles, leur fonction de repères fixes – c'est là peut-être le seul phénomène qui sépare la veille du rêve [...] » (Valéry 1957-1961, IV, p. 578). En d'autres termes, dans ce merveilleux poème sur les différentes strates de la perception, « [L]e réveil commence comme un autre rêve » (Valéry, 1957-1961, X, p. 881). Disons également qu'il y a un objet perçu par une seul voie (« Cette main »), qui se perçoit par la suite par d'autres voies, avant de devenir *MA main.* (Je reformule ici le « passage » décrit par Valéry (1957-1961, XI, p. 517) « de non-moi au moi ».) En résumé, la déclaration de la Parque dans la traduction anglaise de David Paul (*This hand of mine*) ajoute quelque chose de prématuré et surtout de non voulu. Erreur de compréhension de cette étape percevante de la préconscience que Valéry souhaite *traduire* ici sur le plan *psychologique* en employant les ressources appropriées *du langage*. Et erreur à la fois syntaxique et sémantique chez David Paul.

Revenons au premier vers des « Fragments du Narcisse ». Je pourrais proposer à mes risques et périls la traduction : « *At last you shine, pure term of all my course !* » car le mot « *term* », comme « terme » en français, couvre toute une palette de possibilités : terminus, mot, but, fin... Le mot « *all* » martèle inutilement la finalité qui est évoquée ici – mais respecte le rythme proposé par Peter Dale. Mon erreur, comme celle des deux traducteurs que je cite, serait de gommer le double sens ou l'ambiguïté de « Que tu brilles [...] », à savoir, « *May you shine* » et « *How you shine* », dans ce poème bâti autour des contrastes (sans oublier les jeux de la proximité et de la distance). Ajoutons que le mot *brillare* en latin signifie briller comme le *béryl* (ou briller comme une variété d'émeraude dont la couleur pourrait

4 Mon soulignement.

être celle de l'eau). Les résonances étymologiques sont parfois perdues en traduction. Et Valéry consultait l'édition de 1913 du *Dictionnaire étymologique de la langue française* par Léon Clédat. Une fois de plus c'est le « terme pur » et cristallin dans un état de devenir qui imprègne sa poésie. Mais la richesse d'une telle gymnastique verbale et intellectuelle reste en grande partie absente des traductions de ce vers. Et le désir de clarté (« brille »/« pur ») se déréalise dans le reste du poème pour se transformer en contrastes, oppositions et différences – son véritable sujet.

Peter Dale conserve dans sa traduction l'emploi de vers rimés. Ce qui lui permet de passer de « course » dans ce premier vers détaché du reste du poème à « source » – conservant ainsi le thème de la distance et du rapprochement. Pourtant, dans le reste du poème, de tels choix heureux peuvent manquer cruellement et inciter beaucoup de poètes à éviter les rimes afin de ne pas valoriser excessivement certains mots au détriment d'autres mots-clés.

Dans le dernier vers de ce poème, il y a un problème similaire que deux traducteurs n'ont pas vu – à savoir, l'inévitable passage de « fuit » à « nuit » dans le finale fragmenté – un sujet qui est annoncé dans les *Cahiers.* (Ce thème fut l'objet de deux de mes publications en 1973 et 2011, après ma découverte de ce texte en 1971, grâce à Agathe Rouart-Valéry, au 40, rue Paul Valéry à Paris.) Voici les textes qui m'avaient fait comprendre préalablement l'existence potentielle de ce « Narcisse – final ». D'abord, le passage suivant dans les *Cahiers* :

> Narcisse – Final – Esquisse –
> (Voir édition *Charmes* 1926 – p[ou]r enchaîner –)
> La nuit dissipe le Narcisse –
> Il ne voit plus ses mains ni son image..
> Il n'est plus que ses forces et que sa pensée.
> Ce n'est point la mort, mais le symétrique de la mort, – *son reflet*
> car l'âme est *présente*, le corps *absent* –
> Alors, il est le sujet et la proie d'une tendresse désespérée –
> Thème des grands arbres – dans leurs ténèbres (Valéry, 1957-1961, XII, p. 282).

Et par la suite, ces deux lettres inédites :

> Lettre à Monod :
>
> Mon intention fut, il y a quelques années de publier un recueil de mes divers Narcisse, et d'en faire un livre aussi beau par la forme et par la substance

> que ce misérable adolescent croyait de l'être. J'aurais écrit pour cet ouvrage une ou diverses pages où j'aurais expliqué ma métaphysique de ce mythe ; je veux dire quelque idée abstraite que j'en ai, qui ne paraît point dans ces vers et n'y peut paraître, et qui m'est venue en les faisant.
>
> Mais l'achèvement du troisième de ces poèmes était supposé par ce dessein. Quoique j'aie ébauché cette fin, où l'on eût vu la nuit tombée sur la fontaine, l'image adorée abolie, et, à sa place, tout le ciel étoilé reflété par l'eau ténébreuse ; toutefois, je n'en viendrai jamais à bout, car le loisir, l'humeur, les forces, la patience manquent et manqueront, c'est pourquoi je n'ai pas interdit à quelques personnes de faire imprimer cet ensemble imparfait (Lettre à Monod le 17 mai 1926).
>
> Lettre à Rilke :
>
> [...] Mais il n'existe pas de « notes pour Narcisse » sinon de vagues projets que je reprendrais si j'avais du « temps » au lieu d'avoir des « coups de chien » et des obligations perpétuelles. –
>
> J'aurais aimé finir le *Narcisse*, en coudre les morceaux et leur donner un finale – dont j'avais l'idée ; mais l'idée n'est rien, moins que rien [...] (Lettre de Valéry à Rilke, lundi, Paris le 8 juillet 1926).

Passons aux traductions des derniers vers des Fragments du Narcisse par David Paul et Peter Dale :

> L'insaisissable amour que tu me vins promettre
> Passe, et dans un frisson, brise Narcisse, et fuit...
> (Valéry, 2016, 1, p. 650).
>
> « *The unseizable love you came promising me,*
> *Passes, and in a shudder breaks Narcissus, and flees....* »
> (David Paul)

On constate ici une utilisation peu orthodoxe de quatre points de suspension par David Paul (1971, p. 161) dans son "Fragments of the Narcissus", tandis que Peter Dale (2007, p. 81) n'a aucun mal à respecter la norme.

> *That love, ungraspable, you'd promised whole,*
> *Passes and, shuddering, breaks Narcissus, flees....*

Revenons au finale fragmenté du *Narcisse* de Valéry :

> La fontaine n'est plus qu'une splendide nuit[5]
> ɛ ɛ y y i i [voyelles claires]

5 Ms. cote Rousseau, 162, 99/317 BnF.

[n] n n n [n] n [échos de Narcisse]
a [n] n n n i n i [survivance de la consonne « n »]
l l

Je reste attentif ici aux limites de la juxtalinéarité en traduction – là où le vers offre de nouvelles prouesses. Le passage du mot « fuit » à « nuit » dans le texte inédit et inachevé est facile à envisager en français dans l'original – mais reste problématique en anglais. Commençons par une analyse de ce dernier vers dont j'ai proposé il y a quelques années la traduction suivante :

Passes, trembles, breaks Narcissus, parts in flight…

Tout en maintenant les échos du mot « Narcisse » ["Narcissus" – när sisǝs], j'ai gardé les consonnes suivantes : *p s t k s s s p t s f t* pour suggérer la fuite ainsi qu'un courant vibratoire. Et pourtant, c'est une autre scène qui se déroulera dans le « Finale » fragmenté du « Narcisse » grâce au mouvement/action (« fuit ») à un état (« nuit »).

La fontaine n'est plus qu'une splendide nuit[6]
ε ε y y i i
[Voyelles claires]
[n] n n n [n] n
[Consonnes audibles, ou purement visibles]
a [n] n n n i n i

Soulignons ici la présence du mot « Narcisse » dans le vers ci-dessus– sans « r », mais avec survivance de la consonne « n », de la voyelle ouverte (« a ») et de la voyelle « i » au début et à la fin du vers. Il ne reste qu'un Narcisse morcelé, en miettes, effacé, qui cède sa place à un diadème d'idées qui se réfléchissent à merveille dans les vers suivants – fontaine qui

Représente aux cieux leur merveille fermée
Par les mêmes clartés dont toute elle est formée[7].

Les « m » répétés font l'écho du « même » et de la « merveille » « fermée » et « formée » de clartés qui créent un tout intraduisible. La *consistency* de Poe est là : un « univers dont toutes les parties dépendent et dont toutes les relations sont symétriques et réciproques de la même

6 BnF, ms. 162, 99/317.
7 BnF, ms. 162, 99/317.

façon et avec la même rigueur [...] que dans le poème rêvé ou dans l'esprit complet » (Lawler, 1989, p. 80).

La scène finale de ce Narcisse ne serait-elle pas ici la suivante : « Si le langage était *parfait* l'homme cesserait de penser » (Valéry, 1957-1961, V, p. 393). C'est ce « symétrique de la mort » comme disait Valéry (1957-1961, XII, p. 282), son reflet qui subsiste dans la fontaine. Pas de structure réfringente parfaite pour le texte... Le fragment final restera toujours sans achèvement.

Mon approche génétique pour étudier et traduire les poèmes de Valéry est, rappelons-le, alimentée par le constat suivant :

> Un poème – comme bien d'autres choses – peut se regarder quant à sa fabrication – comme limite des modifications successives d'un état initial.
>
> La « forme » (des choses engendrées par des actes) résulte d'une convergence et d'une conservation – convergence résulte de la réaction de chaque état sur le suivant – (Valéry, 1957-1961, XVI, p. 9).

« LES PAS » DE PAUL VALÉRY

Afin de mieux comprendre l'immense travail entrepris par Valéry pour peaufiner sans cesse ses textes poétiques, le lecteur qui ne peut pas consulter les manuscrits à la BnF aura toujours la possibilité de trouver deux belles planches de ce poème avec la transcription de Florence de Lussy (1998, p. 207-207). Il pourra ainsi mieux apprécier le long chemin parcouru par le poète dès ses premiers brouillons avant d'arriver à la version « finale » ci-dessous.

Tes pas, enfants de mon silence, Saintement, lentement placés, Vers le lit de ma vigilance Procèdent muets et glacés.	Nombre nécessairement très élevé de sonorités voilées par la nasalisation dans cette strophe pour renforcer la notion de distance au début du texte. p*Rs*	TES MON MA

Personne pure, ombre divine, Qu'ils sont doux tes pas retenus ! Dieux !… tous les dons que je devine Viennent à moi sur ces pieds nus !	*pRs pR bR* *pR* *p*	TES JE MOI
Si, de tes lèvres avancées, Tu prépares pour l'apaiser, À l'habitant de mes pensées La nourriture d'un baiser,	Resserrement du champ consonantique avec augmentation du nombre des liquides *[lR]* et répétitions *z* *pR pR pR pz p* « rappels » du mot baiser *[bz(R)] [p → b]*	TES TU MES
Ne hâte pas cet acte tendre, Douceur d'être et de n'être pas, Car j'ai vécu de vous attendre, Et mon cœur n'était que vos pas.	« Surenchère » des a/*a* (« [les] pas ») conformément au sens Accroissement des « e » muets pout ralentir le rythme. Inversion des *pR* des strophes précédentes (*Rp*)	 JE VOUS VOS

« Les pas » (Valéry, 2016, 1, p. 637-638).

Une des transformations-clés de ce texte réside dans le premier vers : « Tes pas, fille de mon silence » qui devient ensuite : « Tes pas, enfants de mon silence » pour mieux suivre l'évolution et la cohérence de l'ensemble du poème – à savoir, une progression sonore des pas feutrés, voilés et lointains vers une tonalité et une tessiture plus claires et en harmonie avec le sens.

Précisons en particulier la coloration des strophes par les consonnes :

- Augmentation de la proportion des « vRz » (le courant vibratoire) dans chaque strophe. Ensuite, légère baisse dans la dernière strophe.
- Augmentation progressive de la proportion des consonnes « ptk » dans chaque strophe – évocation du bruit sec des pas qui avancent…
- Diminution progressive de la proportion des consonnes voilées – « fsʃ »

Henri Meschonnic (2006, p. 65) nous rappelle que la consonne est la forme, la matrice du mot, et que la voyelle est la matière. Chez Claudel (1965), p. 107), « l'élément essentiel » de la *diction* est la consonne, et pour Valéry c'est « Le vers construit par la consonne ». Pourtant, il ne faut pas sous-estimer l'importance de la voyelle. À l'opéra, trop souvent, la voix chantée – composée de belles voyelles sans consonnes – rend les mots incompréhensibles !

Soulignons la bipolarisation des écarts [i/a+*an*] dans la première strophe pour augmenter le sentiment de distance. Et remarquons que les nombreux « e » muets permettent de mieux mettre en valeur les voyelles claires ou aiguës. Les *e* « muets » ralentissent obligatoirement le rythme à deux reprises dans ce poème.

	iyeɛ	a/*a*	« *an*/*en* »
STROPHE 1	12	4 = 16	7
	(strophe en ouverture voilée grâce aux « an/*en* »)		
STROPHE 2	14	3 = 17	3
STROPHE 3	15	6 = 21	3
	iyeɛ	a/*a*	« *an*/*en* »
STROPHE 4	10	3 = 13	2

Les sons clairs et aigus augmentent progressivement avant de diminuer radicalement dans la dernière strophe, conformément à la mise en garde finale. Et les « *a* » sombres augmentent massivement en puissance dans la dernière strophe.

Notons aussi le renforcement du mot « vos » grâce à la répétition des « v » dans le vers précédent et l'effacement partiel du « je » (j') sur le plan visuel et sonore dans « Car j'ai vécu de vous attendre ». Un effet que l'on peut récupérer, sans difficulté, grâce à « *I've* » en anglais (ce qui ne fut pas le cas de deux traducteurs de ce poème que je citerai plus loin).

Nul ne peut ignorer la progression de « tes » en « tu » avant de se transformer en « vous » et de glisser à un « vos ». (Ce jeu du « tu/vous » est impossible en anglais. En revanche, Rilke va jusqu'à « normaliser » le texte pour garder uniquement le tutoiement en allemand.)

Cette esquisse d'une étude que nous venons de présenter doit prendre en considération les commentaires de Valéry sur ce texte qu'il appelle un « petit poème purement sentimental auquel on prête un sens intellectuel »

(Valéry, 1957-1961, XXVIII, p. 426-428) et où il évoque aussi le « vice des explicateurs » :

> […] Ils *partent* du poème fait – et ils supposent une fabrication qui *partirait* de l'idée ou résumé qu'ils se sont *faits* de l'œuvre après lecture.
>
> L'œuvre se traduit en un schéma intellectuel – qu'ils prêtent au poète – lequel est supposé le traduire en vers, en le *conservant de son mieux* – comme s'il faisait une composition scolaire – avec un plan ou une volonté d'expression fixe – (*ibid.*).

Et ajoutons ce passage, pour ne pas céder à la tentation de trop dévoiler le secret du texte :

> *Pas* Il est des secrets qui n'ont que leur vertu de secret, et dévoilés ne sont rien – ainsi des effets de substitution des surréalistes comme des mots croisés (Valéry, 1957-1961, XX, p. 76).

Et tout en critiquant l'approche purement sémantique et même structuraliste, Valéry met en valeur deux volets au cœur du processus de création :

> 1° *voluptuaire* (consommation) 2° *technique* (production). Or sous ces deux aspects, ils sont indivisibles, et d'ailleurs sont aussi inséparables et de tel *consommateur* et de tel *producteur* (*ibid.*).

Il nous rappelle aussi qu'il ne s'agit point de compter les lettres ou les syllabes – mais de voir leur interaction avec le sens :

> Quant à la partie musicale, le simple projet de regarder séparément les rythmes et les sons qui les empruntent est insensé – (et même les *sens* excités par ces sons) (*ibid.*).

C'est ainsi que l'on doit aborder ce qui est « efficace *poétiquement* à chaque instant » (*ibid.*) et ce, à nos risques et périls, comme dans le cas des deux traductions ci-dessous.

The Footseps	*The Steps*
Your footsteps, children of my silence, *With gradual and saintly pace* *Towards the bed of my watchfulness,* *Muted and frozen, approach.*	*Children of my silence, they tread,* *Your steps, saintly, gently, unrushed* *Towards the vigil of my bed,* *Processional, polished and hushed.*

Pure one, divine shadow,
How gentle are your cautious steps !
Gods !...all the gifts that I can guess
Come to me on those naked feet !

If, with your lips advancing,
You are preparing to appease
The inhabitant of my thoughts
With the sustenance of a kiss,

Do not hasten the tender act,
Bliss of being and not being,
For I have lived on waiting for you,
And my heart was only your footsteps.

(Valéry, *Poems*, traduction de David Paul, 1971, p. 134.)

Someone pure, a shadow divine,
Your cautious steps, how sweet, how sweet !
Gods !... All the gifts imagined mine
Come to me on those naked feet !

If, with your lips now forward brought,
You're ready to allay like this
The inhabitant of my thought
With the nourishment of a kiss,

Don't rush the tender action through,
Being and not being, so sweet ;
For I have lived awaiting you,
My heart was just your padding feet.

(Valéry, *Charms*, traduction de Peter Dale, 2007, p. 55.)

Peter Dale fait des *Pas* de Valéry un poème qui reste étranger à l'original, à force de choisir des mots mineurs pour arriver à un texte rimé. Nous sommes, dans les deux cas ci-dessus, loin des effets de voix de l'original. Mais c'est toujours la voix du poète que l'on ne traduit pas.

Bien avant nos traductologues contemporains, Valéry avait poussé très loin la notion d'étrangeté de tout texte littéraire. La littérature est toujours faite d'« exceptions », et on compare « les exceptions de deux groupes. » (Valéry, 1957-1961, IX, p. 48) En effet, la littérature n'est autre chose que « l'ensemble des œuvres [...] retenues » (*ibid.*). D'où la nécessité de songer à produire, autant que faire se peut, certains aspects-clés de l'étrangeté de l'original, tout en sachant que l'on ne dépassera pas le stade d'une simple approximation. Il est important également de reformuler un certain effet d'étrangeté de l'original par rapport à d'autres textes dans la langue d'origine. Et il est nécessaire de ne pas confondre le rôle de cette étrangeté avec le désir de recréer une sorte de « couleur locale » et autres formes d'« exotisme » ou d'« *ethnologisation* » de l'original comme c'est le cas des historiens férus de prospection archéologique de la langue-source. La traduction littéraire doit rester résolument esthétique. (Je renvoie tout de suite ici le lecteur à Jean-René Ladmiral (2011, p. 45-52) pour mieux saisir les risques de la transposition de cette couleur locale, etc.)

HISTOIRES BRISÉES DE PAUL VALÉRY

La traduction du titre de ce texte en anglais, *Broken Stories* contient un déficit de sens dû au mot « Broken », dépourvu de l'acuité des éclats (phonétiques et autres) de cette *brisure* résonnante et raisonnante – véritable « reflet » de ces *Histoires brisées* (avec ses deux « i » et un « é »). D'une manière ou d'une autre, le côté acéré de ces fragments/esquisses ou éclats doit monter à la surface dès la traduction du titre où résident souvent les difficultés majeures. Ceci est presque inexcusable dans le cas du traducteur, Hilary Corke, ancien professeur de littérature à l'université d'Édimbourg – et aussi *minéralogiste* et *compositeur de musique*... Toute une série de déterminations (cristallisantes) ainsi qu'une théorie de la forme ont échappé à ce traducteur anglais. Je note en passant que c'est la minéralité (ou concision aphoristique et diamantine dans les domaines phonétique et sémantique) qui est au cœur de tant de projets littéraires valéryens, dont une des clés reste la notion de résonance (voire même de réfraction), ainsi que celles d'orientation et de réflexion. Les multiples styles aphoristiques en français, comme en anglais, ne cesseront de rendre redoutable la tâche du traducteur. Une étude du fond et de la forme du texte nous permet de mieux saisir la nature même de cette révolte (toujours présente) chez Valéry contre la totalité. Il faut aussi se pencher sur l'impossible traduction du son avec ses différences de hauteur, d'amplitude, de durée et de timbre, sans oublier l'immense richesse de ses écarts au niveau de la position phonétique et énergique... (Voir Valéry, 1957-1961, XVIII, p. 817). Et que de difficultés dans le domaine de la mimique et de sa particularité.

Rappelons, à titre d'exemple, dans le cas d'*Histoires brisées*, l'importance d'une étude des modulations à l'intérieur d'un texte, comme c'est le cas du fragment intitulé « Robinson » avec ses multiples notes reprises des *Cahiers* et qui datent de 1919 à 1940. La nécessaire étude génétique de la part d'un traducteur aurait permis de mieux comprendre l'évolution stylistique et thématique des morceaux vers une ébauche d'édition (brisée) et posthume.

Cette traduction d'*Histoires brisées* par Hilary Corke est établie trop rapidement autour d'une édition fautive où manquent les textes suivants qui figurent déjà dans l'édition (fautive également) de la Pléiade : « Journal d'Emma, nièce de Monsieur Teste », « Au commencement sera le soleil » et « La Révélation anagogique ». Le poème « Ange » fut prévu à un moment donné pour clore ce recueil dans un des manuscrits de Valéry, mais non retenu dans les différentes éditions de ces textes. En 2016, dans sa publication d'*Histoires brisées*, Michel Jarrety présente de nouveaux textes et apporte de nombreuses corrections indispensables, attendues depuis longtemps. (Ce sera également le rôle d'un futur travail génétique de longue haleine prévu à l'ITEM sur ces textes, qui devra précéder toute nouvelle tentative de traduction.)

Le traducteur et le lecteur doivent rester à l'écoute des modulations et relations internes dans ces *Histoires brisées*, et respecter la richesse particulière du *contenu formel* (voir Elder, 2009) ou *fonctionnel* tout en dépassant les oppositions traditionnelles entre la forme et le fond. C'est le cas du son et du sens qui fonctionnent comme un ensemble dynamique et non statique.

Voici donc un extrait traduit d'*Histoires brisées* par Hilary Corke tiré de l'édition de la Pléiade que l'on consultait à cette époque.

Avertissement	PREFACE
Il m'arrive[8], comme à chacun, de me faire des contes. [...] Il m'arrive, comme à plusieurs, mais rarement, de noter l'essentiel de ce qui m'est ainsi venu. [...] Enfin, il arrive aussi que, revenu à mes papiers, je me mette à écrire ce qui s'était formé tout seul dans ma tête. Je l'écris comme si ce fût là le commencement d'un ouvrage. Mais je sais que l'ouvrage n'existera pas, je sens que j'ignore où il irait, et que l'ennui me prendrait si je m'appliquais à le conduire à quelque fin bien déterminée. Au bout de peu de lignes ou d'une page, j'abandonne, n'ayant saisi par l'écriture qu293 e ce qui m'avait surpris, amusé, intrigué, et je ne m'inquiète pas de demander à cette production spontanée de se prolonger, organiser et achever sous les exigences d'un art. Ici, intervient, d'ailleurs, ma sensibilité excessive à l'égard de l'*arbitraire*...	*Like everyone else, I sometimes happen to tell myself stories. [...] Like fewer people, I also sometimes happen (though rarely) to note down the essence of what has thus come to me. [...] Finally, it also sometimes happens that, reinstalled amongst my papers, I begin to write around what has thus formed independently in my head. I write as though this were the beginning of a book; but I know that this book will never come into being, I realize that I have no conception where it is tending, and that I should be overcome by boredom if I applied myself to directing it to some already determined end. After a few lines or a page I abandon it, having seized in writing no more than whatever had surprised, amused, involved me; and I do not trouble to ask this spontaneous production to extend itself, organise and achieve itself according to the stringent rules of art. At this point, moreover, my morbid sensibility with regard to the* arbitrary *begins to get in the way....*
Avertissement (un extrait) (Valéry, Avertissement, *Histoires brisées*, 3, p. 1330). Passage complet = 1,174 caractères avec espaces = 6,8 % plus concis; 205 mots = 12.2 % plus concis)	(Valéry, Preface, *Broken Stories*, Hilary Corke, p. 87). (Passage complet = 254 caractères avec espaces; 230 mots) (Mon soulignement.)
(Valéry, Avertissement, *Histoires brisées*, 3, p. 1330-1331). (Avertissement complet = 1,260 caractères avec espaces = 7,3 % plus concis; 209 *mots = 12 % plus concis)*	(Valéry, Preface, *Broken Stories*, Hilary Corke (trad.), p. 87-88). (Avertissement complet = 1,352 caractères avec espaces = 7.56 % moins concis; 234 *mots = 12 % moins concis)*

Il est important de noter le mouvement progressif, par paliers, en crescendo de la première phrase – avec d'autres reprises dans le texte original qui ne paraissent pas dans la traduction. Notons le glissement

8 Mon soulignement dans cet extrait.

délicat et progressif vers le *je (sujet d'un acte volontaire)* dans le texte de Valéry qui foisonne uniquement dès son entrée en jeu dans la dernière partie de la triptyque initiale : « Il m'arrive, [...] », « Il m'arrive, [...] », « Enfin, il arrive aussi [...] » (Effet stylistique minoré, et excessivement délayé dans la traduction.) L'importance de ce Moi réceptif est abolie ici comme dans de nombreuses traductions de Valéry en anglais où le *je* et le *me* sont interchangés à volonté – malgré tant de mises en garde par l'auteur dans ses *Cahiers* et ses Œuvres publiées.

« Il m'arrive, comme à chacun, de me faire des contes. » Valéry n'a pas écrit : « Comme tout le monde, je me raconte des histoires. » car il met l'accent sur quelque chose qui se passe en lui – et il réserve le *Je* dans ce texte à d'autres fins.

C'est par la rigueur de la forme que Valéry rend le jeu des substitutions difficile – voire impossible. Le lecteur/traducteur d'*Histoires brisées*, ou d'autres textes de Valéry sait très bien à quel point son pouvoir d'intervention sera canalisé par la forme – un *temps* ici qui se trouve *absorbé* par la contemplation comme dans le passage ci-dessus.

Prenons un autre cas :

> Ici intervient, d'ailleurs, ma sensibilité excessive à l'égard de l'*arbitraire*...
>
> *« At this point, moreover, my morbid sensibility with regard to the* arbitrary *begins to get in the way... » (Corke)*
>
> *« At this point, moreover, what begins to get in the way is my excessive sensibility with regard to the* arbitrary... *» (Elder)*

La place-clé accordée au verbe « intervient » au début de la phrase, et au mot d'« arbitraire » à la fin de ce passage en français, suivi et amplifié par des points de suspension, rappelle fortement aux valéryens l'importance de ce dernier terme dans les *Cahiers*. Et la traduction anglaise par Hilary Corke ne fait que *noyer* ce mot à l'intérieur de la phrase. Ici, un certain déhanchement syntaxique en anglais remettrait en valeur, visuellement et musicalement, l'importance du mot d'« abritraire ». Je noterai également en passant que Corke met « *morbid* » (malsain et maladif) là où Valéry ne souligne qu'un état aigu et intense, ou une préoccupation persistante (« excessive »). Tout cela est amplifié dans cette phrase de Valéry par le foisonnement de voyelles claires et aiguës.

Reprenons certains constats sur le je dans ce travail par d'autres cas concrets tirés de son « Avertissement » aux *Histoires brisées* (voir p. 227) :

Je (7)	Valéry ne cherche pas à éviter un entassement (ou surenchère) des « je » dans ces deux paragraphes – mais, à des moments très précis, l'architecture interne de ce travail impose son absence. Le « je » ne fait son entrée que très progressivement, avant de s'éclipser.
I (10)	Dans la traduction de Corke de cet « Avertissement », le « je » est présent vers le début de la première phrase du premier paragraphe. Le je est même sujet de la première phrase du deuxième paragraphe. Et sa présence est de 30 % supérieure à celle de l'original.

Dans son « Avertissement », Valéry traite ces *Histoires brisées* de « recueil paradoxal de fragments, de commencements [...] ». Nul ne peut ignorer l'importance et le rôle du mot « commencement » (*beginning*) dans les textes de Paul Valéry – qui passe des parodies de la Bible à des réflexions sur le trajet du texte avec sa détermination dès les premiers termes, sans oublier sa prédilection pour l'inachèvement. La traduction fautive de « commencements » par le gérondif *openings* valorise aussi une action et un état – ce que Corke réserve comme il se doit dans le cas d'un texte en anglais aux *commencements* littéraires ; mais ce faisant, il brise une certaine continuité textuelle et lexicale dans l'œuvre valéryenne, et ouvre (sans jeux de mots ici) d'autres possibilités que l'on peut maintenir sans difficulté par le mot « *beginnings* » en anglais. (Ajoutons aussi que ce genre de piège est amplifié chaque fois que la traduction d'un ensemble de textes est attribuée à plusieurs écrivains – et quand l'éditeur ne relève pas les incongruités de l'emploi de mots-clés dans les textes d'arrivée.) D'ailleurs, sans trop forcer les frontières lexicales, l'expression « gathering » de fragments, relève davantage d'une sorte de ramassis de morceaux, loin du sens du mot *recueil* chez Valéry (« recueil paradoxal de fragments, de commencements »). Optons donc pour « collection » en anglais.

Nous pouvons continuer à l'infini cette analyse d'une édition incomplète et erronée– mais ce sera un autre travail et de longue haleine...

TRANSGRESSION CAPITALE DANS *LA SOIRÉE AVEC MONSIEUR TESTE*

D'après l'édition de la Pléiade des Œuvres de Valéry annotées par Jean Hytier (vol. II, p. 1376-1377), Valéry ne fait jamais mention de la première traduction de *La Soirée avec Monsieur Teste* de Natalie Clifford Barney. Les raisons pourtant ne manquent pas. Dès l'ouverture du texte, elle traduit « La bêtise n'est pas mon fort. » par « Foolishness is really not my forte. » – ce qui ressemble à une sorte de bavardage de salon en anglais par rapport à la nécessaire concision de ce constat, ou principe de base dans l'original. La version plus laconique de Ronald Davis : « *I cannot abide stupidity.* » convient mieux à un monde/*jardin d'épithètes [...] jardin dictionnaire et cimetière* du moi où toute classification, comme toute traduction, est provisoire (*Transiit classificando*, disait Monsieur Teste dans la *Lettre d'Émilie Teste*). Mais on aurait pu proposer tout simplement : « *Foolishness is not my forte.* » Dans tous les cas, ici, comme dans beaucoup d'autres traductions des textes de Valéry que nous avons examinées, le « *I* » n'a pas sa place. Rappelons surtout que l'entrée en matière de *La Soirée avec Monsieur Teste* est, tout d'abord, ce qui est supprimé, à savoir : « La bêtise [...] »

TRADUIRE AVEC SYLVIA BEACH

Signalons dans le domaine de la traduction anglaise des textes de Valéry quelques remarques révélatrices d'une traductrice, Sylvia Beach, sur la traduction des passages difficiles de *Littérature*, publiée en anglais en 1936. Le poète lui répond :

> Qu'est-ce que j'aurais bien pu vouloir dire ? » ou affirme de manière péremptoire : « Je suis absolument certain de n'avoir jamais écrit cela – et, finalement, il propose de sauter le passage (Jarrety, 2008, p. 936).

Que de fois le travail du traducteur entraîne, chez l'auteur du texte d'origine, une mise en question et une découverte plus fine de l'ambiguïté ou de la multiplicité des sens du document d'origine !

Valéry refuse, avec délicatesse, de percevoir la moitié des droits d'auteur qui lui revient de cette traduction – qui porte toutefois la mention : « Traduit par Sylvia Beach et l'auteur » (Jarrety, 2008, p. 936-937). Ce geste est d'autant plus généreux qu'il connaissait des difficultés financières. Valéry fut loin de disposer d'une fortune personnelle – contrairement à Gide, à Proust et à certains autres écrivains de son époque.

VALÉRY : LE TRADUCTEUR DES JEUNES ANNÉES

Le 30 mars 1896, Valéry est à Londres « où il a été appelé par les services de presse de la Chartered Company pour traduire des articles sur l'Afrique du Sud inspirés par Lord Cecil Rhodes ». (Valéry, 1957, p. 34) Valéry reste seulement deux semaines en Angleterre. Et il envisage aussi en 1896 de traduire pour Lionel Decle (sans donner de suite) le texte, *Three years in Savage Africa.* Ce livre fut publié en 1898 à New York, par M. F. Mansfield – un tome de 656 pages avec une introduction par H.M. Stanley, M.P. (Je ne sache pas qu'il existe de version française de ce livre.)

Valéry avait également en tête un autre projet de traduction en français : celui du roman, *The Red Badge of Courage* [*La Conquête du courage*] de Stephen Crane, publié en 1895 – projet entamé mais vite abandonné, dont vous trouverez des références dans les notes de Jean Hytier (édition de la Pléiade), et celles du monumental *Valéry* de Michel Jarrety (2008). Rappelons ici la note dans l'édition de la Pléiade de Valéry :

> Maurice Saillet a rappelé une velléité de Valéry de traduire une œuvre de Stephen Crane : *Paul Valéry et la Conquête du courage*, Mercure de France, février 1953. Une lettre à Gide, du 7 février 1896 [Gide-Valéry, 1955 p. 259] fait allusion à ce roman, *The Red Badge of Courage* : « C'est l'impression d'un combat, le dépucelage quant à la guerre d'un jeune homme, et c'est très fort, très fort, surtout si l'on tient compte des vingt-trois ans de l'auteur. » Valéry comptait lui consacrer un article dans *la Nouvelle Revue* (Valéry, 1957, I, p. 1802).

Cet article ne vit pas le jour non plus. Le roman de Stephen Crane fut traduit et publié par Francis Vielé-Griffin et Henry D. Davray en 1911 au *Mercure de France*, et ne fut retraduit qu'en 2006 par Dominique Aury.

Valéry commença, très jeune, à développer toute une théorie « anti-roman ». Ce fut surtout le délayage, l'arbitraire et l'extrême facilité des combinaisons qu'il y trouvait qui le rebutèrent en tant que lecteur et écrivain. Il ne pouvait supporter cette reconstitution facile, grossière et simpliste de l'« Homme, Objets, Désirs » (Valéry 1957-1961, XV, p. 779). Dans son *Hommage à Marcel Proust*, il nous rappelle que les *traductions*-reformulations possibles du roman font partie d'une litanie de faiblesses du genre.

> Au contraire des poèmes, un roman peut être *résumé*, c'est-à-dire *raconté* lui-même ; il supporte qu'on en déduise une figure semblable ; il contient donc toute une part qui peut, à volonté, devenir implicite. Il peut aussi être *traduit*, sans perte du principal. Il peut être *développé* intérieurement ou *prolongé* à l'infini, comme il peut être lu en plusieurs séances… Il n'y a d'autres bornes à sa durée et à sa diversité que celles mêmes des loisirs et des forces de son lecteur ; toutes les restrictions qu'on peut lui imposer ne procèdent pas de son essence, mais seulement des intentions et des décisions particulières de l'écrivain (Valéry, 2016, 1, p. 824).

Et cela ne fut certainement pas sans influencer le champ relativement réduit de ses traductions, et surtout son absence dans le domaine romanesque.

Michel Jarrety nous précise qu'en 1892,

> Valéry avait traduit pour le n° 6 de la *Revue d'économie politique*, peut être à la demande de Charles Gide, l'oncle d'André, qui faisait partie du comité de direction, la leçon inaugurale prononcée à l'université de Padoue par Achille Loria le 21 novembre 1891, « La Terre et le système social » (Valéry, 2016, 1, p. 153).

Les jeunes années de Paul Valéry furent remplies de tels projets… et le texte ci-dessus, publié par la *Revue d'économie politique*, porte davantage sur le genre de lecture qui donnera naissance à *La Conquête allemande*, inspirée par sa lecture des textes anglais d'Ernest Williams *(Made in Germany)* – mais aussi par ceux de Maurice Schwob (pour le journal, *Le Phare de la Loire*), où l'expansion économique de l'Allemagne en Europe est étudiée de près. Ce qui émergea dans le texte de Valéry fut une étude de l'organisation à la fois militaire et économique de l'Allemagne. Nous sommes aussi dans la logique de quelques-unes de ses préoccupations qui vont aboutir plus tard aux *Regards sur le Monde actuel*. Notons, entre parenthèses ici, que le jeune Valéry donna en décembre 1897 le conseil suivant à son ami Gustave Fourment qui voulait « apprendre de l'anglais » ou « faire de l'anglais » comme disait Valéry (Valéry-Fourment, 1957, p. 140-141).

> *Well*. À part les ouvrages techniques, je te conseille de lire des revues et des journaux plus qu'autre chose. Par exemple tous les matins lire son *Morning* et son *Standard* est très intéressant. En fait de revues, celles politiques plutôt que les littéraires. Enfin, dispose de moi comme tu voudras (Valéry-Fourment, 1957, p. 140). (Traduction fort erronée de ce passage en anglais par Marthiel et Jackson Mathews dans *Paul Valéry, Moi*, 1975, p. 97.)

L'Anglais exerça une certaine fascination sur lui à cette époque, non sans parallèle sur le plan esthétique avec celle de Mallarmé et de Baudelaire, et leurs traductions d'Edgar Poe. Pourtant, le roman ou tout autre récit de voyages ayant un intérêt historique ne purent jamais exercer sur lui une fascination pareille à celle créée par les contraintes et la rigueur de la poésie. Son « dégoût de la facilité » cantonné dans une conscience aiguë de ses « limites » (Valéry, 2016, 1, p. 1012) – le poussa à ne pas vouloir écrire – sauf par pure nécessité… On est tenté de faire ici un certain portrait d'un écrivain (et en l'occurrence d'un traducteur) qui a horreur d'écrire – « et de se laisser manœuvrer » – principe cher à Monsieur Teste ! (Valéry, 2016, 1, p. 1013). Il y a aussi chez Valéry un écrivain adossé au mur de la traduction au sens le plus large du terme – et qui scrute sans cesse les limites de l'acte de traduire.

TRADUIRE : LÉONARD DE VINCI

Le projet de traduction des *Carnets* de Léonard de Vinci (qui se trouvent à la Bibliothèque nationale de France) était déjà en panne en juillet 1906 (Valéry, 1952, p. 70). Et nous savons que Valéry lisait ces *Carnets* dans l'édition de Charles Ravaisson-Mollien [*Les Manuscrits de Léonard de Vinci*], publiée en 1881. (Ne confondons pas Charles et Félix Lacher Ravaisson-Mollien, mort en 1910. Erreur d'attribution des *Manuscrits* dans Valéry, 1987-2016, III, p. 604.) Ce projet de traduction par Valéry entre 1900 et 1910 n'a pas abouti. Pire encore, en 1910, Joséphin Péladan lui a « coupé l'herbe sous les pieds » (Lettre à André Lebey, p. 156). Il n'empêche que le travail méticuleux de traduction des *Carnets* entamé par Valéry ne pouvait jamais *être le fruit de* la hâte. Mais, en plus de son sentiment de frustration, aggravé certes par les multiples difficultés associées à toute traduction de Léonard de Vinci, Florentin du Quattrocento, il est clair que Valéry tenait, avant tout, à tirer de cette recherche son propre Léonard – au lieu de rester collé à l'original avec tous les pièges liés à la langue italienne non encore stabilisée. En effet, il y a chez Valéry, au-delà de la traduction de ces manuscrits, un « *Mon* » Léonard, comme il y a un *Mon Faust. « lionardo mio / o lionardo che tanto penate…* » – et on peut y lire *penate* ou *pensate.* (Voir Valéry, 2016, 1, p. 863.) Et encore, « Lionardo / Être, et ce qu'on est, et son propre mathématicien et son propre physicien, et son propre constructeur – c'est-à-dire observateur, combinateur, organisateur, et ouvrier – » (Valéry 1957-1961, XXI, p. 123).

Et il y a toujours une double tendance (scientifique et artistique) que Valéry souhaite prolonger à sa manière – en fonction des découvertes des temps modernes, et qui reste ancrée en lui dès 1892 (lors de son observation du passage de Poincaré et de Verlaine à des heures différentes) dans le quartier latin. Bref, c'est surtout la traduction au service d'un projet intellectuel global qui prime chez Valéry, ou celui, littéraire, qui exige la plus grande maîtrise de l'art et de ses moyens.

Dans un récent article qui portait sur « La traduction au service de la tradition. Paul Valéry traducteur de Léonard. », Antonietta Sanna (2016, p, 93-102) a révélé un certain nombre de prouesses de Valéry en tant que traducteur. Le jugement d'Antonietta Sanna, surtout sur la traduction de Joséphin Péladan, est juste et sévère : « Son initiative n'était qu'un plagiat du recueil de Solmi restitué à la sauce Ravaisson-Mollien, sans aucun travail interprétatif sur l'original. » Ajoutons, pour conclure ici, que nous attendons avec impatience, la publication d'un travail exhaustif par Antonietta Sanna sur les 87 feuillets inédits des *Carnets* de Léonard de Vinci traduits par Valéry. Nous regrettons qu'une traduction par Valéry des *Carnets* de Léonard de Vinci n'ait pas vu le jour au début du XXe siècle. Valéry avait, probablement, sur-estimé le rôle que la version par Péladan des *Manuscrits de Léonard de Vinci*, publiée en 1910, allait jouer chez les lettrés français. Mais la parution de ce texte avait dû le troubler, car son projet ne fut pas repris. (N'oublions pas les autres publications « légères » de Péladan sur Léonard de Vinci que nous avons signalées dans notre bibliographie.)

Valéry publia son *Introduction à la Méthode de Léonard de Vinci* en 1894, augmentée de Notes et de Digressions en 1919, et sa traduction d'un texte anonyme – (de Bertrand Russell) dans *l'Athenæum* sur la relativité selon Einstein (*La NRF*, 1919, p. 1118-1122) sans le texte d'origine. Il s'agit d'un extrait de 4 pages d'un livre de 64 pages par H. A. Lorentz, qui parut l'année suivante, en 1920, sur la *Théorie de la Relativité.* Selon Valéry, son petit texte fut « traduit à la hâte et légèrement abrégé, quand il eût fallu tout au *contraire l'accommoder à loisir* » (*La NRF*, 1919, p. 1118). Et pour conclure, dans la lettre à Rivière qui servit d'introduction à sa traduction, il ajoute « *et comment ne pas se presser de donner au public français même l'idée la plus grossière d'un événement scientifique qui semble considérable ?* » En dehors d'une certaine pudeur que cache le superlatif ici, nul ne saurait rester insensible à ce que Valéry considère comme une véritable nécessité de la traduction : celle de l'accès *rapide* aux événements scientifiques majeurs – un des axes principaux que souligne souvent, et à juste titre, Florence Lautel-Ribstein pour la *Société française de traductologie (SoFT)*.

Valéry revient régulièrement à son *Léonard* non pour nous laisser la traduction qu'il envisageait au début du siècle, mais pour peaufiner de nouveaux degrés de transformation des *Carnets* de ce génie du quattrocento qu'il a tant admiré et pour intégrer davantage de réflexions sur les principes théoriques et esthétiques dans son Léonard personnel. Et vers la fin de sa vie, en 1942, il préfaça la traduction par Louise Servicen (de l'anglais et de l'italien) des deux volumes de *Carnets* de Léonard de Vinci – préface qui sera reprise dans le troisième tome des Œuvres de Valéry établi par Michel Jarrety. Reviennent encore avec force dans ce texte les notions valéryennes (et léonardiennes) de pouvoir de l'esprit, de mécanismes, de fabrication et de construction. Bref, le regard de Léonard est un travail sur les phénomènes qui *se traduit* en « connaissances effectives » (Valéry, 2016, 3, p. 1240). Ou en d'autres termes, pour conclure ces réflexions sur le Léonard de Valéry, la traduction prévue initialement se campe de plus en plus derrière la « transmutation de tout ce que nous savons en ce que nous voudrions savoir » (Valéry 2016, 2, p. 362). Ainsi énonce-t-il le but de son propre Léonard : « se construire une science des valeurs d'action et une science des valeurs de l'expression ou de la création des émotions » (Valéry 2016, 2, p. 364). Mais, le véritable nom de « Science » « se refuse de plus en plus », comme il se doit, « à tout savoir intraduisible en chiffres » (Valéry, 2016, 3, p. 923).

TRADUIRE : SONNET DE DANTE GABRIEL ROSSETTI

Dans cette édition de *Chimère*, l'original de Rossetti se trouve face à la traduction de Valéry.

LILITH
(For a picture)

Of Adam's first wife, Lilith, it is told
(The witch he loved before the gift of Eve,)
That, ere the snake's, her sweet tongue could deceive,
And her enchanted hair was the first gold.
And still she sits, young while the earth is old,
And, subtly of herself contemplative,
Draws men to watch the bright net she can weave[9]*,*
Till heart and body and life are in its hold.

The rose and poppy are her flower[10] *: for where*
Is he not found, o[11] *Lilith, whom shed scent*
And soft-shed kisses and soft sleep shall snare ?
Lo ! as that youth's eyes burned at thine, so went
Thy spell through him, and left his straight neck bent
And round his heart one strangling golden hair.

Il est important de signaler la disposition typographique radicalement différente des vers de ce sonnet de Rossetti dans les deux éditions de ses Œuvres en anglais par rapport à celle reprise par Valéry dans *Chimère.*

9 Pas de virgule dans l'édition de 1892 de Chimère.
10 Un « : » à la place d'un « ; » dans cette édition.
11 Un « o » majuscule dans les autres éditions.

« Lilith »
(For a picture)

Of Adam's first wife, Lilith, it is told
(The witch he loved before the gift of Eve,)
That, ere the snake's, her sweet tongue could deceive,
And her enchanted hair was the first gold.
And still she sits, young while the earth is old,
And, subtly of herself contemplative,
Draws men to watch the bright net she can weave,
Till heart and body and life are in its hold.

The rose and poppy are her flower; for where
Is he not found, O Lilith, whom shed scent
And soft-shed kisses and soft sleep shall snare ?
Lo ! as that youth's eyes burned at thine, so went
Thy spell through him, and left his straight neck bent,
And round his heart one strangling golden hair
(Rossetti, Dante Gabriel, 1913).

Et

Body's Beauty

Of Adam's first wife, Lilith, it is told
(The witch he loved before the gift of Eve,)
That, ere the snake's, her sweet tongue could deceive,
And her enchanted hair was the first gold.
And still she sits, young while the earth is old,
And, subtly of herself contemplative,
Draws men to watch the bright net she can weave,
Till heart and body and life are in its hold.

The rose and poppy are her flower; for where
Is he not found, O Lilith, whom shed scent
And soft-shed kisses and soft sleep shall snare ?
Lo ! as that youth's eyes burned at thine, so went
Thy spell through him, and left his straight neck bent,
And round his heart one strangling golden hair
(Rossetti, Dante Gabriel, 1911, p. 100).

Le titre de ce poème de Rossetti fut transformé en *Body's Beauty* par son auteur pour servir de contraste avec *Soul's Beauty* dans *The House of Life.*

La traduction en français par Valéry respecte le contenu et la progression, vers par vers, du texte de Rossetti – mais divise par deux le nombre de vers qui commencent par le mot « *And* » – procédé peu poétique que Valéry n'a jamais apprécié en français (voir notre analyse de *Throwing a Tree* de Thomas Hardy).

(Pour un tableau)

Il est dit de Lilith, première compagne d'Adam
(La magicienne qu'il aima avant le don d'Ève)[12],
Que sa douce langue sut tromper plus tôt que celle du serpent,
Et que sa chevelure enchantée fut l'or primitif.
Encore elle existe, tandis que la terre est vieille
Et, n'adorant qu'elle-même avec subtilité,
Elle attire les hommes dans le brillant filet qu'elle tisse
Jusqu'à ce que leur cœur, leurs corps et leur vie soient à elle.

La rose et le pavot sont ses fleurs ; car où
N'est-il pas, ô Lilith, celui que des parfums épars
De doux essaims de baisers, et un doux sommeil capturent ?
Oui ! À tes yeux cette jeunesse enflamme les siens, jusqu'à
Être imprégnée de ton charme et laisse enlacer son cou frêle
Enlacer son cœur d'une strangulante chevelure d'or.

(Mai 1892, traduction signée M.D. (à la table du recueil) d'un sonnet de Dante Gabriel Rossetti, « Lilith (For a picture) » (Valéry, 1947, p. 14.)

La mise en page du texte de Valéry fut « massacrée » dans *Chimère* (mai 1892) – tellement massacrée que je n'ose pas le reproduire ici. Encore un risque (ou cauchemar) pour tout (jeune) traducteur !

TRADUIRE : SONNET DE PÉTRARQUE

Sonetto CLVII
« La visione della cerva »

Una candida cerva sopra l'erba
Verde m'apparve con due corna d'oro
Fra due riviere all'ombra d'un alloro,
Levando 'l sole alla stagione acerba.
Era sua vista sì dolce superba,
Ch'i' lasciai per seguirla ogni lavoro ;

12 Parenthèses manquantes dans cette transcription du texte de Valéry mais présentes dans *Chimère*.

Come l'avaro che 'n cercar tesoro
Con diletto l'affanno disacerba(,/.)
Nessun mi tocchi, al bel collo d'intorno
Scritto avea di diamanti e di topazi(;/,)
Libera farmi al mio Cesare parve.
Ed era il sol già volto al mezzo giorno,
Gli occhi miei stanchi di mirar non sazi;
Quand'io caddi nell'acqua, ed ella sparve
(Buttura, 1845, p. 185 ; et variantes de la ponctuation dans Buttura 1820, p. 74).

Je renvoie toutefois le lecteur au

Sonetto CXC
« La visione della cerva »

Una candida cerva sopra l'erba
verde m'apparve con due corna d' oro,
fra due riviere all' ombra d' un alloro,
levando 'l sole alla stagione acerba.

Era sua vista sì dolce superba
ch' i' lasciai per seguirla ogni lavoro,
come l'avaro che 'n cercar tesoro
con diletto l'affanno disacerba[13].

« Nessun mi tocchi » al bel collo d' intorno
scritto avea di diamanti e di topazi,
« libera farmi al mio Cesare parve ».

Ed era 'l sol già volto al mezzo giorno;
gli occhi miei stanchi di mirar non sazi,
quand' io caddi ne l'acqua, et ella sparve
(Petrarca, 1951, p. 256).

« Une candide cerve sur l'herbe verte
M'apparut avec deux cornes d'or
Entre deux rivières à l'ombre d'un laurier,
Comme le soleil se levait pendant l'amère saison.

Sa vue m'était si douce et superbe,
Que pour la suivre je laissai tout travail
Tel l'avare qui par la quête d'un trésor
Apaise avec délice son tourment.

"Que nulle ne me touche !" Autour de son beau col

13 Note de l'édition de 1951 : *con diletto* (nel suo desiderio ;)

> Était écrit en diamants et en topazes
> "Il plut à mon César de me faire libre".
>
> Et déjà le soleil passait au midi ;
> Mes yeux las de voir n'étaient pas las de regarder
> Lorsque je tombai à l'eau et Elle disparut. »
> (décembre 1892) Traduction signée M.D. d'un sonnet de Pétrarque : « La visione della cerva ») (Valéry, 1947, p. 14.)

Ici « avec délice » reprend le sens de « *feels a delight* » dans la traduction de Hainsworth (Petrarch, 2010, p. 77). Mais on propose en italien : « *nel suo desiderio* » comme sens particulier de « *con diletto* » dans *Petrarca*, (1951, p. 256).

Le sonnet traduit par Valéry respecte la ponctuation de l'édition de Buttura en 1845 et non celle de 1820. En revanche, les majuscules réservées exclusivement au début de chaque strophe-phrase chez Pétrarque dans l'édition de Neri, Martellotti, Bianchi et Sapengo ne figurent pas dans le texte italien consulté par Valéry. (Baudelaire, par exemple, dans « Parfum exotique », irait jusqu'à faire de deux quatrains une seule phrase, comme pour les deux tercets – *idem* chez Valéry dans « Valvins »). Sir Thomas Wyatt (1503-1542) avait déjà tenté de faire une imitation de ce sonnet de Pétrarque – véritable dérive du texte en quatorze vers et deux phrases. (Pétrarque jonglait aussi avec les formes phrastiques et strophiques.) Dans l'ensemble, Valéry accorde une valeur spécifique à chaque strophe qui est renforcée par la ponctuation. Il est capable aussi de faire un sonnet composé d'une seule phrase (« Le bois amical ») afin de renforcer l'unité du sujet.

Il serait approprié d'insister sur la strophe avec sa forme de « paragraphisme ».

> Le « paragraphe » assimilé à une *phase* – c-à-d. à une coordination qui admet telles variations et exclut telles autres (Valéry, 1957-1961, XX, p. 684).

Et en même temps que la strophe garde sa coloration spécifique dans ce sonnet, il en va de même visuellement pour chaque vers. *Idem* pour le paragraphe.

> Alors on est porté à concevoir chaque membre du paragraphe ou *phrase* comme différente en fonction de forme des autres du même §
> Moyennant quoi il y aurait une « ligne » du discours (*ibid.*).

Malgré les différences subtiles entre le sonnet de Pétrarque et la version française de Valéry, les difficultés sont loin de celles d'une langue qui n'aurait « jamais eu à s'affranchir d'un espace culturel aussi massivement dominant que celui de la latinité » (Launay, 2006, p. 45). La transformation valéryenne de ce texte de Pétrarque suit une certaine linéarité phrastique et strophique de l'original renforcée par un rythme, qui est nécessairement autre et qu'il ne tente pas de reproduire. Ici, Valéry est loin de se situer historiquement dans la tradition des sonnettistes comme Du Bellay ou Ronsard, sans oublier la manie des sonnets chez le maître Mallarmé. D'ailleurs, les *effets de voix* dans la poésie italienne, comme nous le rappelle Valéry, sont, pour l'essentiel, étrangers à la poésie française. Une fois de plus, Valéry reste fidèle à son principe de ne pas traduire en vers rimés les poèmes classiques et modernes. Et il ne voit surtout pas de raison à traduire ce texte en alexandrins.

TRADUIRE : POÈME DE THOMAS HARDY

Il est important de noter que Valéry publia l'original *et* sa traduction du poème *Felling a Tree* de Thomas Hardy, pour la première fois, dans *Commerce* (*Hiver 1927*). Situation assez unique pour le traducteur et qui permet ici au public français d'avoir un accès privilégié à un texte de ce grand écrivain anglais.

FELLING A TREE
New Forest. England[14].

The two executioners stalk along over the knolls[15].
Bearing two axes with heavy heads shining and wide[16],
And a long limp two-handled saw toothed for cutting great boles,
And so they approach the proud tree that bears the death-mark on its side.
Jackets doffed they swing axes and chop away just above ground,
And the chips fly about and lie white on the moss and fallen leaves ;

14 Le mot *England* ne figure pas dans l'édition de ce poème de Hardy en 1978.

15 Erreur de ponctuation : une virgule s'impose ici.

16 Aucune mise en valeur visuelle du 4e vers de chaque strophe qui commence chez Hardy toujours par le mot « *And* » mis en exergue par rapport aux trois vers précédents et qui renforce le mouvement étape par étape de l'abatage d'un arbre.

Till a broad deep gash in the bark is hewn all the way round,
And one of them tries to hook upward a rope, which at last he achieves.
The saw then begins, till the top of the tall giant shivers :
The shivers are seen to grow greater each cut than before :
They edge out the saw, tug the rope ; but the tree only quivers,
And kneeling and sawing again, they step back to try pulling once more.
Then, lastly, the living mast sways, further sways : with a shout
Job and Ike rush aside. Reached the end of its long staying powers
The tree crashes downward : it shakes all its neighbours throughout,
And two hundred years' steady growth has been ended in less than two hours.
Thomas Hardy (1840-1928). (Valéry, *Commerce* XIV, 1927, p. 6 et 8.)

« ABATAGE D'UN ARBRE

D'un pas majestueux les deux exécuteurs s'avancent sur les tertres.
Ils portent deux lourdes haches aux fers larges et brillants, et une longue scie à deux mains, flexible, aux dents faites pour entamer les troncs puissants.
Tels ils approchent de l'arbre superbe qui montre sur son flanc la marque de la mort.
Ils ont mis vestes bas ; ils balancent les haches ; ils frappent à coups redoublés, juste au ras de la terre.
Autour d'eux volent les éclats ; de blancs éclats couvrent la mousse et les feuilles tombées.
Bientôt une large et profonde entaille tranche l'écorce tout autour du tronc.
Et l'un des hommes essaie d'envoyer une corde au haut de l'arbre, et il finit par y parvenir.
La scie intervient alors, et travaille jusqu'à ce que la cime du haut géant frissonne. À chaque passage de la lame on voit croître et s'étendre ses frissons.
Les hommes retirent la scie ; ils pèsent sur le câble. Mais l'arbre ne fait encore que chanceler, et eux s'agenouillent et se remettent à scier. Derechef, ils s'écartent, ils essaient encore de tirer l'arbre bas.
Enfin le mât vivant s'incline, s'incline plus encore. Avec un cri, Job et Ike se jettent de côté. Parvenu à la fin de sa longue résistance, l'arbre craque et s'abat. Il ébranle en tombant tous les arbres qui l'entourent, et deux cents ans de croissance constante sont anéantis en moins de deux heures. »

« Ce poème nous a été communiqué par Madame Hardy, il est le dernier qui fut écrit par Thomas Hardy, peu de temps avant sa mort » (Note de Valéry) (*Commerce* XIV, 1927, p. 7 et 9).

Cette note fut reproduite dans l'édition de la Pléiade des Œuvres de Valéry (1957, I, p. 1801). Le titre de ce poème, *Felling a Tree*, publié dans *Commerce* XIV, hiver 1927, ne fut pas celui retenu finalement par Hardy : *Throwing a Tree // New Forest.* (Voir Hardy, 1985, p. 191-192.)

Le verbe *throw* ici renforce l'action d'abattre un arbre – ce que Valéry récupère en choisissant, avec un certain brio, l'expression « Abatage d'un arbre » – avec ses renvois à une forme de boucherie, et mise en valeur de l'*action unique en cours* créée par le substantif, sans article, en « *age* ». En 1990, Pierre Leyris publia une étude comparée de ces deux poèmes. Il nous rappelle que le participe présent du titre en anglais veut « évidemment un substantif en français ». Et il souligne aussi les limites de l'expression « en abattant » qui « signifierait à peu près : "pendant que nous abattions un arbre" ou "du fait que nous abattions un arbre" » (Leyris, 1990, p. 10).

Une fois de plus, Valéry reste fidèle au principe de ne pas traduire les poèmes (et en l'occurrence un poème de Thomas Hardy) en vers rimés, mais de suivre le développement phrastique ample du son et du sens, vers par vers en prose rythmée. Cette attention aux unités phrastiques fait partie de sa théorie, et de sa pratique traductive. Dans les deux premières strophes, Valéry emploie un point final à la fin de chaque phrase-vers (pour mieux renforcer une certaine solidité (provisoire) de l'arbre) avant d'entamer, dès la troisième strophe, le thème de la fin de la rigidité ou résistance verticale. La dernière strophe, la plus courte sur le plan visuel, évoque l'effet d'horizontalité créé par l'arbre abattu. (Effet renforcé dans cette quatrième strophe par un plus petit nombre de lignes – comme cela aurait été le cas (à en juger par la disposition particulière de ses textes tapés à la machine à cette l'époque) dans sa version dactylographiée du poème envoyée à la revue *Commerce*). Ainsi, Valéry apporte ses propres ressources de poète à la structure de chaque strophe composée de quatre vers chez Hardy. Prenons aussi le cas des mots « frissonne »/« frissons » (qu'il reprend sans rapprochement excessif, comme dans le cas de *shivers*). Ces termes sont valorisés à des endroits-clés, à la fin de deux phrases successives, pour rattraper également la force de son rappel sonore *quivers* en anglais. En revanche, Leyris aurait préféré que le traducteur garde la proximité de *shivers* – et ignore l'effet voulu par Valéry. Il n'est pas nécessaire de rappeler aux Français l'importance de la chute à la fin de la phrase, et en l'occurrence ici, la chute de l'arbre : « frisonne »/« frissons » à la fin de deux phrases successives. La traduction de *sways, further sways* par « s'incline, s'incline plus encore » aurait pu être mieux rendue sans ce « plus » superfétatoire, selon Leyris. L'équivalence ici est non seulement un jeu de substitutions, mais elle nécessite la prise en compte – avec de nécessaires ajustements – pour mieux valoriser la place et le rôle des mots. « And so they approach the proud tree » devient, « Tels ils approchent… » – formule tellement plus concise et élégante en français.

Leyris comprend fort bien que l'entassement des « *and* » (avec mise en valeur renforcée au début du dernier vers de chaque strophe) – un procédé fort réussi et connu en anglais – trouve inévitablement une résistance assez prononcée chez Valéry (comme chez maints poètes français). Valéry emploie, à plusieurs reprises, d'autres articulations ou mots de liaison dans ce poème. Et pourtant, le mot « *and* » chez Hardy fait écho des actes redoublés (coup de hache, etc.) pour abattre l'arbre.

L'arbre – symbole-clé dans la poésie de Valéry – trouve dans ce texte de Thomas Hardy, un prolongement qui dut lui plaire.

TRADUIRE : DANS LES MARGES ET *MARGINALIA* D'EDGAR POE

Passons maintenant à la traduction de *Quelques fragments des Marginalia* d'Edgar Poe qui suivent, dans le même volume de *Commerce*, la traduction du dernier poème de Thomas Hardy, *Throwing a Tree.* D'après Michel Jarrety, Valéry avait utilisé aussi l'édition des *Contes grotesques suivi de Marginalia*, traduits par Hennequin qui date de 1882. Il fallait toutefois attendre 1965 pour voir finalement une édition soigneusement établie des *Marginalia* (Poe, 1965, p. 1-178). On a affaire à un petit échantillon plutôt qu'à « *Quelques Fragments* ». L'édition complète des *Marginalia* de Poe en anglais n'est pas sans ses répétitions, qui atteignent souvent le niveau de bavardage littéraire – ce qui ne convient pas à l'esprit de Valéry. (Encore un cas, sans doute, du traducteur-« censeur » en marche !) Il faut signaler aussi le grand écart qui sépare les passages traduits par Valéry et ceux de Hennequin. On note surtout des différences de registre littéraire et l'extraordinaire concision stylistique de Valéry.

Valéry garde sa traduction des *Quelques fragments des Marginalia* pour les pages paires (15 au total sans mention des dates ou des revues de l'original), et ses commentaires – en caractères plus petits – pour les pages impaires – ce qui a pour effet de valoriser le texte de Poe et de le détacher davantage de ses propres annotations. Mais les « brefs extraits » des *Marginalia* qui se trouvent dans l'édition de la Pléiade (Valéry I, 1957, p. 1801) ne font que fausser la teneur et la richesse particulière des fragments choisis par Valéry, en se limitant à un seul « morceau choisi » de Poe pour appuyer la notion de technique, ainsi que la fonction des notes pour Valéry dans un seul commentaire « marginal ».

Le lecteur des *Cahiers* de Valéry connaît bien l'importance et le rôle qu'il accorde aux marges dans ses textes (composés de schémas, graphiques, équations, dessins, dessins schématiques, renvois, ajouts, points d'interrogation, etc.) pour amplifier ou corriger le tir de telle ou telle pensée. Les *Cahiers* de Valéry nous rappellent également que l'essentiel de sa vie intellectuelle se passe dans les marges de la vie sociale. Et nous savons qu'il annotait et soulignait amplement les textes (philosophiques, etc.) qu'il possédait.

Rares, pourtant, sont les cas où le traducteur publie des commentaires nombreux dans les marges de son texte d'arrivée. Cette technique a une autre fonction visuelle par rapport aux notes traditionnelles du traducteur – à savoir, celles que l'on cache sous forme de péritexte en caractères minuscules, et presque honteusement en bas de page, ou en fin de chapitre comme si on ne voulait pas montrer un pansement sur son doigt ou même une béquille que l'on range soigneusement pour éviter de « faire tomber » le lecteur ! Et rares encore sont les traducteurs/écrivains qui marchent sans béquilles !

Et comment libérer véritablement le traducteur de son aliénation langagière ? J'ai toujours cru à l'importance d'une traduction d'un poème précédée de l'original et suivie de son exégèse par le traducteur. On peut et on doit surpasser la simple *Note du traducteur* (avec ses maigres précisions sur un point obscur de lexique, de lieu ou de contexte culturel, etc.). Goûtons la richesse de l'original et de sa traduction avant de passer à son exégèse textuelle, et dépassons les simples repères ou réflexions elliptiques en bas de page ou dans les notes.

Revenons enfin à Poe. Déjà le mot de « fragments » si cher à Valéry, et employé pour indiquer son choix fort limité ici de textes de Poe, met en évidence également des seuils, des écarts créés par les marges. Commençons donc par cette notion de marges-seuils. Il y a, chez Valéry, des seuils-achèvements, des seuils-limites-frontières, seuils-œuvres, seuils-équilibres (danse, poésie, etc.), seuils-perfection, seuils libératoires, seuils-écarts (« *Seuils*. Toute action interdit telle autre. ») (Valéry, 1957-1961, XXIX, p. 613), sans oublier les seuils-marges avec commentaires, ou les multiples seuils à la périphérie du texte dont parlent Gérard Genette et Philippe Lane et, bien entendu, les *Marges de la philosophie* de Jacques Derrida. Pour Valéry, « le verbal est *acte* (seuil) » (Valéry, 1957-1961, IV, p. 535 ; 1987-2016, X, p. 284) comme « tout mot est un seuil » (Valéry, 1957-1961, V, p. 156 ; 1987-2016, XII, p. 205) et impose d'autres « marges » encore – non sans risques pour le traducteur. Le seuil devient, en fin de compte, une *trans*gression-digression (encore un écart !), voire une traduction dans les marges des textes.

Nul n'ignore l'importance que Valéry accordait à la valeur des marges amples et raisonnables dans les belles éditions qu'il admire. (Voir Valéry, 2016, 1, p. 1269.) Il en va de même pour ses propres textes publiés. Leçon de mise en forme qui échappe à maint écrivain et traducteur aujourd'hui où le texte est souvent étouffé (par l'éditeur) comme tant de tableaux dans nos musées par leur proximité à d'autres – ce qui est nuisible également à toute appréciation de la forme. (Et que dire des marges des textes classiques en ligne qui sont souvent massacrées.) Dans sa belle édition de *Connaissance de l'Est*, James Lawler va encore plus loin en veillant à ce que chaque poème de Claudel débute sur une nouvelle page contrairement à tant d'éditions dont le souci principal semble être d'économiser du papier.

Dans son *Léonard*, les commentaires de Valéry sont en italique dans la marge de droite des pages impaires et dans celle de gauche des pages paires. Pourtant, dans ses *Cahiers*, il privilégie pour l'essentiel les marges de gauche ; et ses ajouts foisonnent grâce à de multiples types de renvois. Valéry admirait également la mise en forme des manuscrits de Victor Hugo qu'il consultait à la Bibliothèque nationale de France dans le bureau de Julien Cain. Ajoutons, entre parenthèses, qu'en 2016, le manuscrit de *Notre-Dame de Paris* fut publié aux Éditions des Saint Pères. Le texte recouvre la partie droite de la page et sur la gauche se trouve une immense marge consacrée aux corrections, aux ajouts et aux dessins.

Dans *Variation sur une « pensée »*, Valéry note que Pascal « est saisi par le vent très âpre de l'infini, il se parle sur la marge du néant où il paraît exactement comme sur le bord d'un théâtre, et il raisonne devant tout le monde avec le spectre de soi-même » (Valéry, 2016, 1, p. 799).

> Voilà où se dirige l'égotisme quand on remonte à ce qu'il peut être dans sa source. J'ai été quelque peu plus loin dans cette recherche qu'il ne convenait sans doute au sujet de Stendhal ; ce que je viens d'écrire s'adapterait mieux à Nietzsche, et serait en sa place dans la marge d'*Ecce Homo* plutôt que dans celle d'*Henry Brulard*. Mais le plus enferme le moins, et l'éclaire. Mais le *moi* infecté ne fait qu'exagérer et rendre affreusement sensibles les secrètes dispositions et les tentations profondes qui ne manquent pas dans le *moi* à peu près normal (Valéry, 2016, 1, p. 1143).

Et Valéry travaillait avec acharnement et littéralement dans les marges de certains textes philosophiques qu'il possédait – sans oublier les *Principles of Mathematics* de Bertrand Russell (1903), texte que Valéry possédait en anglais et en français, et qu'il avait lourdement annoté, d'après Judith Robinson-Valéry (1998, p. 71). (Il faut mentionner ici l'immense aide que son ami de jeunesse, Pierre Féline, lui apportait dans le domaine des mathématiques. Et soulignons que les définitions dans *Principia Mathematica* de Russell (en trois volumes) satisfaisaient davantage les exigences des mathématiciens.)

On peut accorder d'autres fonctions aux marges – à condition qu'elles n'emmurent pas le texte. Ce sont parfois des apanages, des lambris, des excroissances qui servent métaphoriquement aussi d'armature de la forme. Comme dans le cas de la coquille, ils n'empêchent pas la croissance du corps-texte. Je tire ainsi *vers moi* le texte suivant de *L'homme et la coquille*…

> La marge de ce manteau émet par son épithélium le revêtement externe de la coquille, qui recouvre une couche de prismes calcaires très curieusement et savamment appareillés.
>
> Ainsi se constitue l'extérieur de la coquille. Mais elle s'accroît, d'autre part, en épaisseur, et cet accroissement comporte une matière, une structure, et des instruments très différents. À l'abri du rempart solide que bâtit le bord du manteau, le reste de cet admirable organe élabore les délicatesses de la paroi interne, le suave lambris de la demeure de la bête (Valéry, 2016, 3, p. 742).

En un sens, ces marges sont une partie essentielle de la « nébuleuse spirale » (1957-1961, XX, p. 20) d'une coquille. Valéry établit la distinction suivante : « Poét[ique] – / *Cf.* coquilles – *formation* opposée à *construction* » (*ibid.*, XIX, p. 595). Il restera toujours « comme hypnotisé par la genèse des formes de coquilles ! » (*ibid.*, XX, p. 462). Il y a ici une leçon importante pour le traducteur. C'est toujours l'objet (poème, coquille) en cours de fabrication ou en état de fonctionnement qui le fascine et qui reste, pour l'essentiel, à la limite du compréhensible.

> Le travail intérieur de construction est mystérieusement ordonné. Les cellules sécrétoires du manteau et de sa marge font leur œuvre *en mesure* : les tours de spire progressent ; le solide s'édifie ; la nacre s'y dépose (*ibid.* p. 745).

Dans l'exemple suivant, Valéry nous apporte une précision utile sur la fonction des marges qu'il utilise souvent pour faire des croquis – croquis qui participent au processus même de l'élaboration de son texte.

> – *Mais que lui sert le langage en tout ceci ?* – Il ne lui sert que d'instrument, au même titre que les nombres. Il ne lui est qu'un auxiliaire, un accessoire de travail qui joue dans les entreprises de son désir le rôle même que des croquis en marge jouent quelquefois dans l'élaboration des expressions chez ceux qui écrivent (Valéry, 2016, 2, p. 391). (*Léonard et les philosophes* 1929.)

Il va sans dire que l'interaction entre les schémas et les équations avec le texte proprement dit dans les *Cahiers* est multiforme et beaucoup plus complexe.

Dans ses *Commentaires de Charmes*, Valéry aborde un autre emploi des marges par Alain. C'est se mettre en marge de l'œuvre – mais aussi une manière de *traduire* des fragments du texte sans les traduire. Cette écriture complémentaire (et souvent accessoire) que l'on renvoie aux marges est nécessairement aphoristique, formulaïque… dans les « environs d'une œuvre lue ».

> Cette écriture dans les marges produit en quelque sorte aux regards le complément secret du texte, leur montre la fonction du lecteur, rend sensibles les environs spirituels d'une lecture. Ces environs d'une œuvre lue, ce sont les profondeurs de celui qui la lit ; elles s'éveillent ou s'émeuvent en chacun par les différences et les concordances, les consonances ou les dissonances qui se déclarent de proche en proche entre ce qui est lu, et ce qui était secrètement attendu (Valéry, 2016, 2, p. 291-292).

Marges au service d'un certain type de déchiffrage « sur les bords de poème » (*ibid.*) où,

> Si l'on déchiffre, c'est entendre, le long des vers, se murmurer le monologue dissolu qui répond à une lecture, la traverse, la soutient d'un contrepoint plus ou moins étroit, l'accompagne continûment du discours d'une voix seconde, qui parfois éclate… (*ibid.*).

Passons maintenant aux marges qui caractérisent le plus Paul Valéry : à savoir, son regard étonné et détaché qui, à son tour, ne cesse d'étonner les autres. (Voir Valéry, 1957-1961, XVIII, p. 900.) Il avoue aussi que cette *faculté d'éloignement* est « utilisée pour concevoir mieux la relativité que masque le langage et l'habitude. / Éloignement = étonnement – recul – […] » (Valéry, 1957-1961, XXVII, p. 475). Et cet étonnement, qui est son « essence » (Valéry, 1957-1961, XIV, p. 600), et qui fait partie de sa traduction des phénomènes vitaux, est loin d'être reléguée aux marges – contrairement aux produits de la personnalité : « Tout ce qui est *humain*, m'est étranger », disait Valéry (1957-1961, XIX, p. 138). L'étonnement peut être provoqué par le non-assimilé. En termes valéryens, « l'étonnement est un état où l'on se trouve devant les limites de notre capacité d'absorption et d'accommodation » (Valéry, 1957-1961, XVIII, p. 670).

Il développe ailleurs certains aspects de sa « position *en marge* » avec ses « avantages et désavantages », son « ipséité » et son « aséité » dans une note sur son *italianità.* (Valéry, 2016, 3, p. 335) ; note qui se trouve aussi dans les *Cahiers* : (Valéry, 1957-1961, VII, p. 170) avec en particulier un point d'interrogation après « *Italianità* ».

Cette marginalité se poursuit jusque dans les annotations des œuvres.

> Comme il arrive qu'un lecteur à demi distrait crayonne aux marges d'un ouvrage et produise, au gré de l'absence et de la pointe, de petits êtres ou de vagues ramures, en regard des masses lisibles, ainsi ferai-je, selon le caprice de l'esprit, aux environs de ces quelques études d'Edgar Degas*. (Valéry, 2016, 2, p. 498). (* *N'oublions pas que le premier tirage de* <u>*Degas Danse Dessin*</u> *contenait des gravures d'après les compositions de Degas* – Note dans Valéry, 1960, II, p. 1164.)

Il est important aussi de réfléchir sur le rôle spécifique chez Valéry des annotations en marge des livrets de ses deux mélodrames : *Amphion* et *Sémiramis.*

> Sans doute, j'ai, dans la marge de mes livrets, prescrit au musicien, au décorateur, au metteur en scène, au chorégraphe, certains devoirs, interdit quelques libertés. Mais je n'ignorais pas (quoique je n'eusse encore jamais travaillé pour le théâtre) que rien ne se fait à plusieurs comme par un seul, ni sur la scène comme dans l'esprit. L'événement a comblé mon attente, et j'ai vu bien des choses que je n'avais point prévues se mêler de ma pièce, bien d'autres que j'avais marquées ne point se produire ; j'ai vu la soif d'inventer se substituer à la simple vertu d'obéissance, l'*accident* se préférer à l'*essence*, les effets à

> l'effet. Ni l'enchanteur Amphion, ni la despotique Sémiramis, et ni Mme Rubinstein, ni moi-même ne pûmes soumettre les volontés multiples d'artistes incomparables ou incommensurables, dont chacun veut créer dans sa partie et selon son propre génie. (Valéry, 1960, II, p. 1578) [Sémiramis et Notes]

Au théâtre, comme au concert Lamoureux, les consignes ou annotations des metteurs en scène, chefs d'orchestre, etc. se trouvent (et souvent, sans véritable reconnaissance selon certains !) dans les marges… le but étant de permettre à la voix, aux notes musicales et aux mouvements corporels d'être mieux exploités pour rendre des effets véritablement dignes de l'auteur/compositeur, etc. Il est important de signaler ici l'hommage, plus que marginal, que rend Valéry au concert Lamoureux et à son chef d'orchestre.

> N'oublions point que la gloire de tous les arts a l'écrivain pour agent indispensable. Toutes les trompettes ne sont pas chez vous, Monsieur le Chef d'Orchestre !… Que deviendrait le nom d'un Lamoureux, si quelque plume ne l'inscrivait en marge de l'Histoire de la Littérature et de la Musique Française ? (Valéry, 2016, 1, p. 1300).

Prenons le cas maintenant d'une certaine manière typiquement valéryenne de marger un point sous forme de métaphore algébrique.

> De l'infini.
> Je l'ai traité par la notion d'*indépendance* et réduit à elle.
> [A]Ce n'est pas une quantité. – c'est le pouvoir de répétition – sans autre condition
> Le pouvoir n'est alors pas gêné par son exercice. Or il est toujours dans l'expérience. On « créera » donc le monde qu'il faut pour l'y exciser.
> L'acte de tracer une ligne ou marger un point n'est pas gêné par le précédent, quant à la pensée de cet acte.
> L'infini est un abus de l'addition.
> [A] *Aj. marg.* : A = na (Valéry, 1957-1961, XX, p. 528).

Dans le domaine mathématique, Valéry nous rappelle avec humour que l'admirable Poincaré « faisait ses calculs sur les marges de journaux » (Valéry, 1957-1961, X, p. 516). Nous savons à quel point Valéry critiquait les journaux. Ici, il évoque, non sans malice, cet emploi unique et *marginal* de tant d'articles truffés de détails futiles, de témoignages et de descriptions d'événements qui sont aux antipodes de la rigueur mathématique.

TRADUIRE WHITMAN : UNE COMMANDE « MARGINALISÉE »

En 1917, Gide proposa à Valéry de traduire « à [*sa*] façon une ou deux pièces de Whitman » (Gide-Valéry, 1955, p. 458). Courtoisie gidienne, reconnaissance du talent de Valéry, manière de convaincre et de lui accorder une certaine liberté, certes, mais l'esprit particulier du traducteur auquel cette formule elliptique fait appel pourrait soulever un véritable tollé chez les traductologues. Ce serait pour eux une façon de travailler sur une certaine idée du poème et de sa technicité, etc., mais dans les marges du texte d'origine avec ses propres effets escomptés[17] !

À cette époque, Valéry ne connaissait pas l'œuvre de Whitman, et le projet ne fut pas retenu par lui, malgré son « oui de complaisance », (*ibid.*, p. 459) et un rappel d'André Gide quelques jours plus tard (*ibid.*). Le volume des Œuvres choisies de Walt Whitman dont il est question fut publié en 1918 aux éditions de la NRF, et les « poèmes en prose furent traduits par Jules Laforgue, Louis Fabulet, André Gide, Jean Schlumberger, Francis Viélé-Griffin, précédés d'une étude par Valéry Larbaud » comme l'indique la page de couverture. Gide avait déjà refusé qu'on minore l'homosexualité de Whitman dans les traductions des poèmes de ce dernier. (Réponse appropriée à une folie des traducteurs qui souhaitent rendre chaste le texte d'origine – et ce faisant, le marginaliser !)

TRADUIRE : TEXTE SUR EINSTEIN (1919)

L'impact d'Einstein sur Valéry est considérable après la fin de la Première Guerre mondiale. Le texte sur Einstein traduit par Valéry

17 Ajoutons que les traductions par Gide de la littérature anglaise et américaine varient de Shakespeare (*Antoine et Cléopâtre*) à Conrad en passant par Whitman, etc., et qu'elles sont beaucoup plus nombreuses que celles de Valéry.

que je vais analyser brille à la fois par son importance et la rapidité de sa publication en français. Ce sont deux composantes prioritaires de la traduction qui ne cessent d'être d'actualité. (La publication intégrale de ce texte parut en anglais en 1920, chez Brentano's. L'original publié à Leyden en néerlandais parut en 1919 – date de la publication de l'extrait en français par Valéry.)

Rappelons que le nom de (James) Clerk Maxwell figure dans les deux extraits suivants – et que les thèses de Faraday et de Maxwell sur l'électromagnétisme marquèrent l'apogée de la physique classique. Il n'empêche que le texte sur Einstein, traduit par Valéry, ne présente pas de difficultés scientifiques ou stylistiques majeures mais on ne saurait rester insensible à la traduction de sa cohérence structurale spécifique, au souci de fidélité et de clarté manifeste – qui répond à des critères d'équilibre phrastique et sonore fort loin de la littéralité.

Nous avons souligné des moments-clés du texte qui permettent de mieux voir cette spécificité valéryenne. Voici d'abord un fragment (attribué à B. Russell) tiré du livre de H. A. Lorentz (professeur à l'université de Leyden et prix Nobel de physique en 1902) que Valéry a traduit et qui figure maintenant dans *The Einstein Theory of Relativity* : *A Concise Statement* (Projet Gutenberg Ebook).

> *Already before*[18] *the war, Einstein had immense fame among physicists, and among all who are interested in the philosophy of science, because of his principle of relativity.*
>
> *Clerk Maxwell had shown that light is electro-magnetic, and had reduced the whole theory of electro-magnetism to a small number of equations, which are fundamental in all subsequent work. But these equations were entangled with the hypothesis of the ether, and with the notion of motion relative to the ether. Since the ether was supposed to be at rest, such motion was indistinguishable from absolute motion. The motion of the earth relatively to the ether should have been different at different points of its orbit, and measurable phenomena should have resulted from this difference. But none did, and all attempts to detect effects of motions relative to the ether failed. The theory of relativity succeeded in accounting for this fact. But it was necessary incidentally to throw over the one universal time, and substitute local times attached to moving bodies and varying according to their motion. The equations on which the theory of relativity is based are due to Lorentz, but Einstein connected them with his general principle, namely, that there must be nothing, in observable phenomena, which could be attributed to absolute motion of the observer.*
>
> *In orthodox Newtonian dynamics the principle of relativity had a simpler form, which did not require the substitution of local time for general time. But it now*

18 Mon soulignement dans ce texte.

appeared that Newtonian dynamics is only valid when we confine ourselves to velocities much less than that of light. The whole Galileo-Newton system thus sank to the level of a first approximation, becoming progressively less exact as the velocities concerned approached that of light.

Einstein's extension of his principle so as to account for gravitation was made during the war, and for a considerable period our astronomers were unable to become acquainted with it, owing to the difficulty of obtaining German printed matter (Texte de B. Russell dans Lorentz, 1920, p. 14-17).

« Dès avant[19] la guerre, Einstein jouissait d'une immense réputation parmi les physiciens, à cause de sa découverte du *principe de relativité.*
Clerk Maxwell avait montré que la lumière est un fait électro-magnétique, et il avait réduit toute la théorie de l'électro-magnétisme à un petit nombre d'équations qui ont servi de base à tous les travaux ultérieurs. Mais ces équations impliquent l'hypothèse d'un éther et la notion de mouvement par rapport à l'éther. Tant que l'éther est supposé en repos, un tel mouvement est indiscernable du mouvement absolu ; dans ce cas le mouvement de la terre (relativement à l'éther) doit n'être pas le même aux différents points de son orbite, et des phénomènes mesurables doivent résulter de ces différences de mouvement. Or, rien de tel ne s'est manifesté dans les faits, et toutes les tentatives faites pour mettre en évidence les effets d'un mouvement par rapport à l'éther sont restées vaines. La théorie de la relativité réussit bien à rendre compte de ce fait négatif, à la condition de renoncer à la notion d'un temps unique et universel, et d'introduire celle de *temps locaux attachés* aux corps en mouvement et variant avec ces mouvements. Les équations qui expriment cette théorie sont dues à Lorentz ; mais Einstein les a adaptées à son principe général, qui peut s'énoncer ainsi : rien, dans les phénomènes observables, ne décèle le mouvement absolu qui entraîne l'observateur.
Dans la dynamique selon Newton, le principe de relativité revêt une forme plus simple, qui ne nécessite pas la substitution du temps local au temps universel. Mais il est apparu de nos jours que la dynamique de Newton n'est valable que si l'on se borne à considérer des vitesses de beaucoup inférieures à celle de la lumière. Tout le système de Galilée-Newton tend à se présenter comme une première approximation, d'autant moins exacte que les vitesses considérées sont plus voisines de la vitesse de la lumière.
C'est pendant la guerre qu'Einstein a modifié son principe de telle sorte qu'il put servir à l'explication de la pesanteur universelle. Nos astronomes, pendant longtemps, ne purent en avoir connaissance, à cause de la difficulté qu'ils trouvaient à se procurer les publications allemandes » (Valéry, 1919, p. 1119-1120).

Une des qualités principales de cette traduction de Valéry réside dans son attention constante à la connexité, aux connexions et à la cohérence

19 Mon soulignement dans ce texte.

esthétique. Ne sous-estimons pas ici l'importance que Valéry accorde aux mots de relation et aux articulations dans sa traduction des phrases dans ce passage.

Et je ne saurais m'empêcher de citer la traduction du dernier paragraphe : une petite trouvaille littéraire riche en concision et en équilibre phrastiques pour chanter les éloges d'Einstein – et ce, malgré les trois points de suspension qui indiquent la suppression de « *but which was lost through increasing specialization and the overwhelming mass of detailed knowledge.* » qu'il renvoie tout simplement à : « et nous rendre quelque chose de cette unité intellectuelle ». La traduction de Valéry majore (comme c'est toujours le cas) la concision – jusque dans la suppression de (fragments de) phrases, ou de passages entiers. Ce texte fut, comme il le dit, traduit à la hâte, mais il ne perd à aucun moment en créativité littéraire en français. Valéry préfère sacrifier les mots, mais jamais les idées, ou un effet de mots. Le passage suivant illustre bien ces principes.

> *Einstein's theory has the very highest degree of aesthetic merit : every lover of the beautiful must wish it to be true. It gives a vast unified survey of the operations of nature, with a technical simplicity in the critical assumptions which makes the wealth of deductions astonishing. It is a case of an advance arrived at by pure theory : the whole effect of Einstein's work is to make physics more philosophical (in a good sense), and to restore some of that intellectual unity which belonged to the great scientific systems of the seventeenth and eighteenth centuries, but which was lost through increasing specialization and the overwhelming mass of detailed knowledge*[20]*. In some ways our age is not a good one to live in, but for those who are interested in physics there are great compensations* (Lorentz, 1920, p. 23-24).
>
> « L'hypothèse d'Einstein possède au plus haut degré le mérite de la beauté. Elle est un vaste regard d'ensemble sur les opérations de la nature ; la richesse des conséquences qui s'en déduisent est surprenante eu égard à la simplicité des prémisses qu'elle demande. C'est un remarquable exemple du progrès dû à la théorie pure ; c'est une œuvre qui ne peut redonner à la physique un aspect plus philosophique, et nous rendre quelque chose de cette unité intellectuelle que les grands systèmes scientifiques du XVIIe et du XVIIIe siècles comportaient…
>
> Certes il ne fait pas bon, sous bien des rapports, de vivre à notre époque, mais pour les amateurs de physique on y trouve parfois de grandes compensations » (Valéry, 1919, p. 1122).

Ce fragment, publié par Valéry en 1919, se situe dans la lignée d'une nécessaire et noble vulgarisation des textes scientifiques pour le grand

20 Mon soulignement.

public, mais on aurait tort de sous-estimer l'étendue de ses connaissances générales dans ce domaine. Il fréquentait les milieux scientifiques, et il rencontrait souvent Jean Perrin, Paul Langevin, Louis et Maurice de Broglie, parmi beaucoup d'autres grands spécialistes dans tant de domaines : physique, chimie, mathématiques, psychiatrie, médecine… En termes plutôt métaphoriques, Valéry reste, toutefois, un physicien de la conscience, et surtout, aux antipodes de tout débat métaphysique.

Et pour prolonger cette métaphore, Einstein, comme nous le savons, fut un grand amateur d'images – un artiste-traducteur de la réalité ou, comme l'a dit Valéry en 1929 :

> Einstein : « La distance entre la réalité et la théorie est telle qu'il faut trouver des points de vue d'architecture. » (Valéry, 1957-1961, XIV, p. 107.)

Phrase reprise, avec la modification suivante, en 1932, dans *L'Idée fixe* :

> La *distance* a-t-il dit, *entre la théorie et l'expérience est telle, – qu'il faut bien trouver des points de vue d'architecture* (Valéry, 2016, 2, p. 200).

On oublie trop souvent que ce mot d'*architecture* prononcé par Einstein, lors d'une de ses conférences, évoque sans ambiguïté, et par analogie, pour les scientifiques et Valéry, le célèbre *principe d'équivalence* de ce physicien. Et il ne faut surtout par oublier que Valéry accordait, bien avant de rencontrer Einstein, une valeur capitale aux « analogies fonctionnelles » et aux « comparaisons fondées sur la structure » (Valéry, 1957-1961, VIII, p. 567) lors de ses propres traductions d'un état mental. Valéry s'intéresse aux combinaisons formelles, et il procède « par les *formes*[,] à partir des formes vers la "matière" des œuvres ou des idées […] » (*ibid.*, XIV, p. 103). Le mot d'architecture a toujours intéressé le jeune Valéry, même avant sa lecture du *Dictionnaire raisonné de l'architecture française du XIe au XVIe siècle*, t. 8, « Symétrie » de Viollet-le-Duc. Il ne faut pas oublier les nombreux dessins et aquarelles de bâtiments et d'ornements finement architecturés dans les *Cahiers*. Rappelons aussi que les architectes grecs, selon Viollet-le-Duc, ont su dépasser la platitude de la ligne pour mieux reproduire certains effets. Les bâtiments architecturés reposent sur une harmonie des formes au-delà de la simple similitude des parties opposées. Valéry reste l'architecte de phrases et de vers, de paragraphes et de strophes ainsi que de poèmes finement ciselés dont tout traducteur se doit de conserver également la force et la concision mécanique et physique. Et en s'inspirant d'Einstein, Valéry se plaît à évoquer la relativité en tant que solution du problème de covariance pour toutes les transformations de coordonnées. Mais il y a aussi une « relativité ou covariance concevable à toute échelle – Transformation statistique et *transformation interphénoménale* ou plutôt intra – » (Valéry, 1957-1961, XIV, p. 498). « *Pas de variables indépendantes* en soi » (*ibid.*, XV, p. 608). La notion de covariance me fait rêver, car elle est immédiatement applicable à l'esthétique de Valéry (et aux merveilleuses symétries du vers valéryen) – sans oublier celle d'une belle équation d'Einstein. On ne manquera pas de voir, dans l'idée de « *trouver des points de vue d'architecture* », deux grandes tendances qu'admirait Valéry : celle de l'« artiste » et celle du « scientifique ». Voilà un exemple-clé où la traduction (et surtout la compréhension), même dans le domaine des aires linguistiques comparables, mérite une longue note explicative – malgré les réticences habituelles des éditeurs.

Ajoutons, entre parenthèses, ici un petit volet sur le traducteur-interprète des sciences. En 1921, on raconta à Valéry qu'en 1911 un éminent physicien hollandais, Hendrik Antoon Lorentz, présida « en 4 langues sans embarras » un « grand débat sur les quanta » avec « Poincaré, Planck, Einstein et Langevin » (Valéry, 1957-1961, IX, p. 856). Il y a là de quoi faire rêver tout interprète ! Et ceci n'est pas sans rappeler la nécessité et l'importance des traducteurs spécialisés. Valéry présenta à la S.D.N. en 1926 un rapport sur la question de la traduction qui concerne de près les auteurs aujourd'hui. Il s'agissait de créer

> une Commission spéciale internationale siégeant une fois par an qui aurait pour mission d'exprimer, d'entendre exprimer les désirs des diverses nations, et de débattre enfin la composition d'une liste d'ouvrages recommandés aux traducteurs. Ce serait, en somme, une véritable « Bourse des valeurs transmissibles ». L'Institut International de Coopération Intellectuelle pourrait centraliser les demandes des particuliers. Quant à la Commission, elle dresserait une liste des œuvres à traduire. (*Voir le procès-verbal de la séance de la sous-commission des Arts et Lettres du 12 janvier 1926, séance de l'après-midi p. 14*) (Jarrety, 2008, p. 627-628).

Ce problème est bien familier à Valéry : à savoir, comment faciliter pour l'auteur une véritable connaissance des compétences d'un éventuel traducteur ? Cet aspect utilitaire de la traduction est encore plus d'actualité aujourd'hui étant donné l'immense foisonnement de publications en sciences, lettres et sciences humaines. Et presque un siècle après les recommandations que nous venons de citer, nous attendons toujours la création d'une telle structure internationale, sous l'égide des associations de traducteurs, d'universités et/ou de ministres de la Culture (et de la Communication), etc.

TRADUIRE LO DUCA : *NEIGE SUR LA BALTIQUE*

Plusieurs décennies après sa traduction d'un sonnet de Pétrarque, et son début de traduction des *Carnets* de Léonard de Vinci, Valéry termina, en 1940, celle d'un autre texte cité par Jean Hytier qui fait réémerger son intérêt pour l'italien, et cette fois-ci, il s'agit d'une dénonciation de la bataille de la Westerplatte qui entraîna, dans son sillage, plus de cinquante millions de morts. Voici le petit commentaire de Jean Hytier :

> Au bagage du traducteur, inscrivons encore *Neige sur la Baltique*, de Joseph Lo Duca, traduit de l'italien par Paul Valéry, [Hommage aux morts de la Westerplatte], paru clandestinement en 1940, Éditions Racine (in-8° de 15 pages) – et surtout la traduction en vers des *Bucoliques*, à laquelle Valéry travailla de 1942 à 1944 et qui parut en 1953 en édition de luxe, illustrée par Jacques Villon (Voir la note à la fin de la section P*oésies*) (Valéry, 1957, I, p. 1802.)

Nous n'avons pas (encore) retrouvé l'original de ce texte de Joseph-Marie Lo Duca, ce jeune médecin qui vécut à Paris à partir de 1933, qui devint par la suite un grand spécialiste du cinéma italien, et dont de nombreux textes furent rédigés en français. L'exemplaire de cette petite plaquette, *Neige sur la Baltique*, en ma possession (au tirage limité à 50 exemplaires réservés à l'auteur et à ses amis) est signé par *Lo Duca* et dédicacé à Bronislaw Horowicz (acteur, metteur en scène, réalisateur, producteur, compositeur de musique de scène…) avec la mention suivante : À Bronislaw Horowicz, / ces pages d'un monde qu'on / croyait assassiné et qui est / déjà vivant en nous / Lo Duca. Contrairement à sa traduction des *Fragments des Marginalia* de Poe, celle du texte de Lo Duca est sans commentaires, sans notes (marginales, etc.) de la part de Valéry.

Rappelons le contexte de cette publication. À la suite de l'annexion de l'Autriche et de la Tchécoslovaquie par l'Allemagne, la bataille de la Westerplatte en Pologne du 1er au 7 septembre 1939, livrée par des Allemands (beaucoup plus nombreux et mieux équipés) contre les Polonais, marqua aussi l'entrée en guerre des alliés : le Royaume-Uni (et son empire), la France (et son empire), l'Australie et la Nouvelle-Zélande, le 3 septembre 1939. Ce fut cette bataille qui donna naissance à un film en 2013 du réalisateur et du scénariste polonais, Pawel Chochlew, intitulé *la Bataille de Westerplatte*.

Cette traduction en prose poétique contre l'« animalité », la « brutalité » et les « injustices d'hommes » vise sans ambages l'ennemi de cette époque, et élève Valéry au rang des célèbres traducteurs-résistants. Depuis sa jeunesse, le combat et la combativité contre la bêtise humaine forment un fil conducteur dans ses textes – et englobe surtout dans ses notes, sous le sigle de *Gladiator*, le combat et l'effort de l'esprit créateur contre les ravages de l'affectivité, de la *fiducia* et de la crédulité. Contrairement à ce que pourrait évoquer le titre de ce texte, la traduction ne pose aucune difficulté dans le domaine du vocabulaire militaire (stratégies, armement, etc.) – ce qui n'aurait pas gêné Valéry qui travaillait au début de sa carrière comme rédacteur au ministère de la Guerre (poste qu'il quitta en juillet 1900). En fait, cette petite plaquette aux élans lyriques n'entre pas dans le détail de la bataille de la Westerplatte. Pas de place non plus à une analyse chronologique détaillée de son déroulement sur une période de sept jours. Bref, le texte de Lo Duca évite le délayage romanesque – ce qui aurait plu certainement à Valéry.

> Romans
>
> Je n'aime pas le gras – Rien que le maigre. Je n'aime pas les phrases (nécessaires au roman) qui font réalité – et qui introduisent un pseudo-rapport direct avec les choses – qui prétendent donc cacher l'*esprit* –, l'*arbitraire* ; et qui le montrent, au contraire, pour qui veut le voir, mais le montrent dans son faire le plus facile, le plus naïf, le plus nécessiteux à l'égard de la crédulité du consommateur (Valéry, 1957-1961, XVIII, p. 735).

Mais il est important de mentionner ici que, dans le domaine de l'histoire, tout opposait Valéry à Lo Duca : Valéry se méfiait de l'histoire tandis que Lo Duca croyait à sa valeur intrinsèque. Pour Valéry, « L'histoire est le produit le plus dangereux que la chimie de l'intellect ait élaboré » (Valéry, 2016, 1, 1439). Aux antipodes des positions de Paul Valéry sur l'histoire, est le texte de son ami André Lebey, publié en 1933, et intitulé : *Nécessité de l'histoire*. On note aussi qu'Anatole de Monzie, ministre de l'Éducation nationale, évoqua dans un discours radiodiffusé à l'université de Caen la nécessité « d'aimer notre histoire, sinon l'histoire elle-même dans le moment où elle est en difficultés avec M. Paul Valéry ». (Voir *Le Temps* du 11 juillet 1932 et la coupure conservée à la Bibliothèque Doucet, accompagnée d'une note de J.-P. Monod (VRY ms. 995, III, p. 158) – textes cités dans Jarrety, 2008, p. 842 et p. 1271.

Rappelons toutefois que ce texte de Lo Duca, traduit par Valéry, est une histoire poétisée d'un événement capital, tragique, et non celle du déroulement d'une bataille militaire au sens historiste du terme, où il aurait pu faire valoir ses connaissances techniques et tactiques sur le plan militaire, pour ne pas oublier ses conversations par la suite avec divers maréchaux de France et autres militaires.

RETRADUIRE LES *BUCOLIQUES* DE VIRGILE

Dès la première phrase(-paragraphe) de ses *Variations sur les Bucoliques*, Valéry annonce son projet.

> Il m'a été demandé par un de mes amis, au nom de quelques personnes qui veulent en faire un beau livre, de traduire les *Bucoliques* à ma façon ; mais soucieuses d'une symétrie qui rendît sensible au regard leur dessin de composer des pages d'une noble et solide ordonnance, elles ont pensé qu'il convenait que le latin et le français correspondissent ligne pour ligne, et elles m'ont proposé le problème de cette égalité d'apparence de nombre (*ibid.*, 3, p. 1404).

Valéry ira bien au-delà d'une simple reproduction dans sa traduction des symétriques élémentaires au niveau de la visualisation d'une page vers par vers en latin et en français. Il est question de décanter le texte d'origine, hexamètre par hexamètre, pour trouver la quintessence de ses propres exigences et contraintes au niveau de l'ordre des mots, de la morphologie et de la syntaxe afin d'offrir sous une autre forme la valorisation de la contrainte, une véritable esthétique de l'effet à produire dans la langue d'arrivée. C'est le mot valéryen de symétrie dans le domaine de l'esthétique qui convient le mieux pour décrire son processus traductif de ce texte de Virgile en alexandrins blancs. Les symétries valéryennes exigent, comme nous le verrons, échange entre le fond et la forme, le son et le sens – et aussi d'énormes contraintes au niveau de cet effet de linéarité. Il sera question, dans le vers que je vais analyser, de créer un « échange harmonique entre l'impression et l'expression » (Valéry, 1, p. 1738) tout en faisant correspondre « ligne pour ligne » le texte de Virgile, selon la commande qu'il annonce dans ses *Variations sur les Bucoliques*. Et tout dans sa démarche traductive l'éloignera des traducteurs-sourciers. Comme nous le savons, il se méfie énormément de l'histoire, et il n'apporte pas non plus aux *Bucoliques* une analyse philologique au sens strict du terme.

> Je vais, à ma façon, du poème achevé, et d'ailleurs comme cristallisé dans sa gloire, vers son état naissant. Je consens que c'est une affaire de pure imagination, mais une imagination tempérée par de sûrs souvenirs (*ibid.*, p. 1412).

Loin de Valéry de travailler sur le sens historique ou historien. Loin de lui également de « s'enivrer d'historismes et autres "*ismes*" » (Valéry, 1957-1961, XIV, p. 462). Pour lui, toute spéculation sur l'état naissant des *Bucoliques* ne serait que pure spéculation, et les « sûrs souvenirs » ne sauraient être que ceux qu'il a accumulés par ses connaissances de la pratique de l'art poétique. L'essentiel pour le Valéry-traducteur reste « la puissance résultante des effets composés de tous les attributs du langage » (Valéry, 2016, 3, p. 1413).

Ce texte traduit par Valéry est une remarquable application de l'essentiel de sa théorie traductive. Notons aussi que ses *Variations sur les Bucoliques* poussent la mouvance préfacielle des traducteurs à son apogée en amplifiant merveilleusement la pratique du poète et du traducteur. C'est le résultat d'une longue réflexion qui émane des multiples notes des *Cahiers*. Et nul ne saurait aujourd'hui faire l'impasse sur ce remarquable condensé de son approche traductive qui accompagne ses *Bucoliques* de Virgile. Rappelons tout d'abord la fonction capitale, chez le poète de

> cet état d'attente active et interrogative qui le rend uniquement et extrêmement sensible aux formes et aux mots que l'idée de son désir, reprise comme retracée indéfiniment, *demande à inconnu*, aux ressources latentes de son organisateur de parleur, – cependant que je ne sais quelle *force chantante* exige de lui ce que la pensée toute nue ne peut obtenir que par une foule de combinaisons successivement essayées (Valéry, 2016, 3, p. 1409).

Et cette force chantante, si chère à sa définition de la poésie, qu'il décrit dans un autre texte, reste souvent à l'état d'imminence ou, en d'autres termes, présente un profil beaucoup plus modeste et « modéré » par rapport à celui de la musique.

> On peut dire qu'elle va chanter plus qu'elle ne chante ; et qu'elle va s'expliquer, plus qu'elle ne s'explique. Elle n'ose sonner trop haut, ni parler trop net. Elle ne hante ni les sommets, ni les abîmes de la voix. Elle se contente de ses collines et d'un profil très modéré (Valéry, 1928, p. 2-3 ; Valéry, 2016, 1, p. 1280).

Non seulement le projet d'une traduction des *Bucoliques* en vers rimés ne correspond pas aux possibilités des vers en latin de Virgile – mais exigerait un siècle de travail, selon Valéry. Rien, d'ailleurs, chez Virgile, ne se rapproche de « l'incantation magique *rimée* dans l'*Apologie* d'Apulée. Tous ces *a* lugubres et comiques » (Valéry, 1957-1961, V, p. 585). Dans ce même passage il nous rappelle aussi l'impossibilité de la traduction des vers… et surtout leur traduction en prose.

Revenons aux *Variations sur les Bucoliques* pour signaler que peu de textes-(préfaces) dévoilent, pratiquement sous forme de manifeste, toute une théorie de la poésie et de l'art de traduire. Valéry réactualise donc les *Bucoliques* de Virgile (entre 1940 et 1942) dans le contexte d'un univers poétique qui lui est cher, où il reste collé à la production de *tel ou tel effet de sens*. Au lieu de consacrer mes commentaires à une étude de la totalité de ce texte de Virgile, – ce qui mériterait, comme on le devine, un livre entier. J'exemplifierai quelques aspects de la qualité de l'art poétique de Valéry par une analyse de quatre traductions en alexandrins du vers suivant de Virgile, tout en développant les réflexions de Philippe Marty (mars 1997, p. 66-76).

Tityre, tu patulae recubans sub tegmine fagi *Silvestrem tenui musam meditaris avena ;*	(Virgile)
Ô Tityre, tandis qu'à l'aise sous le hêtre,	(Paul Valéry)
	Le sens est légèrement minoré dans le texte de Valéry au profit des sonorités qui servent d'écho au sens de l'original.
Trois « e » muets	Les « e » muets permettent de créer un sentiment de ralentissement du rythme et contribuent au sentiment général de repos et d'« espacement » à l'intérieur de ce vers.
i i i	Échos du nom de *Tityre* pour ouvrir le texte – mais qui cèdent la place aux voyelles ouvertes.
an a ε ε	Quatre voyelles ouvertes ou mi-ouvertes reflètent ce changement d'état par rapport au nom énoncé au début du vers.
t t t t	Échos du nom de *Tityre* pour ouvrir le texte

Mais dans les trois traductions suivantes, on ne trouve qu'un seul « e » muet au détriment du sens du vers.

Ô Tityre, étendu sous le couvert du hêtre,	(Jacques Perret)
	Trois voyelles ouvertes ou mi-ouvertes dont la valeur (associée au repos-ouverture) est effacée par sept voyelles fermées ou mi-fermées – ce qui ne peut que renforcer une certaine tension non voulue par le sens du vers.
(1 « e » muet)	
en ε ε	
i i e y u u y	
t t t t	

Ô Tityre, étendu sous l'ample toit du hêtre,	(Jean-Pierre Chausserie-Laprée)
(1 « e » muet)	
en *am* a ɛ	
i i e y u y	La valeur des quatre voyelles ouvertes ou mi-ouvertes est effacée par six voyelles fermées ou mi-fermées.
t t t t t	

Ô Tityre, étiré sous l'ample toit du hêtre,	*Cacophonie complète réalisée par un étudiant !*
(1 « e » muet)	
am a ɛ	
i i e i e u y	Le sens du vers est effacé par sept voyelles fermées ou mi-fermées.
t t t t t	Accroître les connexions, oui, mais évitons les excès et la cacophonie autour du nom de *Tityre* !

L'utilisation de vers non rimés par Valéry dans sa traduction des *Bucoliques* minore ce qu'il appelle la continuité et l'enchaînement (1957-1961, XV, p. 20), réduit la fonction du « prévu-imprévu » (*ibid.*, XX, p. 437), mais évite surtout la valorisation non voulue de certains mots placés par le traducteur à la fin de chaque ligne du poème. Valéry, et Bonnefoy (pour ne citer que lui) optent également, et à juste titre, pour les vers non rimés dans leurs traductions de la poésie anglaise.

Sans prononcer le mot d'équivalence (mot technique qui est tiré dans tous les sens depuis Jacobson), la problématique de la non-équivalence et des « belles infidèles » est omni-présente déjà dans la citation ci-dessous :

> n'étant disposé à admettre, de moi comme des autres, qu'une traduction aussi fidèle que la différence des langues le permît, mon premier mouvement fut de renoncer à exécuter l'ouvrage qui m'était demandé (Valéry, 2016, 3, p. 1405).

Il revient, par la suite, dans ses *Variations* au projet de « transmutation » des vers de Virgile. C'est ce mot de transmutation (comme nous l'avons vu dans un chapitre antérieur) qui est la clé de son activité traductrice dans le vers que je viens d'examiner. Valéry met en œuvre également sa pratique de la symétrie à son niveau le plus élevé. Il met aussi en amont de la traduction l'importance de « *l'acte d'écrire*, où la réflexion est autre chose qu'"inscription machinale et sans arrêts d'une parole intérieure toute spontanée" » (*ibid.*, 3, p. 1408). Et « la fidélité restreinte au sens est une manière de trahison. Que d'ouvrages de poésie réduits en prose, c'est-à-dire à leur substance significative, n'existent littéralement plus ! » (*ibid.*, 3, p. 1407.) Mais quoi que l'on fasse, la traduction d'un poème ne saurait être qu'une forme de « fidélité restreinte ». Et Valéry ne bascule-t-il pas, trop parfois, du côté du *son*, au détriment du *sens* comme l'a remarqué William Marx (2002, p. 256) dans le cas du vers suivant :

Huc ades ; insani feriant sine litora fluctus.

que Valéry traduit par

Viens !... Laisse les flots fous battre en vain le rivage.

Version moins fidèle au niveau du sens, mais enrichie sur le plan des sonorités par rapport à la traduction suivante (plus universitaire et moins poétique) d'Henri Goelzer analysée par William Marx (*ibid.*).

Viens !... Laisse les flots en folie battre le rivage (Virgile, 1925, p. 71).

Cette traduction de Valéry, exemplifie toutefois, le respect de son contrat de linéarité et de poésie (avec ses inévitables écarts et allitérations). « Belle infidèle », oui, car il lui faut un beau vers avant toute chose !

Les *Variations sur les Bucoliques* se terminent par des références allusionnelles aux despotes (de toute époque) qui commandent et demandent, avec insistance, des textes. Il n'empêche que, pendant l'Occupation, Valéry publia *Mon Faust* (une manière de prendre à contrepied le travail de Goethe) et ce, sous le nez des Allemands. Et que dire de ses *Mauvaises pensées* qui furent publiées à cette même époque de bien-pensance dictatoriale et fasciste, où aucun écart n'était toléré. À la mort de Bergson, Valéry fut puni à cause de son éloge au philosophe prononcé à l'Académie française en 1941 : son poste au Centre universitaire méditerranéen lui fut retiré immédiatement – un poste qu'il occupait depuis sa nomination en 1933. Valéry est incontestablement un penseur, traducteur, poète – en même temps qu'un résistant intellectuel. Pour appuyer ces propos, retenons le dernier paragraphe ou phrase cicéronienne ci-dessous qui vise, sans équivoque, tout ce qui enlève à l'esprit la liberté de l'acte d'écrire et de traduire :

> Très haute, très pure, très supérieure figure de l'homme pensant, et peut-être l'un des derniers hommes qui auront exclusivement, profondément, et supérieurement pensé, dans une époque du monde où le monde va pensant et méditant de moins en moins, où la civilisation semble, de jour en jour, se réduire au souvenir et aux vestiges que nous gardons de sa richesse multiforme et de sa production intellectuelle libre et surabondante, cependant que la misère, les angoisses, les contraintes de tout ordre dépriment ou découragent les entreprises de l'esprit, Bergson semble déjà appartenir à un âge révolu, et son nom, le dernier grand nom de l'histoire de l'intelligence européenne (Valéry, 2016, 3, p. 1207).

Valéry trouve, dans ses traductions de Virgile et de Lo Duca, sans oublier ses *Mauvaises Pensées* et son *IIIe Faust*, une forme puissante, personnelle et variée de résistance intellectuelle contre la barbarie. Et nos collègues eurent l'occasion de le rappeler en 2016 à la Fondation Singer-Polignac lors d'un colloque : *Paul Valéry, 70 ans après*.

En conclusion, les textes que nous venons de présenter brillent par leur difficulté ou leur importance intellectuelle (Léonard de Vinci, article sur Einstein), leurs contraintes sur le plan poétique (Hardy, Pétrarque, Poe, Rossetti, Virgile…) ou par la place que Valéry accorde à son rôle de résistant intellectuel (*Neige sur la Baltique* et, bien entendu, ses *Variations sur les Bucoliques*). Écrire, pour lui, est toujours traduire, un acte de résistance contre toutes les formes de facilité… et contre la barbarie.

RETRADUIRE LES LIVRES DU PASSÉ

Les nouvelles traductions des textes classiques font partie d'une réévaluation et d'une réactualisation de notre contact littéraire avec un passé toujours nébuleux. Et comme le dit Nietzsche (aphorisme 83 du *Gai Savoir*) dans la version française que consultait Valéry :

> TRADUCTIONS – On peut évaluer le sens historique que possède une époque à la façon dont cette époque fait les *traductions* et cherche à s'assimiler les temps passés et les livres anciens (Traduction d'Henri Albert, 1901).

Ce passage se transforme aphoristiquement, comme il se doit, en

> *Traductions.* – On peut juger du sens historique d'une époque à la façon dont elle *traduit*, dont elle cherche à s'assimiler les vieux siècles et les vieux livres (Traduction d'Alexandre Vialatte).

avant de trouver ce beau compromis entre l'élégance stylistique et aphoristique :

> TRADUCTIONS – On peut juger du degré de sens historien que possède une époque d'après la manière dont elle *traduit* et cherche à s'assimiler les époques et les livres du passé. (Traduction de Pierre Klossowski, dans une édition revue, corrigée et augmentée par Marc de Launay en 1989.)

Le passage ci-dessus est cité également par Marc de Launay (2006, p. 52) dès l'entrée en matière de son excellent chapitre sur « le sens et le temps ». J'y vois les germes d'un livre sur l'acte de traduire face à toute aliénation langagière dans le temps.

Revenons à nos *Bucoliques* ! Le Valéry vieillissant se trouve face au jeune Virgile, comme ce fut le cas avec les jeunes poètes qu'il encourageait pendant sa vie. Mais son regard accueillant sur le *travail* textuel des *Bucoliques* a surtout pour but de réactualiser l'art et l'acte de traduire.

TRADUIRE OU NE PAS TRADUIRE

Rappelons que Valéry ne traduit pas le texte de Pindare en tête du « Cimetière marin ». Ajoutons aussi, comme le fait William Marx, que les articles de Paul Valéry sur Goethe ne font référence (avec pour exception ses *Cahiers*) qu'aux traductions françaises et non à l'original. Il y a là sans doute une volonté d'« assimiler » pleinement Goethe en français tandis que les vers de Pindare restent dans leur « pureté » originale – héritage assimilé d'un passé toujours présent à l'époque dans notre culture française. Toutefois, deux mots allemands « francisés » font leur apparition dans *La Conquête allemande* : à savoir la *landsturm*, composée de « tous les hommes valides de dix-sept à quarante-deux ans qui ne font pas partie de l'armée active », et la *landwehr*, « première réserve armée qui était appelée à renforcer les troupes de ligne ou à garder les places fortes » (voir le *Trésor de la langue française informatisé* en ligne). En revanche, Valéry cite Guillaume II en français : « Je n'ai pas voulu cela. » *(« Ich habe es nicht gewollt »* (Valéry, 2016, 1, p. 432, lettre à Ghéon) – phrase prononcée par cet empereur allemand à la fin de la Première Guerre mondiale), et en allemand dans le *Cahier* XVIII (p. 240, le 1er août 1935).

Ich habe *es* nicht gewollt
Guill[aume] II

avec une esquisse fort incomplète de quelques variantes sur l'imparfait du subjonctif :

und
l'eussé-je
Hätte ich gewollt, ich hatte
nicht gekonnt
pu

Il nota aussi sur un bristol, daté du 7 septembre 1937, le titre d'un livre de Nietzsche : *Der Wille zur Macht* et sa traduction « La volonté de puissance » (Valéry, 1957-1961, XX, p. 222). Deux des poètes contemporains de Valéry, Aragon et Breton, lisaient les textes de Nietzsche en allemand et en français. Et les germanistes sauraient commenter sans peine la richesse du sens de ce mot « *zur* » par rapport au « de » dans la traduction française – mais il suffit de dire ici que les deux termes « volonté » et « puissance » (comme extension du mot pouvoir) ont dû enchanter et agacer Valéry. Ce fut « La volonté de potentiel et de *pureté* » (Valéry, 1957-1961, IX, p. 588), *leitmotiv* de son Gladiator, qui domina sa pensée (et non la volonté en tant que *but*). Place aux *moyens* et à la volonté de « dominer les choses » (*ibid.* II, p. 125) ! D'aiileurs, le titre de ce texte de Nietzsche (édition allemande de 1922) fut soigneusement copié en caractères gothiques par Valéry (*ibid.* XX, p. 222).

Les nietzschéens connaissent l'introduction de ce livre par Elizabeth Förster-Nietzsche, ainsi que ses multiples falsifications des textes de son frère – véritable cauchemar pour tout traducteur et éditeur. Le tome 1 de *La Volonté de puissance* fut traduit par Geneviève Bianquis et publié chez Gallimard en 1935, suivi du tome 2 en 1937. Mais ce furent surtout les œuvres de Nietzsche traduites sous la direction d'Henri Albert et publiées entre 1898 et 1909 au Mercure de France que lisait Valéry. Dans tous les cas, le *vouloir* valéryen dans les *Cahiers* – cet immense réservoir de réflexions associées au *pouvoir* (comme pour minorer certains élans de la volonté) – mène le lecteur loin de Nietzsche. Gide « ne vise que la puissance d'émouvoir » (Valéry, 1957-1961, XXVI, p. 366). Les *Principes d'an-archie pure et appliquée* de Valéry furent un puissant travail de démolition des mythes politiques et son « an-archie » réside dans « la tentative de chacun de refuser toute soumission à l'injonction qui se fonde sur l'invérifiable » (Valéry, 1984, p. 20). Rappelons que le manuscrit de ces *Principes* fut écrit entre avril 1936 et septembre 1938. En 1933, Thomas Mann lui avait dit que « tout [pouvait] arriver [en Allemagne] dans l'état actuel. » Mais « il ne [croyait] pas à la guerre » (Valéry, 1957-1961, XVI, p. 197). Ajoutons que les années 30 en France furent fortement influencées par la pensée de Nietzsche – même si l'expression « volonté de puissance » paraît dès les premiers *Cahiers* de Valéry. En résumé, *La Volonté de puissance* sera reléguée aux autres formes de verbalisme, à ces « débauches de *Crédit* » et de « Fiducia » ou « ivresses théoriques » dont parle Valéry (1957-1961, XXVI, p. 348). Pour le traducteur et l'auteur, *La Volonté de puissance* est l'exemple extrême du sort de tout texte qui échappe à son auteur pour être détourné à des fins politiques, etc.

L'italien reste, chez Valéry, une langue réservée en particulier à ses moments de douleur intense comme, par exemple, à la mort de sa mère, Nonna. C'est aussi une langue qu'il sait parler avec une certaine élégance. Soulignons toutefois son aversion pour le ton déclamatoire en poésie (que ce soit en italien, ou chez Victor Hugo en français).

> Diction italienne des vers – Impossible en France – Rien que la réflexion sur ceci donnerait des idées.
>
> Moi-même – ne puis qu'à peine souffrir cette déclamation – qui est cependant la « vérité » et dont l'insupportable-pour-nous est très significatif. Fait

comprendre la prosification de notre poésie – Boileau – Bon sens (Valéry, 1957-1961, XVI, p. 213).

Et pourtant, Valéry puise ses origines en Italie et en Corse et non en France. Il se considère comme un « mélange corsico-italien cultivé dans un milieu français » (Valéry, 1957-1961, IX, p. 720). On disait même qu'il parlait italien avec l'accent des « gentilshommes milanais » (*ibid.*, XI, p. 521).

Greffe – auto greffe –

Je suis un être greffé –

Je me suis fait à moi-même plusieurs greffes –

Greffer des mathématiques sur de la poésie, de la rigueur sur des images libres. Des « idées claires » sur un tronc superstitieux ; un/ce (?) langage français sur un bois italien.. (Valéry, 1957-1961, VII, p. 70).

L'art de la greffe fait également partie de l'acte de traduire. Et rappelons surtout que le mot *Maturare* fut une de ses devises…

Je noterai aussi que la traduction des vers :

μή, φίλα ψυχά, βίον ἀθάνατον σπεῦδε, / τὰν δ' ἔμπρακτον ἄντλει μαχανάν.

dans les *Pythiques* de Pindare par Puech (publiée deux ans après la parution du « Cimetière Marin ») : « O mon âme, n'aspire pas à la vie immortelle, mais épuise le champ du possible. » fut citée par Valéry avec la modification suivante : « Ô mon âme chère, n'aspire pas à la vie éternelle, mais épuise le champ du possible. » (Musée Paul Valéry à Sète) (Elder, 2013, p. 60-61 ; De Lussy, 1991/1996.)

Et, en 1929, on trouve une ébauche de traduction en cours de ces vers dans un de ses *Cahiers* :

μή, φίλα ψυχά[,] βίον ἀθάνατον σπεῦδε[,]
τὰν δ'ἔμπρακτον ἄντλει μαχανάν.

Pyth. 3.

ne te soucie
Non, chère âme, ne souhaite une vie infinie
N'aspire à quelque éternelle
[mais au contraire] épuise [toi dans] ce que tu
donc
peux accomplir de réel !
industrie

> Âme, ma mie
> *mais épuise l'efficace de* ton pouvoir réel[21]
> (Valéry, 1957-1961, XIII, p. 727).

Cette citation nous permet de nuancer nos propos sur l'« existentialisme » valéryen au début de ce livre. Ce qui le sépare ici du Sartre à venir réside dans sa critique de l'emploi du mot *je.* Mais c'est surtout la symétrie évoquée ci-dessous qui les unit (de façon générale). Et c'est avant tout dans l'acte de *faire* chez Valéry que réside la clé de l'acte de compréhension.

> ✡ Relations symétriques – Être – faire – voir
> relation d'éclairage ou d'observation. – Tu es ce que tu vois
> Tu vois ce que tu éclaires –
> *cf. conscience.*
> *TU*[22] es ce que tu fais –
> Or – il n'y a pas d'êtres (*per se*) – et tout le langage est fondé sur l'être.
> L'être est *affirmation* de l'indépendance d'une relation d'avec l'observation, l'instant – etc. – [...]
> Je suis dans chaque *mot*, sous chaque *chose* ; et je *suis* chaque proposition, – comme je suis dans chacun de mes doigts et suis chaque action de ma main (Valéry, 1957-1961, 1957-1961, XVI, p. 834).

Le « TU es ce que tu fais » de la citation ci-dessus fait partie d'une autre situation fort valéryenne : « Je suis *MON* acte volontaire. *Je* ne *suis pas MON* reflexe – » (Valéry, 1957-1961, XV, p. 73). Cet « acte volontaire », chez Valéry, situe *je suis* ici du côté de l'anti-hasard et du vouloir-pouvoir, car dans la conscience « Tout ce qui ne relève pas de l'acte volontaire nous échappe – » (Valéry, 1957-1961, XX, p. 68). Et il ajoute : « La science existe en tant que certitude suffisante d'une *action volontaire* et de ses résultats » (*ibid.*).

Michel Jarrety reprend une traduction différente en français par Valéry de ces vers des *Pythiques* de Pindare : « Ne te flatte pas, mon âme d'une vie immortelle, mais supporte la réalité de ton labeur » (Valéry, 2016, I, p. 673). Mais c'est surtout par l'emploi des mots « infinie » et « éternelle » dans ces tentatives de traduction en 1929 (Valéry, 1957-1961, XIII, p. 72)

---

21 Voir aussi la belle édition des manuscrits de *Charmes.* (De Lussy, 1991/1996.) Florence de Lussy reprend cette note dans les *Cahiers* de Valéry où le poète se trouve aux prises avec le potentiel de ces vers de Pindare.

22 Mot entouré d'un cercle.

que Valéry essaie indirectement d'enfoncer le clou dans la célèbre phrase de Pascal (« Le silence éternel de ces espaces infinis m'effraie[23]. ») et de relativiser la puissance rhétorique (et abusive) de ces termes. Les mots « infini » et « éternel » sont de suprêmes superlatifs. Valéry n'y voit qu'une « affaire d'écriture » (Valéry 2016, 1, p. 1067) – comme à la fin de son poème intitulé « L'Ange » : « *Et pendant une éternité, il ne cessa de connaître et de ne pas comprendre.* » (Valéry, 2016, 3, p. 1305) – pour ne pas dire, « inlassablement » ou « indéfiniment » hors de portée, et rien de plus.

Les critiques connaissent bien les faiblesses de Valéry en tant qu'helléniste – mais il ne faut surtout pas minorer un certain type de lecture valéryenne où il *tire le texte vers lui* – tout en comptant sur l'aide de Catherine Pozzi avec qui il parlait régulièrement de littérature et de philosophie grecques.

Jean-Pierre Attal n'inclut pas ces deux vers grecs de Pindare dans sa traduction du « Cimetière marin » (Attal, 2000). Ajoutons, entre parenthèses, que le titre qu'il propose au poème – « A Graveyard by the Sea » – majore le singulier et le spécifique du texte et minore le général. (*The Seaside Cemetery*, du poète nord irlandais, Derek Mahon (2006), frise au niveau du sens une certaine vie de villégiature avec un vire-langue (*tongue twister*) du type : *seashells by the sea shore* !) Optons tout simplement pour *The Graveyard by the Sea* – plus sobre sur le plan phonétique que *The Cemetery by the Sea.*

En résumé, Valéry, l'« être greffé » que nous avons évoqué dans ce chapitre, se nourrit de mots étrangers traduits ou non traduits, anciens ou modernes, venant de sources intimes, proches et lointaines, au service de son aire linguistique et culturelle résolument européenne. Cela ne l'empêche pas de savourer un certain nombre d'aspects de l'Orient (de loin certes) grâce en particulier à sa lecture en traduction de certains poèmes chinois. Mais il note aussi : « Je ne sais ce qu'eût été ma pensée si j'avais été élevé en Chine et instruit au langage chinois. » (Valéry, 1957-1961, XXVI, 785) – reconnaissance toujours chez lui de l'importance de la langue, de la société (avec ses accidents, événements) sur la pensée – sans oublier la formation des caractères en chinois qui colore de façon spécifique le concept. C'est là que résident les confins de son cadre traductif.

---

23 Pascal, *Pensées* (233), 2011, p. 270 ; Valéry, Variation sur une « pensée », Œuvres, t. 1, 2016, p. 788-810.

TRADUIRE ET LA *FIDUCIA*

Commençons par une sorte de fable valéryenne sur la traduction du « sacré » et de la *fiducia*.

> *Le visionnaire*
>
> L'ange me donna un livre et me dit : « Ce livre contient tout ce que tu peux désirer savoir. » Et il disparut.
>
> Et j'ouvris ce livre qui était médiocrement gros.
>
> Il était écrit dans une écriture inconnue.
>
> Les savants l'ont traduit, mais chacun en donna une version toute différente des autres.
>
> Et ils diffèrent d'avis quant au sens même de la lecture. Ne s'accordant ni sur le haut ni sur le bas, ni sur le commencement ni sur la fin.
>
> Vers la fin de cette vision, il me sembla que ce livre se fondit et confondit avec le monde qui nous entoure (Valéry, 2016, 3, p. 76).

La fin de la fable quitte les limites de la *fiducia* pour se fondre dans le phénoménal. Et pourtant,

> Toute *fiducia*, et en particulier, la fondamentale, c'est-à-dire le *Langage* dont nous disposons, *colle* à la perception de si près que nous *croyons* (c'est là la fiducia) être en présence du *fait* lui-même (1957-1961, XXVII, 28-29).

Pour Valéry, toute traduction (comme tout texte littéraire) repose sur un fond de *fiducia* et sur un inévitable écart (de valeurs, etc.). Valéry utilise souvent, et métaphoriquement, des termes monétaires dans les *Cahiers* et dans ses textes publiés tels que *monnaie* / *fausse monnaie* / *valeur* / *prix* / *crédit* / *crédulité* / *créance* / *duplicité* / *pièces sonnantes* / *inflation (verbale)* / *univers fiduciaire*… La traduction contient une fiction de l'échange où l'inégalité de l'échange reste inévitable. Et dans le cas de la monnaie de l'esprit, l'essentiel est de savoir ce qu'on peut *encaisser* véritablement. Notons aussi que si la traduction est échange, on ne saurait éviter l'illusion de *convertibilité* ainsi que les risques d'*endettement*, d'*inflation* et de *duplicité*. Et voici le hic : ne pas être payé *en monnaie de singe* ou être « *short-changed* » (c'est-à-dire être roulé, ou avoir le sentiment d'être roulé et de ne pas recevoir la *monnaie* juste). Il ne serait pas inutile d'ajouter ce que j'appellerai les notions de « reste », de « restance » ou d'un « restant » que l'on peut associer sans difficulté à la déconstruction derridéenne. Et ce restant est toujours un non-assimilable ou un non encaissable dans notre lutte contre la *fiducia*.

Ajoutons aussi que les produits de la mémoire relèvent d'une traduction-création (fiduciaire).

> Ce qui me frappe le plus dans la mémoire, ce n'est pas qu'elle redit le passé, c'est qu'elle alimente le présent. Elle lui donne réplique ou réponse, lui met les mots dans la bouche et ferme en quelque sorte tous les comptes ouverts par l'événement (Valéry, 1987-2016, X, p. 213-214).
>
> Toute *fiducia*, et en particulier, la fondamentale, c'est-à-dire le *Langage* dont nous disposons, *colle* à la perception de si près que nous croyons (c'est là la fiducia) être en présence du *fait* lui-même. (Valéry, 1957-1961, XXVII, p. 28-29).

La *tradition* et *les transactions fiduciaires* sont mises en question par Valéry. Le signe est toujours provisoire – comme un chèque que l'on doit encaisser. Les signes, comme certains chèques, peuvent être aussi en blanc ou en bois ! Les signes sont toujours convertis et fluctuent comme les actions à la bourse. Ce qui prime chez lui c'est le drame de la convertibilité. Mais dans le monde de l'esprit, chacun doit battre sa propre monnaie (intellectuelle). C'est un principe fondamental de l'an-archie pure et appliquée chez Valéry et de sa vigilance face aux fables politiques. Bref, il s'agit de « Rejeter tous les termes qui ne sont pas négociables, échangeables contre pouvoirs réels – ou quasi-réels » (Valéry, 1957-1961, XX, p. 152). Notons que la *convertibilité* est toujours une affaire de *valeur*. La traduction est une monnaie que l'on échange à perte ou à profit à partir des mots. Elle est aussi *emprunt*, *estimation, valeur ajoutée* et *fausse valeur*... que ce soit au niveau des dénotations transitives des termes en fonction de leur contexte ou du « rôle connotateur » (Valéry, 1957-1961, XIX, p. 207) d'un mot que l'on emploie avec ses multiples saveurs subjectives. On tombe, inévitablement, dans le subjectivisme d'un contexte culturel d'échanges de *Sinn* et de *Bedeutung* qui déborde sur les *connotations* historiquement, géographiquement et linguistiquement situées, comme nous le rappelle Jean-René Ladmiral (1994, p. 236). Et tout cela, pour le traducteur, sur fond de « relais par *signes* » et d'« instrument de passage » inlassablement en cours d'affinement pour faciliter un échange final illusoire contre valeur-or.

Il y a également la *fiducia* que contient une certaine économie de forces qui facilite telle ou telle organisation sociale.

> Toute société est fiducia – La *fiducia* joue un rôle assez analogue à celui de l'*inertie*. L'ordre social peut s'exprimer en disant que toute société organisée, ordonnée est, par là-même, conservatrice de sa fiducia – laquelle correspond à une économie des forces réelles (Valéry, 1957-1961, XXV, p. 722).

Idem pour toute organisation phrastique ou traductive – dont la limite est la suivante : « J'estime inutile de croire à l'existence de choses qui ne nous sont proposées ou présentées que par des *noms* » (Valéry, 1957-1961, XXIV, p. 209). Et *idem* pour le roman : « Le roman est entièrement sur le plan du langage pratique à croyance *foncière*, et à valeur finie – / Il est abus du crédit » (Valéry, 1957-1961, XVII, p. 46). Valéry est constamment confronté aux pièges du dicible et à la convertibilité du dicible – pour rester à la limite de l'exprimable.

Et comment traduire le *credo* ? Et que deviendrait-il si on détruisait tout son « verbalisme » et le remplaçait par « attitudes intérieures, représentations ? » (Valéry, 1957-1961, III, p. 477-478 ; 1987-2016, VII, p. 300). Situation qu'il développe de la façon suivante :

> Par exemple, traduire le credo. Et cela, *sérieusement*, doit être fait, si l'on veut ne pas réduire ce songe fondamental à des phrases. –.
>
> – Le danger pour le croyant des exercices spirituels est que ces compositions d'images qu'Ignace commande soient perçues comme la limite de l'effort et ne finissent par paraître… des images – rien que des images – d'autant plus dépréciées qu'on les aura plus poussées et plus fortifiées, c'est-à-dire plus faites de souvenirs précis partiels – de *simples* souvenirs.
>
> L'image refusée, qui seule donne un sens aux paroles, que demeure-t-il, sinon une sorte de disposition générale, de tonalité – irritabilité contenue, excitation douloureuse, paix immense mais trop voulue.. Musique sacrée – et sa louange désespérée, son émotion canonique, sa carrure et ses chutes mornes, ses murs lisses.
>
> … On use des images pour se conduire, s'obliger, se guérir, se connaître.
>
> Une religion demande au croyant de se faire infini, fort, pur, immense, créateur, tout-puissant, et de suite tout petit, misérable, débile, menacé, coupable, ignare… et puis (*ibid.*).

Et plus on croit, moins on traduit ! Ou encore, pour traduire, on a besoin du comparable – mais le *credo* est du royaume de l'incomparable. La forteresse de l'incomparable protège alors le *credo*. Valéry intègre, avec son humour habituel, les risques de la traduction verbale d'une *croyance* :

> Tu crois en Dieu. Mais si quelqu'un pouvait voir ce qui est en toi sous ces mots, les provoquant, les soutenant, les produisant, et s'il ne voyait pas ces mots mêmes, ce qu'il verrait, ô toi, s'il le voulait exactement traduire, ne se traduirait jamais par ces mots. Et quand donc tu les dis, tu n'es pas sans donner une expression étrangère, non de toi, – donc arbitraire, à un sentiment de toi qui est d'ailleurs incomparable (Valéry, 1957-1961, XI, p. 798).

Bref, le « système de la religion » lui semble « trop simple sur des points » où il ne voit pas « simple » (Valéry, 1957-1961, XVIII, p. 162). Il est pour lui « trop bizarre et compliqué sur d'autres points. Il est *historique* etc. / Il serait intéressant de le traduire en termes non traditionnels. » (*ibid.*). Et même si on faisait de cette « Erreur *mystique* de l'Église » (*ibid.*, XXVII, 418.) une sorte de « vérité sociale » ce serait

> refuser le « corps » – c'est-à-dire le Système nerveux périphérique – (Car il y aurait à traduire les mots : chair, concupiscence, tentation etc. en langage plus précis). Je dis *erreur mystique*, car c'est en approfondissant cette « chair », et non en réprimant, combattant ses ressources que (*phrase inachevée) (ibid.).*

Le traduisible se limite aux actes dans le domaine du possible. « Tout ce qui ne peut se traduire en *actes* est néant, ou douleur, ou perte pure – » (Valéry, 1957-1961, IX, p. 64). En d'autres termes : « Ce qui est précis est ce qui peut aussitôt se traduire en actes » (Valéry, 1957-1961, XI, p. 50).

Résumons ici, sur fond de *fiducia*, le véritable projet littéraire chez Valéry (et dont la traduction fait partie) qui se définit toujours en termes de pouvoirs réels :

> La Littérature (en deux mots) résulte de
> *Ce qu'*on *peut PAR le langage*
> au moyen de
> *Ce qu'*on *peut SUR le langage* (Valéry, 1957-1961, XIX, p. 790).

Le langage joue également un rôle « capital » d'« échanges » et de « transactions », pour reprendre les termes monétaires de Valéry, entre le formel et le significatif dont l'essentiel réside dans ce qu'il appelle le passage. Ce sont pour lui « en art *représentatif* – capitales considérations » (Valéry, XX, p. 739) Le chantier du traducteur dépasse donc de loin les confins de la « sèche et maigre *Grammaire* » (Valéry 2016, 2, p. 712) pour faire de nous, comme c'est le cas chez Valéry, des *interprètes de* l'*oralité* fondamentale de tout texte. Primauté donc tout d'abord à la *lecture*, au sens plein du terme, du texte d'origine et du texte d'arrivée sans se laisser spolier par l'art de la contrefaçon !

Le traducteur a pour matière principale ce qui est « nommé » (aux risques et périls de l'auteur), et le « nomin<u>able</u> » ne saurait être qu'un potentiel. Dans tous les cas, pas de « pièces sonnantes » ! Un événement est toujours *nommé* à nos risques et périls. Valéry reproche avant tout aux romans (et autres fictions) leur capacité d'endormir l'intellect grâce à toute une série d'artifices littéraires et de « valeurs fiduciaires » (Valéry, 1957-1961, X, p. 442).

Mais en fin de compte, on accorde une valeur à la *suffisance* dans le cas de la traduction – disons une traduction suffisante – comme dans le cas de toute transaction mentale.

> Suffisance –
>
> La transaction mentale se contente de ce qui *suffit* à *expédier* une excitation – à passer outre.
>
> Dans ce régime courant, le langage joue un rôle capital. Clichés (Valéry, 1957-1961, XVIII, p. 215).

Et toute forme de suffisance (du langage « échangé ») passe par un conducteur approprié.

L'impossibilité et la nécessité de la *validation* dans le domaine de la traduction et de l'interprétation (que ce soit celui des rêves, du fonctionnement mental, des récits, des poèmes) reposerait sur ce que Valéry appelle la *fiducia* – et ce, malgré nos tentatives d'édifier des modes de vérification exégétiques, empiriques ou efficaces, ainsi que des critères d'observation et des règles de transformation. Bref, c'est la *fiducia* dans les domaines linguistique et esthétique qui empêche toute traduction littéraire d'accéder à une science de l'observation *opératoire*. Reste, à la rigueur, une sorte de translaboration (*Durcharbiten* ou *working through*), dans une forêt de fantasmes langagiers. Ceci nous rapproche moins de Freud, mais davantage de Sisyphe ! Continuons nos efforts pour faire sauter les coffres-forts et les insuffisances de la traduction traditionnelle. Et enrichissons-nous de cette *hostinato rigore* de Valéry (sa devise léonardienne) – cette « obstinée rigueur » qui habite toujours au cœur des *Cahiers.*

En résumé, la jeune discipline qu'est la traductologie, cet immense espace marchand de *Sinn* et de *Bedeutung* toujours aux prises avec la *fiducia* ou la « valeur monétaire » des mots, s'ouvre sur une palette d'autres programmes à l'université qui lui apportent une richesse quasi inépuisable. C'est le contraire, hélas, de tant d'anciennes disciplines qui, trop souvent, ne travaillent que sur un reliquat. Tirons le texte à traduire vers le présent pour lui permettre de continuer à résonner à travers les âges. Ce fut le projet du *Léonard* de Valéry.

CONCLUSION

Valéry est constamment soucieux des pièges de la traduction d'événements, d'actes mentaux et de textes. Mais sa critique sévère de l'art de traduire ne l'a pas empêché d'être un traducteur remarquable. Les traductologues connaissent de longue date un Valéry *praticien exceptionnel* de la traduction. Le Valéry *théoricien* reste toujours à mieux cerner, par une étude approfondie de ce repositoire de réflexions fines dans ses *Cahiers* qui couvre à la fois le langage et le fonctionnement mental. Ce sont, en effet, les *Cahiers* qui ouvrent un vaste chantier aux spécialistes de la traduction, et révèlent un Valéry, prodigieux traducteur de soi-même. Il y a, rappelons-le, chez lui, une tendance à tirer le texte vers soi en le faisant passer par une grille composée de réflexions constantes sur le langage et ses possibilités. Ce Valéry reste, toutefois, fortement adossé aux limites de l'acte de traduire.

Ajoutons que Gide voyait souvent dans le scepticisme « la fin de l'art » (Gide, 1965, p. 180), et il note aussi que même la poésie n'intéressait Valéry que par « raccroc » (Gide, 1965, p. 749). Enfin, la notion de l'acte de traduire, chez Valéry, n'est pas sans prolongement dans une réflexion physio-psychologique sur l'assimilable et le digestible au sens profond et métaphorique du terme, qui englobe également un certain rejet du non-assimilable.

On pourrait dire, pour conclure, que Valéry est un précurseur admirable de la traductologie dans les domaines *formel* et *fonctionnel*. Et c'est son regard sur le fonctionnel et le fonctionnement du langage qui pousse l'acte de traduire vers une conceptualisation holistique en l'enveloppant de multiples contextes. L'acte de traduire fait partie intégrante de sa tentative de créer un « système » toujours ouvert – un « système » qui ne serait qu'une *représentation* et non une *explication*. D'ailleurs, très tôt, c'est le « physicien » chez Valéry qui remplace l'ingénieur littéraire à la Poe : « Le littérateur est un ingénieur – par rapport auquel je voudrais être physicien » (Valéry, 1957-1961, II, p. 650). Pour cette raison, le formel devait se transformer plus tard en fonctionnel. Et à côté de ses tendances formalistes, il faut ajouter un technicien nominaliste, dans la mesure où toute philosophie tend, plus ou moins, vers le nominalisme.

Terminons par un extrait d'une note de Valéry intitulée *Traductions* où il constate que la « littérature, aussi, se meut entre le réalisme et le nominalisme – entre la croyance à la description exacte, à la création d'objets par le mots – et le libre jeu de mots » (Valéry 2016, 3, p. 487).

Si Valéry devait se lancer aujourd'hui dans la traductologie, il ferait une poïétique et une esthésique du traduire ancrées sur la pratique et la théorie (à la limite des propriétés et possibilités du langage). Ce serait aussi une nécessaire ouverture *interdisciplinaire* au-delà de ses confins actuels, une approche centrée sur une énonciation précautionneuse des problèmes, non sur leurs solutions, et, en fin de compte, une poïétique éminemment textualiste, auto-théorisante, auto-référentielle, ancrée sur le moi et l'acte de traduire.

Il ne s'agit point d'amener le traducteur à l'auteur (qu'on ne connaît point !), mais de découvrir quelques jalons essentiels d'une rigueur *traductive* valéryenne qui est, en fin de compte, fondée sur une grande discipline intellectuelle et personnelle. (C'est ce que Valéry met derrière le sigle *Gl.* (Gladiator) – symbole de l'entraînement mental ou d'une « philosophie "sportive" sans illusions ») (Valéry, 1957-1961, IX, p. 328-329). Et méfions-nous de traduire le Système de Valéry dans le langage ordinaire – car, ce serait comme si on faisait un livre de science sans la science.

Ne pas conclure, certes, car Valéry reste fidèle à ce principe énoncé en 1894 dans son premier *Cahier* : « Ne jamais chercher la perfection ou la puissance d'un esprit – – dans un résultat » (Valéry, 1957-1961, I, p. 56). « *Conclure*, c'est rompre avec la virtualité » (Valéry, 1957-1961, XV, p. 691). Restons (au sens large du terme) des ciblistes-virtualistes qui essaient, à partir de la richesse d'une étude génétique des textes d'origine, d'entamer, avec modestie et précaution, l'immense tâche de la composition d'un texte d'arrivée. Laissons, dans le contexte de cette virtualité, de la place aux principes de faillibilité ou d'incertitude, et « Courons à l'onde en rejaillir vivant ! » (« Le Cimetière marin »). Un tel *événement libérateur* nous permet de ressourcer cette *pensée* toujours *inachevée* et *inachevable* sur la traductologie. La traduction est une activité-clé de l'esprit qui doit résister à toute détermination particulière sclérosante. Et consolons-nous : « Si le langage était *parfait* l'homme cesserait de penser » (Valéry, 1957-1961, V, p. 393)... et de traduire.

RÉFÉRENCES BIBLIOGRAPHIQUES

SOURCES PRIMAIRES

ŒUVRES DE PAUL VALÉRY

VALÉRY, Paul, Œuvres, t. 1, éd. Michel Jarrety, Paris, Livre de Poche, coll. Pochothèque, 2016.

VALÉRY, Paul, Œuvres, t. 2, éd. Michel Jarrety, Paris, Livre de Poche, Pochothèque, 2016.

VALÉRY, Paul, Œuvres, t. 3, éd. Michel Jarrety, Paris, Livre de Poche, Pochothèque, 2016.

VALÉRY, Paul, *Cahiers 1891-1914*, t. I-XIII, Paris, Gallimard, 1987-2016.

VALÉRY, Paul, *Cahiers*, I, éd. Judith Robinson, Paris, Gallimard, coll. Bibliothèque de la Pléiade, 1973.

VALÉRY, Paul, *Cahiers*, II, éd. Judith Robinson, Paris, Gallimard, coll. Bibliothèque de la Pléiade, 1974.

VALÉRY, Paul, Œuvres, I, Paris, Gallimard, Bibliothèque de la Pléiade, 1957.

VALÉRY, Paul, Œuvres, II, Paris, Gallimard, Bibliothèque de la Pléiade, 1960.

VALÉRY, Paul, *Cahiers*, t. I-XXIX, Paris, CNRS, 1957-1961.

VALÉRY, Paul, *Poésie perdue, Les poèmes en prose des Cahiers*, éd. Michel Jarrety, Paris, coll. Poésie/Gallimard, 2000.

VALÉRY, Paul, *Alphabet*, éd. Michel Jarrety, Paris, Livre de poche classique/ Gallimard, 1999.

VALÉRY, Paul, *Cahiers Paul Valéry*, n° 74, Paris, Gallimard, mars 1997.

VALÉRY, Paul, *Les principes d'an-archie pure et appliquée*, Paris, Gallimard, 1984.

VALÉRY, Paul, *Correspondance de Paul Valéry et de Gustave Fourment, 1887-1933*, Paris, Gallimard, 1957.

GIDE, André – VALÉRY, Paul, *Correspondance 1890-1942*, Paris, Gallimard, 1955.

VALÉRY, Paul, *Lettres à quelques-uns*, Paris, Gallimard, 1952.

VALÉRY, Paul, *Les premières Œuvres de Paul Valéry, Le Portique*, Paris, Éditions Rombaldi, 1947.

VALÉRY, Paul, *Lettre à Madame C.* Paris, Les Amis des Cahiers verts, Grasset, 1928.

TEXTES TRADUITS

VALÉRY, Paul, *Charms*, trad. Peter Dale, London, Anvil Press Poetry, 2007.
VALÉRY, Paul, *Cahiers/Notebooks*, 1, 2, 3, 4, 5, éd. Brian Stimpson, New York, Peter Lang, 2000-2010.
VALÉRY, Paul, *Paul Valéry. Moi* [trad. Marthiel et Jackson Mathews], London, Routledge and Kegan Paul Ltd., 1975.
VALÉRY, Paul, *Poems*, *The Collected Works of Paul Valéry*, trad. David Paul, London, Routledge and Kegan Paul Ltd., 1970.
VALÉRY, Paul, *Broken Stories. The Collected Works of Paul Valéry*, Jackson Mathews (éd), Préface d'Octave Nadal, vol. II. trad. Hilary Corke, Cambridge, The University Printing House, 1970.
VALÉRY, Paul, « Abatage d'un arbre » [traduction d'un poème de Thomas Hardy], Paris, *Commerce* XIV, hiver, 1927, p. 5-9.
VALÉRY, Paul, « Quelques fragments des Marginalia traduits et annotés par Paul Valéry », Paris, *Commerce* XIV, hiver, 1927, p. 11-41.
VALÉRY, Paul, « Un article de *l'Athenæum* », Paris, *La Nouvelle Revue Française*, no. 75, 1er déc. 1919, p. 1118-1122 [Kraus Reprint, Nendeln/Liechtenstein, 1968].
VALÉRY, Paul, « Dossier Léonard de Vinci », Département des Manuscrits de la Bibliothèque Nationale de France (Paul Valéry – 17 – Léonard de Vinci – vol. 2, N.a.fr., 190055).

SOURCES SECONDAIRES

ANGELLOZ, Joseph-François, « Rilke traducteur de Valéry », Paris, *Cahiers de l'Association international des études françaises*, vol. 8, nº 1, 1956, p. 107-112.
ATTAL, Jean-Pierre, *« Le Cimetière marin » avec une traduction en vers anglais : « A Graveyard by the Sea »*, Perros-Guirec, TILV, 2000.
BARTHES, Roland, *Le plaisir du texte*, Paris, Seuil, 1973.
BASTIN, Georges, « Adaptation », trad. Mark Gregson, *Routledge Encyclopedia of Translation Studies*, ed. Mona Baker, London, Routledge, 1998, p. 5-8.
BAUDELAIRE, Charles, Œuvres complètes, éd. rév., Paris, Gallimard, Bibliothèque de la Pléiade, 1961.

BEACH, Sylvia, *Shakespeare and Company*, New York, Harcourt, Brace and Co., 1959.

BERMAN, Antoine, *Pour une critique des traductions : John Donne*, Paris, Gallimard, 1995.

BERMAN, Antoine, *L'épreuve de l'étranger. Culture et traduction dans l'Allemagne romantique : Herder, Goethe, Schiller, Schlegel, Novalis, Humboldt, Schleiernmacher, Hölderlin*, Paris, Gallimard, coll. « Tel », 1984.

BOUVERESSE, Jacques, « La philosophie d'un anti-philosophe : Paul Valéry », *Essais IV : Pourquoi pas des philosophes ?*, éd. Jacques Bouveresse, chapitre VIII, *Agone*, coll. Banc d'essais, 2004, p. 243-281.

BRUNSCHVICG, Léon, *Le* génie de Pascal, Paris, Librairie Hachette, 1924.

BUTTURA, A., *Le Rime di Messer Francesco Petrarca*, t. 2, Paris, chez Lefevre Librairie, 1820.

BUTTURA, A., *I Quattro Poeti Italiani. Dante, Petrarca, Ariosto Tasso.* Edizione fatta su quella di A. Buttura, Paris, Baudry, Librairie Européenne, 1845.

CADIOT, Pierre, VISETTI, Yves-Marie, *Pour une théorie des formes sémantiques : motifs, profils, thème*, Paris, PUF, 2001.

CADIOT, Pierre, LAUTEL-RIBSTEIN, Florence, « Entretien avec Pierre Cadiot et Florence Lautel-Ribstein – théorie des formes sémantiques : un tournant épistémologique en traduction », *Translationes*, vol. 3, 2011, p. 261-270.

CADIOT, Pierre, « Théorie des formes sémantiques : quelques pistes de réflexion pour la traduction des métaphores », *Les tiges de mil et les pattes du héron*, éd. Julie Brock, Paris, CNRS Éditions, 2013, p. 259-268

CATFORD, John, *A Linguistic Theory of Translation*, Londres, Oxford University Press, [1965] 1967.

CÉLEYRETTE-PIETRI, Nicole, *Valéry et le moi* : *des cahiers à l'œuvre*, Paris, Klincksieck, 1979.

CHAR, René, « Partage formel », *Fureur et mystère*, Paris, coll. Poésie/Gallimard, 1967.

CLAUDEL, Paul, Œuvres en prose, Paris, Gallimard, Bibliothèque de la Pléiade, 1965.

CRANE, Stephen, *La Conquête du courage* [*The Red Badge of Courage*], trad. Vielé-Griffin, Francis et Davray, Henry D., Paris, Mercure de France, 1911.

DERRIDA, Jacques, *Qu'est-ce qu'une traduction « relevante »* ? Paris, L'Herne, 2005.

DERRIDA, Jacques, *Poétique et politique du témoignage*, Paris, L'Herne, 2005.

DERRIDA, Jacques, « La vérité blessante, Ou le corps à corps des langues. Entretien avec Jacques Derrida », *Jacques Derrida*, Paris, *Europe*, n° 901, mai 2004.

DERRIDA, Jacques, *Psyché. Inventions de l'autre*, II, nouvelle édition revue et augmentée, Paris, Galilée, 2003 [1987].

DERRIDA, Jacques, *Marges de la philosophie*, Paris, Éditions de Minuit, 1972.

DERRIDA, Jacques, *L'écriture et la différence*, Paris, Seuil, 1967.

ECO, Umberto, *Dire presque la même chose. Expérience de traduction*, trad. Myriem Bouzaher], Paris, Livre de Poche, coll. « biblio essai », 2003.

ELDER, David, « Le finale fragmenté des "Narcisse" de Valéry », *Poétique et poésie*, édition inaugurale des *Cahiers Paul Valéry*, éd. Rouart, Agathe et Levaillant, Jean, Paris, Gallimard, 1973, p. 187-206.

ELDER, David, « Réflexions sur neuf traductions du "Départ" de Rimbaud », revue *Des mots aux actes*, n° 1, Perros-Guirec, Anagrammes, 2007, p. 207-232.

ELDER, David, « Réflexions à "claire-voix" sur la forme du texte à traduire », *La forme comme paradigme du traduire*, Mons, Éditions du CIPA, 2009.

ELDER, David, « Le cas Mallarmé : son offrande à Debussy. Aux confins de la traduction, dans le sillage de Valéry », *Poétique*, n° 167, 2011.

ELDER, David, « Réflexions préliminaires sur l'événement, le *témoignage* et la *(fonction) politique* chez Paul Valéry », *Paul Valéry, la Grèce, l'Europe*, éd. Serge Bourjea, Revue Études valéryennes, coll. Espaces littéraires, dir. Maguy Albet, Paris, L'Harmattan, 2011, p. 211-258.

ELDER, David, "The Opening and the Ending of Paul Valéry's 'Fragments of the 'Narcissus' : 'A Case Study for Translators'", *The AALITRA Review. A Journal of Literary Translation*, n° 3, Melbourne, Monash University, 2011, p. 60-71. [http://www.nla.gov.au/openpublish/index.php/ALLITRA/], 2011.]

ELDER, David, Compte Rendu, Hugh P. McGrath et Michael Commenetz, *Valéry's Graveyard : « Le Cimetière matin », Translated, Described, and Peopled*, New York, Peter Lang Publishing Inc., 2011, Perros-Guirec, *Tribune Internationale des Langues Vivantes*, nov. 2013.

ELDER, David, « Variations autour du *Moi* et du *Je sans attributs* de *L'Isle sans nom* ». *Puissances et possibilités d'une île. Études sur un projet dramatique inédit de Paul Valéry : L'Isle sans nom.* Paris, Classiques Garnier, 2018.

EVANS, David, "Paul Valéry and the Search for Poetic Rhythm", *Paragraph*, vol. 33 (2), 2010, p. 158-176.

FERRARO, Alessandra, GUTMAN, Rainier, éds., *L'Autotraduction littéraire – Perspectives théoriques*, Paris, Classiques Garnier, 2016.

FREUD, Sigmund, *Die Traumdeutung*, Leipzig und Wien, Franz Deuticke, 1911.

FREUD, Sigmund, *The Dream-Work. The Interpretation of Dreams*, trad. A. A. Brill, New York, MacMillan Co., 1913. [Texte en-ligne]

FREUD, Sigmund, *The Basic Writings of Sigmund Freud*, New York, The Modern Library, [1938] 1965.

FREUD, Sigmund, "The Dream-Work", *The Interpretation of Dreams*, vol. 6, trad. James Strachey, London, The Hogarth Press, 1958.

FREUD, Sigmund, "The Dream-Work", *The Interpretation of Dreams*, trad. A. A. Brill, Hertsfordshire, Wordsworth Classics of World Literature, 1997.

FREUD, Sigmund, *Introduction à la psychanalyse*, Paris, Petite Bibliothèque Payot, 1971.

GAUTHIER, Michel, *Les Équations phonétiques*, Lille, Université de Lille III, 1973.

GIDE, André, *Journal 1889-1939*, Paris, Bibliothèque de la Pléiade, 1965.

GIFFORD, Paul and STIMPSON, Brian, eds., *Reading Paul Valéry. Universe in Mind*, Cambridge, Cambridge University Press, 1998.

HARDY, Thomas, *The Complete Poetical Works of Thomas Hardy*, ed. Samuel Hynes, Oxford, Clarendon, vol. 3, 1985.

HARDY, Thomas, *The Complete Poems of Thomas Hardy*, ed. J. Gilson, The New Wessex Edition, London, Macmillan, 1978.

HERSANT, Patrick, « Le texte étranger. Les poèmes de W. B. Yeats : sur quelques traductions en français », www2.univ-paris8.fr/dela/etranger/pages/6/PDF/hersant.pdf (consulté le 07.02.2016).

JACOBSON, Roman, "On Linguistic Aspects of Translation", *The Translation Studies Reader*, ed. Lawrence Venuti, Routledge, London, 2000, p. 113-118.

JADIR, Mohammed et LADMIRAL, Jean-René éds., *L'expérience de traduire*, Paris, Honoré Champion, 2015.

JANKÉLÉVITCH, Vladimir, *Le Je-ne-sais-quoi et le Presque-rien*, Paris, Presses universitaires de France, 1957.

JARRETY, Michel, *Paul Valéry*, Paris, Fayard, 2008.

JARRETY, Michel, « La littérature comme écart », *Bulletin des études valéryennes*, n° 72/73, novembre 1996.

JARRETY, Michel, "The Poetics of Practice and Theory", *Reading Paul Valéry. Universe in Mind*, Cambridge, Cambridge University Press, 1998, p. 105-120.

JARRETY, Michel, *Valéry devant la littérature. Mesure de la limite*, Paris, Presses universitaires de France, 1991.

KAMBOUCHNER, Denis, *Notions de philosophie, III*, Paris, Gallimard, coll. Folio/Essais, 1995.

KIPPUR, Sara, *Writing It Twice : Self-Translation and the Making of a World Literature in French*, Northwestern University Press, Chicago, 2015.

LACAN, Jacques, Écrits, Paris, Seuil, 1966.

LADMIRAL, Jean-René, « La traduction : de l'expérience à la réflexion », *L'expérience de traduire*, Paris, Honoré Champion, 2015, p. 71-82.

LADMIRAL, Jean-René, *Sourcier ou cibliste*, Paris, Les Belles Lettres, coll. Traductologiques, 2014.

LADMIRAL, Jean-René, « La traduction : entre la linguistique et l'esthétique littéraire », *De la Linguistique à la traductologie, Interpréter/traduire*, éd. Tatiana

Milliaressi, Villeneuve d'Ascq, Presses universitaires du Septentrion, coll. Philosophie et linguistique, 2011, p. 45-52.

LADMIRAL, Jean-René, « L'esthétique de la traduction et ses prémisses musicales », *La traduction des livrets. Aspects théoriques, historiques et pragmatiques*, éd. Gottfried R. Marschall, Paris, Presses de l'Université Paris-Sorbonne, coll. Musiques/Ecritures, 2004, p. 29-41.

LADMIRAL, Jean-René, « Principes philosophiques de la traduction », *Le Discours philosophique*, Paris, Presses universitaires de France, 1998, p. 977-998.

LADMIRAL, Jean-René, *Traduire : théorèmes pour la traduction*, Paris, Petite Bibliothèque Payot, 1979 ; Paris, Gallimard, 1994.

LAUNAY, Marc de, *Qu'est-ce que traduire ?* Paris, Vrin, 2006.

LAUTEL-RIBSTEIN, Florence, éd., *Formes sémantiques, langages et interprétations*, La Tribune Internationale des Langues Vivantes, 2012.

LAUTEL-RIBSTEIN, Florence, « Métaphoricité et traduction », *Métaphores et cultures*, éds. Véronique Alexandre Journeau et al, Paris, L'Harmattan, 2012, p. 51-74.

LAUTEL-RIBSTEIN, Florence, « Le fantôme du miroir ou les formes symboliques en traduction », *Les tiges de mil et les pattes de héron*, éd. Julie Brock, Paris, CNRS Éditions, 2013, p. 237-242.

LAUTEL-RIBSTEIN, Florence, éd., *La rhétorique à l'épreuve de la traduction*, revue *Des mots aux actes*, n° 5, Perros-Guirec, Anagrammes, déc. 2013.

LANE, Philippe, *La Périphérie du texte*, Paris, Nathan Université, 1992.

LAVIERI, Antonio, a cura di., *Dedicato a Paul Valéry*, numero monografico di *Testo a fronte*, n° 18, Maecos y Marcos, Milano, 1998.

LAVIERI, Antonio, « Du traducteur caméléon : Paul Valéry entre épistémologie et littérature », *Poétiques de l'indéterminé. Le caméléon au propre et au figuré*, éd. V.A. Deshoulières, Université Blaise-Pascal, Clermont-Ferrand, 1998, p. 357-368.

LAWLER, James, *Edgar Poe et les poètes français*, Paris, Julliard, 1989.

LAWLER, James, *The Poet as Analyst. Essays on Paul Valéry*, Berkeley and Los Angeles, University of Califormia Press, 1974.

LEBEY, André, *Nécessité de l'histoire*, Paris, Firmin-Didot et Cie, 1933.

LEYRIS, Pierre, « Un poème de Hardy traduit par Valéry », *Traduire la poésie*, revue *Palimpsestes*, n° 2, Publications de la Sorbonne nouvelle, 1990, p. 7-18.

LIPKING, Lawrence, "The Marginal Gloss", *Critical Enquiry*, Chicago, The Chicago Press, vol. 3, no. 4, été 1977, p. 609-655.

LO DUCA, [Joseph-Marie (Giuseppe Maria)], *Neige sur la Baltique*, trad. Paul Valéry, Paris, Éditions Racine, 1940.

LORENTZ, Hendrik, Antoon, *The Einstein Theory of Relativity : A Concise Statement*, New York, Brentano's, 1920.

LUSSY, Florence de, *Charmes d'après les manuscrits de Paul Valéry. Histoire d'une métamorphose.* Paris, Lettres Modernes, Minard, I, 1990, et II, 1996.
LUSSY, Florence de, « Manuscript steps : "Les Pas" », *Reading Paul Valéry. Universe in Mind*, Cambridge, Cambridge University Press, 1998, p. 200-216.
MAHON, Derek, *Adaptations*, Loughcrew, Meath, The Gallery Press, 2006.
MARSCHALL, Gottfried R., *La traduction des livrets. Aspects théoriques, historiques et pragmatiques*, Paris, Presses de l'université Paris-Sorbonne, 2004.
MARTY, Philippe, « Paul Valéry et la traduction », *Cahiers Paul Valéry*, n° 74, mars 1997, p. 66-76.
MARX, William, « Paul Valéry, le moins freudien des hommes ? », conférence au Collège de France, 16 juin 2016.
MARX, William, *La haine de la littérature*, Paris, Éditions de Minuit, 2015.
MARX, William, *L'adieu à la littérature*, Paris, Éditions de Minuit, 2005.
MARX, William, *Naissance de la critique moderne. La littérature selon Eliot et Valéry, 1889-1945*, Arras, Artois Presses Université, 2002.
MARX, William, "The Dialogues and *Mon Faust* : The Inner Politics of Thought", *Reading Paul Valéry. Universe in Mind*, Cambridge, Cambridge University Press, 1998, p. 155-169.
MASSON, Jean-Yves, « Paul Valéry : théoricien méconnu de la traduction », conférence à la Fondation Singer-Polignac, 26 novembre 2015.
MASSON, Jean-Yves, « Expérience du traducteur, expérience de la traduction », *L'expérience du traduire*, Paris, Honoré Champion, 2015, p. 29-45.
MALLARMÉ, Stéphane, Œuvres, *I*, éd. Bertrand Marchal, Paris, Gallimard, Bibliothèque de la Pléiade, 1998.
MALLARMÉ, Stéphane, Œuvres, *II*, éd. Bertrand Marchal, Paris, Gallimard, Bibliothèque de la Pléiade, 2003.
MERLEAU-PONTY, Maurice, *Phénoménologie de la perception*, Paris, Gallimard, 1945.
MESCHONNIC, Henri, *La rime et la vie*, Paris, Folio Essais, 2006.
MESCHONNIC, Henri, « Traduire n'est pas traduire si on ne rend pas le rythme qu'on a reçu », *La Tribune Internationale des Langues Vivantes*, n° 30, Perros-Guirec, Anagrammes, 2001.
MESCHONNIC, Henri, *Poétique du traduire*, Paris, Verdier, 1999.
MESCHONNIC, Henri, *Critique du rythme. Anthropologie historique du langage*, Paris, Verdier, 1982.
MILLIARESSI, Tatiana, éd., *De la linguistique à la traductologie. Interpréter/traduire*, Lille, Les Presses Universitaires du Septentrion, 2011.
MOUNIN, Georges, *Linguistique et traduction*, Bruxelles, Dessart et Mardaga, 1976.
OST, François, *Traduire. Défense et illustration du multilinguisme*, Paris, Ouvertures, Fayard, 2009.

NANNI, Romano e SANNA, Antonietta, a cura di., *Leonardo da Vinci. Interpretazioni et rifrazioni tra Giambattista Venturi e Paul Valéry*, Firenze, Olschki, 2012.

NERI, F., MARTELLOTTI, G., BIANCHI, E. e SAPENGO, N., a cura di, *Francesco Petrarca, Rime, Trionfi et Poesie Latine, La Letteratura italiana, Storia et Testi*, vol. 6, Milano, Riccardo Ricciardi Editore, 1951.

NIETZSCHE, Friedrich, *Die Fröhliche Wissenshaft, La Gaya Scienza* [*Le Gai savoir, la Gaya Scienza*, trad. Henri Albert], Paris, Société Mercure de France, 1901.

NIETZSCHE, Friedrich, *Le Gai Savoir, « la gaya scienza » Fragments posthumes, été 1881 – été 1882* [textes et variantes établis par Giorgo Colli et Massino Montinari, trad. de l'allemand par Pierre Klossowski, édition revue, corrigée et augmentée par Marc de Launay], Paris, Gallimard, NRF, 1978.

NIETZSCHE, Friedrich, *Le Gai Savoir, « la gaya scienza »*, trad. Pierre Klossowski, éd. Giorgio Colli et Mazzino Montinari, Paris, Gallimard, 1939 ; édition revue, corrigée et augmentée par Marc de Launay, Paris, Gallimard, coll. Folio essais n° 17, 1989.

NIETZSCHE, Friedrich, *Le Gai* Savoir, trad. Alexandre Vialatte, Paris, Gallimard, 1950.

OSEKI-DÉPRÉ, Inês, *Théories et pratiques de la traduction littéraire*, Paris, Armand Colin, 1999.

PASCAL, Blaise, *Pensées [suivi de] Opuscules et lettres*, éd. Philippe Sellier, Paris, Classiques Garnier, 2011.

PAULHAN, Jean, *Paul Valéry, ou, la Littérature considérée comme un faux*, Bruxelles, éditions Complexe, 1987.

PEETERS, Benoît, *Valéry. Tenter de vivre*, Paris, Flammarion, 2014.

PÉLADIN, Joséphin, *De la subtilité comme idéal. Léonard de Vinci*, Paris, Sansot et Cie, 1904.

PÉLADIN, Joséphin, *La dernière leçon de Léonard de Vinci* à son académie de Milan, *1499*, Paris, Sansot et Cie, 1909.

PÉLADIN, Joséphin, *Les manuscrits de Léonard de Vinci*, Paris, Sansot et Cie., 1910.

PÉLADIN, Joséphin, *La philosophie de Léonard de Vinci d'après ses manuscrits*, Paris, Alcan, 1910.

PETRARCA, Francesco, *Francesco Petrarca, Rime, Trionfi et Poesie Latine, La Letteratura italiana, Storia et Testi*, vol. 6, Milano, Riccardo Ricciardi Editore, 1951.

PETRARCH, *The Essential Petrarch*, edited and transl. with an introduction by Peter Hainsworth, Indianapolis, Hackett Publishing Company Inc., 2010.

PICKERING, Robert, *Paul Valéry, la page, l'écriture*, Clermont-Ferrand, PUBP, 1996.

PINTO, Eveline, *Edgar Poe et l'art d'inventer*, Paris, Klincksieck, 1983.

POE, Edgar, "Marginalia, Eureka", *The Complete Works of Edgar Allen Poe*, vol. XVI, ed. James A. Harrison, New York, AMS Press Inc., 1965.

POE, Edgar, *Contes grotesques*, trad. Émile Hennequin, Paris, Paul Ollendorf, 3e éd., 1882.

POE, Edgar, *Histoires grotesques et sérieuses*, trad. Charles Baudelaire, Paris, Michel Lévy frères, 1871.

PROUST, Marcel, « Le temps retrouvé », *A la recherche du temps perdu*, t. 2, Paris, Omnibus, 2011.

RAVAISSON-MOLLIEN, Charles, *Les manuscrits de Léonard de Vinci, préface*, Paris, A. Quintin, 1881.

RICŒUR, Paul, *Sur la traduction*, Paris, Bayard, 2004.

RICŒUR, Paul, *De l'interprétation*, Paris, Seuil, 1965.

ROBINSON-VALÉRY, Judith, "The Fascination of Science", *Reading Paul Valéry. Universe in Mind*, Cambridge, Cambridge University Press, 1998.

ROBINSON-VALÉRY, Judith, *L'Analyse de l'esprit dans les Cahiers de Valéry*, Paris, José Corti, 1963.

ROSSETTI, Dante Gabriel, *The Works of Dante Gabriel Rossetti*, London, Ellis, 1911.

ROSSETTI, Dante Gabriel, *Poems and Translations 1850-1970, Together with a Prose Story "Hand and Soul"*, London, Oxford University Press, 1913.

RUSSELL, Bertrand, *The Principles of Mathematics*, Cambridge, Cambridge University Press, 1903.

RUSSELL, Bertrand, *Signification et vérité*, trad. Philippe Devaux, Paris, Champs Flammarion, 1969.

SANNA, Antonietta, « La traduction au service de la tradition. Paul Valéry traducteur de Léonard », *Traduire. Genèse du choix*, éd. Chiara Montini, Paris, Édition des Archives contemporaines, SEPS, ITEM, 2016.

SARTRE, Jean-Paul, « Qu'est-ce que la littérature ? », *Situations, II*, Paris, Gallimard, coll. « Blanche », 1948.

SCHLEIERMACHER, Friedrich, *Des différentes méthodes de traduire et autre texte*, éd. bilingue, Paris, Seuil, coll. Poche, 1999.

SCHMIDT-RADEFELT, Jürgen, *Paul Valéry linguiste dans les Cahiers*, Paris, Klincksieck, 1970.

SERRES, Michel, *Variations sur le Corps*, Paris, Le Pommier-Fayard, 1999.

SERRES, Michel, *La Traduction, Hermès III*, Paris, Éditions de Minuit, 1974.

SHAKESPEARE, William, *Hamlet*, trad. François-Victor Hugo, Paris, Librio, 2004.

SHAKESPEARE, William, *Hamlet*, trad. Yves Bonnefoy, Paris, Mercure de France, 1962.

SHAKESPEARE, William, *Hamlet*, trad. André Gide, Œuvres complètes, t. 2, Paris, Gallimard, Bibliothèque de la Pléiade, 1959.

SIMON, Claude, « Le Vent », Œuvres, t. 1, Paris, Gallimard, Bibliothèque de la Pléiade, 2006.

SIMON, Claude, « Discours de Stockholm », Œuvres, t. 1, Paris, Gallimard, Bibliothèque de la Pléiade, 2006.

SOUDAY, Paul, « Les Livres », *Le Temps*, 20 décembre 1928.

STEINER, George, *Après Babel. Une poétique du dire et de la traduction*, édition revue et corrigée, Paris, Albin Michel, 1998.

STEINER, George, *Après Babel. Une poétique du dire et de la traduction*, trad. Lucienne Lotringer et Pierre-Emmanuel Dauzat, Paris, Albin Michel, 1978.

STEINER, George, *After Babel. Aspects of Language and Translation*, London, Oxford University Press, 1975.

VASCHIDE, Nicolae et PIÉRON, Henri, *La psychologie du rêve au point de vue médical*, Paris, J.-B. Baillère et fils, 1902.

VENUTI, Lawrence, *The Translator's Invisibility. A History of Translation*, London, Routledge, 2008.

VINAY, Jean-Paul et DARBELNET, Jean, *Stylistique comparée du français et de l'anglais*, Paris, Didier, [1968] 1977.

VINCI, Léonard de, *Carnets de Léonard de Vinci* [trad. de l'anglais et de l'italien par Louise Servicen], Paris, Gallimard, 1942.

VIOLLET-LE-DUC, Eugène, *Dictionnaire raisonné de l'architecture française du* XI*e au* XI*e siècle*, 10 vol., Paris, B. Bance, A Morel, 1854-1857.

VIRGILE, *Bucoliques*, trad. Henri Goelzer, Paris, Les Belles Lettres, 1925.

WALZER, Pierre-Olivier, *La poésie de Valéry*, Genève, Slatkine Reprints, 1966.

WHITMAN, Walt, Œuvres choisies, Paris, NRF, 1918.

YEATS, William, Butler, "Early Essays", *The Collected Works of W. B. Yeats*, vol. 4, New York, Scribner, 2007.

INDEX DES NOMS D'AUTEURS

INDEX THÉMATIQUE

TABLE DES MATIÈRES

IMPRIM'VERT®

Achevé d'imprimer par Corlet Numéric,
Z.A. Charles Tellier, Condé-en-Normandie (Calvados). N° d'impression : 157801
Imprimé en France